姜正成◎著

历史人物传奇系列

名臣故事

大清

DAQING
MINGCHEN GUSHI

中国文史出版社
CHINA CULTURAL AND HISTORICAL PRESS

图书在版编目（CIP）数据

大清名臣故事 / 姜正成著 . -- 北京：中国文史出版社，
2020.2

ISBN 978-7-5205-0354-9

Ⅰ . ①大… Ⅱ . ①姜… Ⅲ . ①政治人物－生平事迹－
中国－清代 Ⅳ . ① K827=49

中国版本图书馆 CIP 数据核字（2020）第 010604 号

责任编辑：殷旭

出版发行：中国文史出版社

网　　址：www.wenshipress.com

社　　址：北京市海淀区西八里庄路 69 号　　邮编：100142

电　　话：010-81136606　81136602（发行部）

传　　真：010-81136666

录　　排：智子文化

印　　装：廊坊市海涛印刷有限公司

经　　销：全国新华书店

印　　张：16.75　　字数：214 千字

版　　次：2020 年 8 月北京第 1 版

印　　次：2020 年 8 月第 1 次印刷

定　　价：52.00

前　言

　　清朝是离当代最近的一个封建王朝，因而史料最详，对它感兴趣的人也多。清代有很多名臣为人们熟知。比如清初文臣、皇太极重要谋士范文程，康熙年间重要大臣纳兰明珠，广为人知的乾隆朝名臣刘墉，中兴名臣、湘军统帅曾国藩，同治、光绪两朝帝师翁同龢，晚清主持内政外交的总理大臣李鸿章等。从关外风云到晚清日暮，了解这些名臣，也就等于了解半部清史。

　　这些重臣，"佐天子，总百官，平庶政，事无不统"，位极人臣，荣誉崇高，功名显赫。但是，高处不胜寒，这个位子也不好坐，一旦得咎，也可能身败名裂；龙颜一怒，就可能将其所有名誉封号一并褫夺。

　　这些名臣，哪个没有曲折经历，哪个没有百味人生？读来让人不胜唏嘘。我们试举一二：

　　纳兰明珠是清康熙年间最重要的大臣之一，后来因为朋党的罪名被罢黜职位，后虽官复原级，却再也受不到重用了，最后郁郁而死。曾有人猜测，其子纳兰性德即为《红楼梦》中贾宝玉的原型，那么明珠似乎就是"贾政"了。这一切，都有待于从史料中逐一厘清，还原一个真实的"明珠"形象。

　　刘墉，就是家喻户晓的"刘罗锅儿"，深得百姓喜爱。有关他的事迹广为流传。他是乾隆、嘉庆年间的重臣，秉性刚直，一生充满传奇色彩。

刘墉秉承其父刘统勋刚正不阿的品性。和珅专权时，他斗智斗勇，誓不依附，两人成了死对头和欢喜冤家，和珅在他面前总是显得笨手笨脚，经常弄巧成拙，想算计人反遭算计。乾隆皇帝对他又爱又恨，又有点无可奈何，也正因此使得他在升任大学士的路上走得异常缓慢。乾隆四十七年（1782年）任左都御史，继而吏部尚书，但在乾隆朝始终未得大学士衔，也未进军机处。乾隆五十年（1785年）他升为协办大学士，直到嘉庆二年（1797年）才成为大学士。

本书以历史事实为依据，反对戏说和讹传，以达到普及历史知识、廓清视听的目的；笔法灵活，娓娓道来，既有严谨的知识性，又不乏风趣幽默，是雅俗共赏的历史普及读物。

读此书，既是读史，也是读人，如果您能从中得到一点有益的启迪，我们的目的也就达到了。

目 录

康熙御前总顾问——李光地

状元出身大学士——徐元文

秋到黄花晚节香——陈廷敬

两朝帝师济世心——翁同龢

大清王朝"裱糊匠"——李鸿章

目
录

开国勋臣比张良

——范文程

　　范文程（1596—1666年），字宪斗，号辉岳，辽东沈阳人；清朝初年大臣，是北宋名相范仲淹第十七世孙；明万历四十六年（1618年）开始为后金政权效力，此后侍奉清太祖努尔哈赤、太宗皇太极、世祖顺治、圣祖康熙四代皇帝；隶属镶黄旗。

　　他打破满汉格局，为努尔哈赤出谋划策，力谏努尔哈赤安抚汉民，发展生产；他高瞻远瞩，料事如神，睿智非凡；他巧使离间计，使袁崇焕惨死京师，清兵顺势南下。皇太极在位时，每次召他进宫，都要几个时辰才能出来，有时刚刚回来，又被召入。多尔衮对他有言必纳，顺治帝特晋他为大学士。

为清朝入关出谋划策

范文程，字宪斗，生于明万历二十四年（1596年）。其先世于明初自江西贬往沈阳，"居抚顺所"。他的曾祖在明嘉靖时曾任兵部尚书，祖父范沈曾任明沈阳卫指挥同知。范文程自幼好学，才智过人，于明万历四十三年（1615年）在沈阳县学考取了生员（秀才），时年19岁。

正当范文程踌躇满志，决心在仕进道路上有所作为的时候，灾难来临：万历四十六年（1618年），后金政权首领努尔哈赤带兵南下，攻克抚顺等地，大肆掳掠，并将所得人畜30万分别赏赐给有功官兵，22岁的范文程身在被掳之列，从而沦为奴仆。

范文程与其兄范文采共同拜见太祖，太祖欣赏范文程的风姿，与他谈过话之后，对他非常器重；后又得知他是明兵部尚书的曾孙，兴奋地对他身边的诸王贝勒们说，范文程是名臣之后，要好好地对待他。之后清太祖进攻明朝，攻取辽阳，占领广宁，范文程皆参与策划。

清太宗即位之后，范文程进一步受到重用，随侍太宗左右。天聪三年（1629年），清太宗伐明，从蓟门攻入，攻克遵化。范文程率军队攻打潘家口、马兰峪、三屯营、马栏关、大安口，五城均被攻下；之后明军反攻，包围大安口，范文程率军解围，给了明军重大打击；清太宗率军攻打永平，留范文程坚守遵化，明军又来进攻，范文程率军力战，将明军打败。范文程因这几次战功被提升为游击。天聪五年（1631年），清军包围明军营垒大凌河，久攻不下。当时沈阳城中的蒙古降卒有阴谋叛乱的迹象，清太宗十分愤怒，要尽杀降卒，范文程多次力劝，并用自己的身家力保，清太宗才宽恕了那500降卒。当时明朝有一个将领坚守大凌河旁边的西山山头之上，清军久攻不下，范文程单人单骑驰至山下，向坚守的明军晓以利害，进行劝降，明军终于归顺。清太宗为此十分高兴，把全部投降的明军士兵都赐给了范文程。

天聪六年（1632年），范文程再次随清军侵入关内，出发之前范文程与宁完我、马国柱同时给皇太极上书，认为如果出兵攻击宣化、大同，不如攻击山海关，但皇太极没有采纳。等清军到了归化城，皇太极召集范文程等商议，范文程等人再次说："观察我军的情况，志在对明朝腹地进行打击，因此应当直接攻击北京决定和议可否，然后攻取山海关而归，以宣扬我军威。若这样做，现在最好从雁门关而入，这样道路既没有险阻，附近的居民也十分富庶，可以解决粮草供应。如果怕这样做师出无名，可以宣告明朝的军民说察哈尔汗逃跑，其所部尽归于我大清，这些人随我们回到辽东不可能徒步远行，需要借道而行，而且我们是与你们来议和，并借马匹来帮助我国新附之众归附的。如果议和成，我国可以付马价；如果明拒绝，我们就兴师，依靠上天的帮助，攻取它的版图，并告之明朝军民，凡我军所经之处以后将免赋税数年，这样就是堂堂正正之师了。再则，可以作书送给明朝的守边将吏，让他们转达明朝的皇帝，关于我们请求和议的诚意并期限作答，然后决定我军进退。由此引起他们朝内外的争议，到过了我们要求的期限，我军即乘衅而入。我们进入明境，利在深入，多得人畜财物；否则利在速归。如果像现在这样半途而返，将徒劳无益。"皇

开国勋臣比张良
——范文程

3

太极听后大为赞赏，清军依计而行。

天聪七年（1633年），明将孔有德派人到清要求投降，当时正好明朝军队对其围攻很急，皇太极命令范文程与诸王贝勒同率军队增援，范文程到后转达了皇太极的旨意，孔有德等遂率所部归顺。之后的破旅顺，攻收皮岛，讨伐朝鲜，抚定蒙古，范文程都参与谋划。

崇德元年（1636年），皇太极改文馆为内三院，任命范文程为内秘书院大学士，并封他为二等甲喇章京。清王朝立国之初，设立八旗制度，每旗设旗主固山额真。当时许多大臣都推范文程为固山额真之一，皇太极对诸臣说："范章京才识过人，固山只管一旗，我把他作为心腹，将另有重用。"以后范文程所经管的都是军国机密，每次皇太极召问，必经历几个时辰才出来；有时刚刚回来还没来得及吃饭休息，又被召入宫内。皇太极非常重视范文程的建议，每次议论军国大政的时候，总说："这件事范章京知道了吗？"如果有的事情商议不决，他就说："你们干吗不去找范章京商量？"如果有人向皇太极报告说，范章京也这样认为，皇太极均马上表示同意。范文程曾经因为有病告假，才不多几日，就使政务受到影响，许多重大政务都只有等到范文程病愈后才能裁决。清王朝对各国的书信，都是范文程起草的。开始的时候，皇太极还审阅一下，后来就不再看了，说："你起草的就没问题了。"范文程曾将其父范楠接到住所侍养，有一次范文程陪皇太极吃饭，席上有很多美味佳肴，范文程看到有许多是他父亲没有吃过的，犹豫几次都不肯下箸，皇太极明白了他的意思，当即命人将宴席撤掉，送到范文程家给他的父亲。范文程对此十分感激。

为定鼎中原安定民心

清世祖即位之后，范文程因是两朝老臣被提升入镶黄旗。在清初，镶黄、正黄、正蓝（后正白）是上三旗，地位要高于另外五旗。当时李自成农民军进军北京，范文程立即上书摄政王多尔衮，请求伐明以争夺中原天下，并上疏说："中原的百姓久经战乱，备受摧残，都思有明主出世，以安居乐业。我们以前攻入明境，曾经屠永平，以后又曾多次深入抢掠而返，他们必以为我们没有大志，只是想多抢金银子女而已，因此对我们并不放心。这次我们出兵，应严申纪律，秋毫不犯，宣传我们这次进取中原之意，将官仍居其职，民仍安其业。如果这样做，黄河以北，可传檄而定。"范文程上书不久之后，李自成农民起义军攻入北京，消息传到清王朝，范文程当时正在盖州温泉养病，多尔衮命人快马将他立即召回。范文程一到就对摄政王说："李自成涂炭中原，杀君灭后，此必灭之贼。他现在虽拥众百万，但必然失败，有三个原因：一是他逼死崇祯皇帝造成天怒；二是刑辱乡绅，追拷财货，造成士怨；三是掠人财，淫人妇，火人居，造成民恨，由这三条加上其骄傲无比，我军可一战将其击败。而我国军民上下同心，兵甲精练，代天讨伐，拯救明朝百姓。兵以义动，何愁大功不成？"他又对多尔衮进一步说："保护百姓是天之德也，从古至今没有滥杀而得天下者。如果我们只想在关外称帝那就罢了，如果想统一华

开国勋臣比张良
——范文程

夏，非得安抚百姓不可。"第二天，范文程奉命以自己的名义，向明朝官吏宣布："我军兴义师是为报你朝君父之仇而来，不杀百姓，今所杀者只有闯贼乱军。凡来归降者，官复其位，民复其业。大军纪律严明，将秋毫不犯。"

清军攻入北京之后，百废待兴。多尔衮接受范文程的意见，为收揽人心，为崇祯帝隆重发丧，任用大批明朝的降官，考定大批的律令，并广开言路，征集人才。明朝末年赋税繁重，由于战乱赋役册籍均毁于战火，只有明万历年的赋役册籍尚存，有人要求编定新的赋役册籍。范文程说："明晚年赋役繁重，万历年间的数额尚可，即以此为额，尤有可能民不堪其重，怎么能编制新册增加呢？"于是决定即以明万历年间赋税为额。

顺治二年（1645年），清初步平定江南，范文程又上疏说："治天下者在得民心，而知识分子为民心代表，得知识分子心，则得民心。请立即举行乡、会试，广开仕途。"清随即开科举取士。在范文程建议下，考虑到各地战乱，交通讯息不便，为此又特加开了几次乡、会试。仅几年之中，清朝即录取了进士1000余人，他们中许多后来成为清王朝前期的名臣。顺治五年（1648年）正月，清定内三院为文臣的班首，命范文程及刚林、祁充格用珠顶、玉带，分任三院大学士。顺治七年（1650年），睿亲王多尔衮死去。顺治八年（1651年）大学士刚林、祁充格以党附睿亲王妄改《太祖实录》罪被处死。范文程罪应当连坐，但世祖以范文程并未党附睿亲王，只命夺官来论赎，但很快又将其官复原职。到顺治九年（1652年）又被提升为一等精奇尼哈番世职，并授议政大臣，负责监修太宗实录。

清入关之后，直隶因久经战乱钱粮多不能按额征收，有时一年缺四百

400万两，造成国库亏空，范文程为此上疏说："湖广、江西、河南、山东、陕西五省历经战乱居民稀少，请实行民屯，设置机构，命督抚选廉洁能干的官吏任职，督促百姓垦荒复业，执行不力者，将唯督抚是问。"世祖对他的建议立即采纳。顺治十年（1653年），范文程又与同官一道上疏，请求命令各部院三品以上的大臣，推举所知道的人才，不问满汉新旧，也不视官品高下，亦不避亲属恩怨，唯才是举，命他们上疏推荐，以备随时招用。他的上疏立即被批准实行。

顺治勤于政事，曾多次到内院视察，并就有关事情询问诸大臣，每次范文程都因为率先回奏受到嘉奖。有一次，范文程恰好在端午节值班，诸臣均不在，顺治看后十分感动，对他说："借此节日一图安乐，人之常情，卿工读不休，以国事为重，诚国之重臣也。"范文程借这个机会，又向皇帝说："君明臣良，必相互督促，始能承天意，尽国事。"顺治说："自今以后，如果我有过都改，卿也应勤加提醒，毋忘其责。"

三朝元老，备受恩宠

顺治十一年（1654年）八月，顺治特加范文程荣衔太子太保，范文程上疏辞谢，同时自陈年老多病乞求退休。九月，顺治特降诏旨挽留并晋升范文程为太子太师，不久同意他退休。顺治因范文程是历经三朝的老臣，有大功于国家，对他礼遇甚厚：范文程患病时，顺治不仅亲自去探视，还亲自为他选药；并命画工到其家为他画像，藏之于宫内，至于赏赐御用之物更是数不胜数；因范文程身材高大，顺治为此曾多次命人特制衣服鞋帽赏他使用。康熙即位之后，范文程受命回沈阳祭告太宗的陵墓。范文程想起与太宗朝夕相共，哀痛不已，从此一病不起，康熙五年（1666年）八月去世，年七十。康熙皇帝亲自为他撰写了祭文，并遣礼部侍郎亲去祭祀，赐葬在怀柔红螺山，并立碑记绩，谥文肃，赐御书匾额"元辅高风"。

顺治九年（1652年），范文程被任命为议政大臣，这是在此之前汉人从未得到过的宠遇。之后他向顺治上奏请为"劾冯铨罢官诸臣疏"，并奏曰："诸臣疏劾大臣，无非为君为国，皇上当思所爱惜之。"顺治接受了他的奏议，谕吏部："原任科道官许作梅、李森先、桑芸、向玉轩、庄宪祖诸人内，系参冯铨降革者，俱起用。"

顺治十年（1653年）五月，顺治同范文程一起探讨如何治理国家的问题。范文程说："大凡行善合天者，必君明臣良，交相惕警始克于天而济国事。若人主刚愎自用，谁复进言？势必谄谀者，献媚而日亲；忠鲠者，矢忠而日疏矣。如此难享太平矣！"这番话，实际上是针对过去多尔衮重用冯铨，独专朝政而发的。他所谓"行善合天"，无非是指统治者所实行的政策要顺民心、合潮流而已。这期间，他提出兴屯田，招抚流民，举人才，不论满汉新旧，不拘资格大小，不避亲疏恩怨等重要建议，多被采纳施行。

范文程对那些敢于直言不苟、秉公不阿的臣僚颇为关注。如当时著名谏臣魏象枢，在朝中"与诸大臣抗辩是非无少诎"，因而常常遭到权贵们的疾视，独范文程"心识之，曰：'直哉，此我国家任事之臣也。'其后遇有诬公者，辄于众中剖析之，卒得白"。所以后来的大学士李蔚称道范文程"培养人才，保护善类，尤为注意"。

聪明反被聪明误

——明珠

　　纳兰明珠（1635—1708年），字端范，叶赫那拉氏，满洲正黄旗人，叶赫贝勒金台石孙；父尼雅哈，当太祖灭叶赫，来降，授佐领。纳兰明珠是清康熙年间最重要的大臣之一，后来因为朋党的罪名被罢黜职位，后虽官复原级，却再也受不到重用，最后郁郁而死。

　　曾有人猜测，纳兰性德（明珠之子）即为《红楼梦》中贾宝玉的原型，那么明珠似乎就是"贾政"了。这一切，都有待于从史料中逐一厘清，还原一个真实的"明珠"形象。

家族衰落，自力更生

明珠，字端范，姓那拉氏，那拉亦作纳兰，所以他名字又叫作纳兰明珠。他有一个儿子叫纳兰性德，在文学史上享有盛名。

明珠生于后金天聪八年（1635年）。祖父金台石为叶赫部首领，天命四年（1619年）时，被英明汗努尔哈赤斩杀。金台石之子尼雅哈、德勒格尔归顺后金，隶满洲正黄旗。曾经叱咤风云的叶赫部已是明日黄花。

明珠的父亲尼雅哈只得了骑都尉，世职，不能给他带来什么特别的好处。只是由于历史渊源，叶赫家族与皇室还有着姻亲关系，使得明珠从小就有机会接近皇室。

明珠的岳父是多尔衮的亲哥哥英亲王阿济格，他一生战功赫赫，但缺少政治谋略。多尔衮死后，他想继任摄政王，曾胁迫多尔衮的属下依附自己，结果被人告发"谋乱夺政"。多尔衮灵枢回京，顺治帝亲迎时，他又携带佩刀，"举动叵测"。议政王大臣会议据此将他囚禁。阿济格竟然想挖洞越狱，并声言要放火烧掉监牢。后来，亲政的顺治帝宣布了多尔衮的十二大罪状，为绝后患，又将阿济格及其已获亲王爵位的第三子劳亲赐死，次子镇国公傅勒赫削除宗籍，其余八子均贬为庶人。很显然，明珠与阿济格之女成婚已是冒了极大的风险，这种姻亲关系绝不可能成为他在官场上扶摇直上的阶梯。

一切都要靠他自己。明珠为人聪明干练、善解人意，又通满、汉两种语言，能言善辩，遇人嘘寒问暖，善结人心。这才是他官场得意的重要原因。

顺治元年（1644年），明珠一家移居北京，成为新王朝贵族，明珠时年九岁。起初他任侍卫，几经迁升，康熙五年（1666年）为弘文院学士。

康熙六年（1667年）九月，明珠充任纂修《世祖实录》副总裁官。康熙七年（1668年）六月，黄河、淮河、运河河水骤涨，波涛汹涌，一片浩淼。江苏兴化等处环城水高两丈，城门也被堵塞，黄河、淮河多处决堤，灾情严重。明珠奉命与工部尚书马尔赛视察淮河、黄河等处的水利工程，定议在兴化白驹场添设河厅一员，恢复兴化白驹场旧闸，增凿黄河北岸引河以备蓄泄，这一建议有可取之处。随后，明珠亲自领导了黄河引河的开凿。由于治河有功，当年九月明珠升为刑部尚书。

接下来的几年中，明珠仕途通畅。康熙十年（1671年）十一月，明珠改任兵部尚书。从此他与康熙帝接触更频繁、更亲近，经常随侍左右或护驾巡察，参与机密，传达谕旨。康熙帝很信任明珠，常把自己的行踪和活动单独告知他一人，许多本不属兵部的事条，康熙也交给他去处理。康熙十二年（1673年）八月，明珠又兼任纂修《太宗实录》总裁官。明珠和康熙帝之间的信任逐渐加深。

康熙初年，南边疆平定，清廷用明朝的三个降将留重兵驻守：平南王尚可喜镇广东，平西王吴三桂镇云南，靖南王耿精忠镇福建，即"三藩"。十余年后，三王势力渐大，骄纵跋扈。康熙十二年（1673年）三月，平南王尚可喜上疏请求退休，让其子尚之信嗣封王位。康熙帝不同意，命他撤藩。七月，平西王吴三桂和靖南王耿精忠以退为进，也假意要求撤藩，进行试探。康熙帝召见诸大臣商议处置办法。三藩力量不可小视，撤藩关系到南边疆的稳定，清廷上下为此展开激烈争论。关于撤不撤藩的问题，形成两种尖锐对立的意见：一种意见认为，三藩应该久镇南边疆，不可撤也不敢撤；与此相对立的是，以户部尚书米思翰、刑部尚书莫洛与明珠为一方，坚决反对不可撤之类的妥协退让意见，认为应当撤。康熙帝同意明珠等人的意见，说："吴三桂等人的造反之心由来已久，不早日除掉，将会养痈成患，后悔莫及。今天的问题是，撤也反，不撤也反。既然这样，不如先发制人为上策。"果然，撤藩令下后，三藩相继起兵反叛，史称"三藩之乱"。吴三桂起兵后，朝臣中以大学士索额图为首的原来反对撤藩的人惊慌失措，认为明珠等人主张撤藩招致了大祸，应诛杀他们以谢天下。康熙反驳道："撤藩是朕的主意，他们有什么罪！"

在平定"三藩之乱"的过程中，明珠辅佐康熙运筹帷幄。他频繁参加议政王大臣会议，讨论军情，制定应敌策略。"三藩之乱"头两年，正值明珠担任兵部尚书。对清廷来说是战争最艰危的两年，明珠全身心投入工作，参加兵部会议或户、兵二部的联席会议，议定紧急的军事调遣、将领委任及物资供应等问题，明珠为平定叛乱可谓费尽了心思。

康熙十四年（1675年），明珠调任吏部尚书，十六年（1677年）七月，被授武英殿大学士，成为内阁辅臣之一。

"三藩之乱"平定后，康熙褒扬功臣，多次提到明珠等力主撤藩的事。康熙对廷臣们说："以前议论撤藩，只有明珠与米思翰、莫洛等人和我心意相通。"康熙二十一年（1682年）正月，清廷决定将耿精忠等人犯处死刑，康熙诏问廷臣，希望酌情宽免。明珠坚持认为："耿精忠之罪大于尚之信，尚之信是纵酒行凶，口出狂言；而耿精忠则是负恩谋反，悖逆尤甚，法在不赦。"康熙说，造反的大员太多，应怜悯开释一些。明珠说："除陈梦雷、金镜、田起蛟、李学诗四人可以从宽处理外，其余应全部处死。"结果，陈梦雷等四人免死为奴，耿精忠等全被处死。康熙又对大臣们说："以前讨论撤藩，只有明珠等人能了解朕的意图，当时如果听从一些人的要求杀了明珠，他岂不要含冤九泉吗？"由于在撤藩问题上明珠的主张与康熙的想法一致，解除了清政府三大心腹之患中的最大一患，所以康熙皇帝对明珠更为信任，更加倚重。

在平定"三藩之乱"中立功的明珠自做上武英殿大学士之后，更加受到康熙帝的特别眷顾。康熙亲自为他书写条幅，以酬谢他勤勉辅佐、朝夕问对之功。康熙二十三年（1684年）冬，康熙下江南，又以明珠为扈从。这种种特殊的恩遇，使明珠志得意满。

积极辅佐，屡被加封

在内阁任命上，尤其是在大学士索额图去职后，明珠在政治上、尤其在人事上拥有很大发言权。

作为大学士，康熙在任免或处理文武大臣时，经常征询他的意见：康熙二十年（1681年），吏部准备补授翰林院掌院学士，推荐了候补学士陈廷敬、侍读学士蒋弘道等人。康熙征求明珠的意见，明珠说陈廷敬极其淳厚，并且原系掌院学士，康熙听后立即决定任命陈廷敬；吏部为补两广总督空缺，开列了满汉官员的职名给康熙帝。明珠以满汉公议为名，推举福建巡抚吴兴祚，称他效力征讨，且熟悉海务，应补授两广总督，也得到康熙首肯。明珠推举和支持的官员，多能够胜任职责。河道总督靳辅一直在明珠的有力支持下修治黄、淮二河，整顿河务。靳辅治河七年，使黄、淮故道复通，河务整顿一新。

康熙帝虚心接受汉族文化，标榜满汉一体，以缓和民族矛盾。明珠在人事上基本能顺应这一潮流，但仍不能完全摆脱其满族贵族的偏见。康熙二十一年（1682年）八月，吏部否定了盛京知县以上官员必用满族人的建议。但明珠不提倡用贤，认为盛京地方就应设满官，遭到康熙帝的拒绝。

"三藩之乱"平定后，国家需要恢复发展社会经济，明珠辅佐康熙减轻赋税，与民休息：康熙二十一年（1682年）九月，巡察两淮盐课御史堪泰请求加征盐商每引税钱三钱，明珠强烈反对说："如果加到三钱，民众如何能承受？"山西因受灾需要停征钱粮，户部讨论后决定要加以征收，明珠又积极支持停征；康熙二十二年（1683年）十一月，户部决定不准停征湖南当铺、酒铺增添的税钱，明珠反其道而行之，积极支持湖南停征，并且认为天下已经平定，所增收的税银就应该停征。明珠的这些主张都和康熙帝的意旨一致，受到康熙帝的称赞。

有时，明珠也协助康熙处理刑事案件。在这方面，明珠毫不含糊地维护官僚、贵族的利益。刑部就贵族班布礼的妻子扑打家人二汉、二汉回手一案向皇上呈报，建议立斩二汉。康熙认为，这种事必定是因为主人责打过严，仆婢难以度日，为情势所迫而造成的。康熙问臣下："应该如何教诫，才能禁绝这种风气？"明珠却尽量美化旗人的主奴关系，为旗人贵族贴金。他说，近年来这种主人欺压仆婢的风气较以前已经好多了，至于强迫仆婢为主人殉葬的事，现在也很少听说了。

明珠在任期间以总裁官之职参与编纂重要史书、政书：重修《太祖实录》《太宗实录》，以及编纂《三朝圣训》《政治典训》《平定三逆方略》《大清会典》《大清一统志》《明史》。《太祖实录》和《太宗实录》先后完成，明珠则被加封为太子太傅，以至太子太师的最高荣衔。

外表慈善，内使机关

权力和皇上的宠信、重用使明珠拥有权威，清代内阁本无重权，又没有设首辅，但明珠俨然以首辅自居。阁中票拟，都由明珠统管，语言的轻重权衡，都由明珠的心意而定。即使出现了错误，同事们也不敢驳正。康熙十七年到康熙二十七年（1678—1688年）的十年是明珠权势最盛的时期，他在臣僚中占据了政治上的一个中心位置。权力过盛，明珠的奸心、私心就逐渐萌生了。他开始利用他的权力，打击异己，收买人心，结党营私。

明珠为人阴险，外表慈善，内使机关。他与人谈话，总是和颜悦色，甜言蜜语，使人不由自主地向他倾诉衷肠，若是异己者，他就阴行鸷害。他又轻财好施，故作谦和，以招徕新进及海内名士，因而不少人被他笼络。他还利用职务之便，收买人心，卖弄权力。凡是康熙称赞或准备进用的人，明珠就向他卖好，说："是我极力从中推荐的。"如果康熙对谁不满时，他就向此人说："皇上不喜欢你，但我会尽力挽救。"明珠常以这

聪明反被聪明误
——明珠

15

些手段来拉拢人心，固结权威。明珠每天奏事完毕出宫时，满汉部院诸官和他的心腹们都在门两旁拱立以待，向他探听消息，和他交头接耳密语好久。这样一来，康熙的许多旨意或行动很快就泄露出去了。部院衙门中谁与康熙的言谈话语有了干系，就请求明珠给出主意想办法应付，对他唯命是从。

通过这些手段，明珠在其周围形成一股以他为中心的巨大势力。朝廷内，无论满汉大员都有他的死党。由于他的援引，他的死党佛伦、余国柱、蔡毓荣、张沂等人迅速升迁，担任督抚乃至部院阁一类高官。凡会议讨论问题时，都由佛伦等把持，由余国柱暗中操纵，来贯彻明珠的意图。明珠见侍讲、掌院学士德格勒为康熙所信任，经常被康熙召去讲论经史，经常扈驾巡行。明珠派人送去价值千两银子的行装为礼，德格勒拒不接受。后来天久旱无雨，德格勒奉命占卜，说是小人秉政的结果，如果把小人除掉，天就能下雨了。康熙问谁是小人，德格勒说，明珠和索额图树党擅政，贪赃纳贿，是小人。明珠得知此事后，对德格勒更加恨入骨髓。于是经常在康熙面前挑德格勒的刺。后来有人告发德格勒私下修改起居注，马上有人秉承明珠的意图，要求将德格勒论罪。德格勒后来虽免一死，但被去官，终身没再起用。

当初康熙让明珠入阁，有让他牵制大学士索额图的意图。索额图连续在内院、内阁供职八年，作风专横，任久权重，引起康熙的不满。明珠入阁后，他果然与索额图权势相侔，又有宿怨，很快就各自结党，互相攻击倾轧。索额图出身豪门贵族，性情倨傲，有不依附自己的官员就极力排斥；朝中只与李光地结交至好。后来李光地为皇太子师，大约也是索额图影响所致。李光地抑制明珠的党羽徐乾学过快进用，明珠则阻挠李光地外用为江宁巡抚要职。索额图喜欢结交皇太子，明珠则反其道而行，朝中官员有与皇太子结交者，他都设法将他们排挤出去。康熙十九年（1680年）八月，索额图因病解大学士职，但仍于内大臣处上朝，接着又授议政大臣。明珠和索额图的斗争还在继续。

明珠与其同党都贪得无厌。明珠家中"货贿山积"。康熙初年，因军费支出浩繁而广辟财源，拿钱买官的很多，这给明珠提供了索贿良机。康熙十七年（1678年），前江南左布政使法若真起复委用，准备补河南布政使，但因没有向索额图、明珠等人行贿，就遭到压抑而未见用。凡督、抚、藩、臬等地方大官有一空缺，余国柱等无不将缺辗转出卖，索贿不满欲不止。康熙二十三年（1684年），学道报满之后，应升学道的人都去论价，九卿选择时都根据明珠等预先排定的名单，任意派缺。考核官员也给了他贿赂的来源，"比大计，外吏辇金于明珠门者不绝"。每到年终岁末，内而部院台省卿寺庶僚，外而督抚府镇监司，向他送礼的人在门前排成长龙，连住宅旁的胡同里都站满了人，有的人一时送不进礼物，就在附近的客店里住下来，要等上几十天才能通报进去，送出礼物。

康熙二十三年（1684年），著名理学家、操守廉正、老成谨慎的内阁学士汤斌，被康熙特选为江宁巡抚。次年，淮安府、扬州府、徐州府发生水灾，汤斌奏请得免当年租赋。余国柱指使人对汤斌说，汤斌得以擢升巡抚和蠲免赋税，都是明珠出的力，江苏人应有所报答，向汤斌索取贿赂，汤斌不给。每年年终，别的督抚司道向明珠送礼络绎不绝，只有汤斌一人不去送礼。明珠、余国柱恨透了汤斌，想方设法对他加以陷害。康熙二十五年（1686年）三月，明珠怂恿将汤斌内召，并荐任礼部尚书管詹事府事，辅佐皇太子。次年五月，康熙对灵台郎董汉臣在应召陈言时说的

聪明反被聪明误
——明珠

17

"渝教元良，慎简宰执"感到愤慨，大学士余国柱就讦告董汉臣陈言是受了汤斌的指使，引起康熙对汤斌的怀疑，反复传旨诘问，并加严饬。

明珠对手下党羽、举荐对象和向自己行贿的官员，都尽力加以卵翼。据说，有一布政使坐贪墨获罪，后通过余国柱向他索贿，得以缓解。陕西道御史陈紫芝参劾湖广巡抚张汧居官贪秽，凡地方盐行、钱局、船埠全要搜刮，甚至汉口市肆商店的招牌也要按数派钱。康熙嘱咐九卿要严处，但张汧系明珠私党，以致无人敢说。陈紫芝劾奏，明珠在内阁文件中也根本不提，以便掩盖包庇。陈紫芝升任大理寺少卿后，公正断案，严峻耿直，朝臣为之侧目。一天，陈紫芝到朝房，明珠殷勤让座请茶，陈回去后，突然死亡，人们怀疑是被明珠毒死的。

明珠等人胡作非为，心中有鬼，怕别人揭发他们，所以对各级负责监察的言官多方防范压制。吏户礼兵刑工六科给事中和京畿、辽沈等各道的监察御史等所谓"科道官"，每当升级或升任时，明珠与余国柱都要居功索贿，要挟这些科道官与他们订约：凡有奏章必须先向他们请示报告，不得擅自向朝廷直接奏报，以垄断言路。对于敢揭发他们罪行的言官，则处处借故生事，陷害打击。明珠的同党佛伦在任左都御史时，对于御史李兴谦屡奏称旨，御史吴震方多有参劾，心怀不满，就指使人排挤陷害，其他人听到后也心怀恐惧。御史笪重光为江西巡按时，与明珠意见不合，很快就被罢官。

贪赃弄权，晚年革职

明珠长期贪赃弄权，早已是声名狼藉，恶名远播，康熙帝也洞悉其奸。康熙帝先只是对他提出警告，希望他有所收敛。康熙十八年（1679年）七月，康熙帝借京师地震事件向他及群臣发出警告，让他们"洗涤肺肠，公忠自矢"，指出他们做官后，家里都发了财，生活挺富裕了，却还要拉帮结派，徇私舞弊。如果再让他发现，就要国法从事，决不宽容！过了些日子，当众警告好像没能奏效，康熙帝便特地找明珠单独谈话，旁敲侧击地说："如今当官像于成龙那样清廉的人太少了，十全十美确实难得。但是，如果把'性理'一类谈修养、正人心的书多少看一些，就会使人感到惭愧。虽然人们不可能全照书上说的那样去行事，但也应该勉力而为、依理而行才好。"于成龙是当时有名的"天下第一廉吏"，康熙显然是想借于成龙来提醒明珠，但明珠仍然我行我素，对于康熙的警告和提醒不以为然，毫无悔改之意。

康熙帝自有对付他的办法，早已为明珠准备好了克星，就像当年他把明珠作为索额图的克星一样。徐乾学进士及第后，逐渐依附明珠、高士奇以求得进用。康熙帝深知徐乾学在官员中一贯交通声气，在士大夫中有影响，就收罗他作为手中的一张牌，不断给予升迁。康熙二十四年（1685年），康熙命徐乾学入直南书房以示亲信，不久，又将徐乾学擢升左都御

聪明反被聪明误
——明珠

史。有一次，徐乾学在会议上与明珠的亲信佛伦发生了抵触，此外徐乾学过去曾因争夺士望而与余国柱结下深怨，因而他与明珠分道扬镳是势所必然的。

康熙二十七年（1688年）二月，在康熙授意下，徐乾学、高士奇唆使江南道御史郭琇上了著名的震动朝野的《纠大臣疏》。郭琇在疏中陈述明珠、余国柱背公营私等罪状共八款，指出明珠勾结党羽、卖官鬻爵、靡费河银、中饱私囊，其罪罄竹难书。康熙看过奏疏后，告诉史部官员说："国家建官分职，务必要精干、精廉，大要守法，小要廉法。"最后宣布革除明珠的大学士职务，余国柱也被革职。

不久，明珠被授为内大臣。康熙二十九年（1690年）六月，厄鲁特蒙古准噶尔部首领噶尔丹勾结沙俄反动势力起兵叛乱。康熙命抚远大将军、裕亲王福全统兵征噶尔丹，明珠被派去参赞军务。乌兰布通一战，噶尔丹战败，假装求和，夜间自大碛山逃走，清军没有追击噶尔丹而使之逃脱，明珠受牵连获罪，降四级留任。次年，复授其保和殿大学士。康熙三十五年（1696年）春，康熙御驾亲征噶尔丹，明珠负责督运西路军饷；五月，昭莫多之战，噶尔丹败走，清军胜利班师；第二年，康熙再次亲征，明珠扈从，至宁夏，又拨驼运饷，并运送银两颁发鄂尔多斯，随兵从征。不久，噶尔丹败死。明珠因两次从征有功，官复原级。康熙四十三年（1704年）三月，明珠与内大臣阿密达等一道参与赈济山东、直隶河间流入京师就食的饥民。康熙四十七年（1708年），明珠因病而逝，享年74岁。

明珠的后人

明珠的妻子爱新觉罗氏，为努尔哈赤第十二子英亲王阿济格正妃第五女，死于康熙三十三年（1694年）。明珠与爱新觉罗氏共有三子三女，皆为嫡出：三子分别是长子纳兰性德、次子纳兰揆叙、三子纳兰揆方；女儿中长女嫁一等伯李天保，二女儿早卒，三女儿嫁多罗贝勒延寿。

纳兰性德生于顺治十二年（1655年），17岁入太学读书，18岁中举，22岁考取进士，被康熙授三等侍卫，以后升二等侍卫，再升为一等侍卫。他作为乾清宫侍卫，于皇帝左右，随侍扈从，由于才华出众，为皇上看重，有词集《侧帽集》《饮水词》刊行于世。康熙二十四年（1685年）纳兰性德病故，享年31岁。

纳兰性德是清代最为著名的词人之一。他的诗词不但在清代词坛享有很高的声誉，在整个中国文学史上，也以"纳兰词"在词坛占有光彩夺目的一席之地。他生活于满汉融合的时期，其贵族家庭之兴衰具有关联于王朝国事的典型性。他虽侍从帝王，却向往平淡的经历。这一特殊的生活环境与背景，加之他个人的超逸才华，使其诗词的创作呈现独特的个性特征和鲜明的艺术风格。流传至今的"人生若只如初见，何事秋风悲画扇？等闲变却故人心，却道故人心易变……"这一富于意境的佳作，是其代表作之一。

聪明反被聪明误
——明珠

纳兰揆叙，明珠次子，初为佐领、侍卫，后由翰林院侍读，侍讲学士擢掌院学士，兼礼部侍郎，迁工部右侍郎，转工部左侍郎，迁都察院左都御史，仍掌翰林院事，著有《益戒堂集》《鸡肋集》《隙光亭杂识》《后识》。因为立储问题使康熙震怒，又被上疏以流言盛传遭指责。至雍正朝其身后名分又进一步被贬，直至乾隆年才得以恢复。揆叙妻耿氏为耿聚忠之女。耿聚忠是清初"三藩"之一耿精忠三弟、靖南王耿继茂之三子。耿聚忠因忠于清王朝，未从"三藩之乱"，被加太子太保衔得善终。

纳兰揆方为明珠三子，其妻为礼亲王代善曾孙和硕康亲王杰书第八女，是为郡主。揆方作为和硕额附（郡马），其礼遇与公爵同。揆方夫妻双双相继而亡，留有二子：安昭、元普。后经康熙命均过继给揆叙夫妇，并改名永寿、永福。

纳兰永寿的一个女儿后来做了乾隆帝的舒妃。

纳兰永福与皇九子允禟之女三格格成婚，官至内务府总管。他因与岳丈皇九子允禟的亲缘关系，先后支持允禩、允禵谋取皇位，结怨于皇四子胤禛，成为雍正的政敌，为其所恶，被革职。后任盛京户部侍郎，直至乾隆四年。

纳兰家族因封建贵族制度而世代为官，并一度位极人臣，通过血缘、婚配等与清王朝构成千丝万缕的联系。古代的大家族都是这样，极其讲究世系，通婚也要门第相当。不过，他们终究是逐渐沉寂了。

康熙御前总顾问

——李光地

　　李光地（1642—1718年），字晋卿，号厚庵，别号榕村，福建泉州安溪人；康熙九年（1670年）中进士，进翰林，累官至文渊阁大学士兼吏部尚书。他为官期间，政绩显著，贡献巨大，康熙帝曾三次授予御匾，表彰其功。他曾向康熙帝推荐施琅，使台湾得以顺利收复。李光地学识渊博，康熙给予崇高礼遇。

　　当然，也有人认为李光地出卖反清复明活动，并向清廷送情报，邀功示好，是"汉奸"行为，一副媚态。这只能"仁者见仁，智者见智"了。

忠贞为国，颠沛不移

李光地（1642—1718年），字晋卿，号厚庵，福建安溪人。他生于小康之家的书香门第，清初战乱中家道中落。他于顺治十二年（1655年）14岁时与全家11人一起陷于贼手，一年后被其叔父营救得脱。他于康熙九年（1670年）中进士，选为翰林院庶吉士，命学满文。他后来说，他对音韵学有兴趣就是从学满文开始的。

康熙十二年（1673年）五月，李光地回乡探亲。途中，李光地听说吴三桂、耿精忠等人上疏请求撤销藩镇，康熙帝听从他们的请求宣布撤藩。李光地分析了形势，觉得吴三桂、耿精忠请求撤藩有诈，其中一定另有图谋。情势果然不出李光地所料，第二年，耿精忠就以撤藩为由起兵叛清，吴三桂和尚之信也相继起兵，与耿精忠互相呼应，割地盘踞，"三藩之乱"一时乱及半个中国。耿精忠还和据守台湾的郑锦（郑成功之子）串通一气，攻城略地。当时李光地携带家属逃难，躲藏于荒山野谷之间。郑锦和耿精忠欲网罗名士，多次派人请李光地去做官。李光地为形势所迫，只好跟着来人前往，郑锦劝李光地与他共同反清复明，被李光地严词拒绝了，并不久设计逃了出来。

康熙十四年（1675年）五月，李光地通过对耿精忠、郑锦军事形势的仔细分析，向康熙进蜡丸密疏，提供破耿、郑的妙策，密疏指出：福建疆域窄小，自从耿、郑两军割据以来，勒索人民敲骨吸髓，致使民力已尽。敌军粮尽兵疲，已呈穷途末路之势。南下清军应抓住时机急攻，不宜拖延时日，以致夜长梦多，生出变故。当时，耿精忠大军聚集仙霞关、杉关一线，郑锦的主力集中于漳州、潮州地区，只有汀州通往赣州的小路防守薄弱。那时，清军多是在叛军集中的地区鏖战，而不知乘虚出奇制胜，从小路奇袭敌后，这是一大失策。他建议挑选精兵万人，利用敌军防守的薄弱环节，以开往广东为名，由赣州直抵汀州，七八天就可以到达。耿、郑想派兵救援，最快也要一个月才能赶到，那时清朝大军已进入福建了。"避实击虚，迅雷不及掩耳"，定可获胜。汀州小路崎岖，应以乡兵、步兵、马兵为序，以保万无一失。敌军主力都在前线，内地空虚，清军如果深入内地，则各路敌军不战自溃。他建议康熙命令带兵将帅侦察虚实，随机应变，以求速胜。为了避免密疏被叛军截获，谨慎的李光地将密疏藏在蜡丸里，派人暗中潜往京城，托内阁大学士富鸿基转呈皇上。康熙帝得到密疏后，深为感动，连称李光地："真忠臣也！"他将密信交给兵部和领兵大臣们参考。后来由于军情变化，清军无法进兵汀州，康亲王杰书只得出兵衢州，攻克仙霞关，收复建宁、延平，耿精忠投降。清军进驻福州，都统拉哈达等率军讨伐郑锦，并寻找李光地的下落。康熙十六年（1677年），清军收复泉州，李光地到漳州拜见拉哈达，康亲王得知后，上书康熙帝，称赞李光地"忠贞为国，颠沛流离，矢志不移"，应给予褒扬。当年三月，朝廷破格提拔李光地为侍读学士。

推荐施琅，收复台湾

为了使东南沿海早日统一于大清王朝之下，李光地倾心竭力。他请求入闽的清军禁止屠戮、避免株连，自己则亲自布阵、围剿义军。

康熙十七年（1678年），漳浦人蔡寅率众数万（头裹白巾，号称白头军）兵围安溪。当时李光地因父丧在家守孝，他出面召集乡兵，据险抵抗义军的攻击。他威胁各乡百姓，如果私自资助义军粮饷便是贼，必定移兵先行歼灭。在他的威胁下，各乡百姓没有人敢帮助义军。蔡寅的白头军在内无粮饷、外受追击的情况下，被迫前往投奔郑锦。此时，郑锦的名将刘国轩连克海澄、漳平等县，控制了万安、江东二桥，兵锋直指泉州，泉州告急。李光地秘密派其使者从水道潜入泉州城，向守城清军出示宁海将军的印信绢书，让他们坚守城池，等待援兵的到来。随后，李光地亲自动手，为清军筹措粮饷，备足犒师物品，前往躬迎清军。不久，泉州转危为安。康熙帝这次又受到感动，称赞李光地"矢志灭贼，实心为国"，并提拔他为翰林院学士。

李光地另一个关注的目标是台湾。对于如何收复台湾，多年来李光地一直在审慎考虑，精心谋划，郑氏政权的些微变化都没有逃过他的视野。康熙十七年（1678年），刘国轩曾致书李光地，以反清复明的大义劝说李光地前往归附。李光地复信说，福建是"诸公的父母之邦"，为什么要如此残忍至极地蹂躏自己的家园呢！这封信言辞恳切，意味深长，刘国轩和众将领都传诵叹服。

康熙十九年（1680年）七月，李光地服孝期满返京，升任内阁学士。李光地认为收复台湾的条件已趋成熟，他向康熙帝建议：郑锦死后，其子郑克塽年幼，部下骄纵，争权夺利，人民不堪忍受郑氏政权的残暴统治，思念统一，应抓住这个时机，迅速出兵，一定能克敌制胜。康熙帝召集众臣廷议，诸臣都认为海洋遥远险恶，风涛不测，很难保证长驱制胜，万无一失。福建水师提督甚至上《三难六不可疏》加以阻挠。李光地仍不愿放弃，力主机不可失，应赶紧进取。次年，康熙帝下定决心，力排众议，命李光地推荐收复台湾的主帅。李光地认为只有内大臣施琅能胜重任。

康熙问其中缘由。他说，施琅全家都为郑氏所杀，这样的血海深仇，他一定会刻骨铭心；而且众将之中只有施琅最熟悉海上情势；他智勇兼备，无人可比。郑氏所害怕的，就唯独他，用他任主帅，则在气势上已占了优势。李光地又说，澎湖是台湾的门户，如果此地一失，郑氏政权必定发生内乱，前来投降。康熙帝觉得李光地的分析很有道理，于是命施琅为福建水师提督，准备进军台湾。康熙二十一年（1682年）五月，给事中孙蕙又上疏建议缓取台湾，李光地认为不可，仍坚持前议，他说："海上凭风信，可进则进，可止则止，提督施琅熟悉水师，料想不会出什么意外。"同月，李光地送母亲回家乡，在福建他知悉了施琅进取台湾的全部计划，连声称赞："着着胜算，语语中机，业已成功，可贺可贺！"康熙二十二年（1683年），施琅终于不负众望，率军成功统一了台湾。

台湾业已统一，李光地因在收复台湾过程中的过人之见和正确主张，又受到康熙帝的高度赞赏。但是，李光地提出的台湾善后之策极其荒谬。

康熙御前总顾问
——李光地

他主张大清朝空出台湾，任凭外国人居住，向他们收款纳贡。他认为荷兰人没有什么野心，台湾即使被他们占据，也可听之任之，他说这才是长治久安之策。李光地的谬论立即遭到明智的康熙帝的严厉斥责。李光地一看违背了圣意，马上说："如今皇上您贤德和威名远播天下，四海归心，台湾乃一小小的弹丸之地，哪里敢有什么异心呢！"康熙帝决定派军队驻守台湾，以保证台湾的安全与稳定。

康熙帝统治前期，李光地为大清王朝的统一事业费尽心思，出谋划策，甚至身体力行，的确表现了非凡的个人才能，取得了有目共睹的成效。

康熙三十年（1691年）二月，李光地任会试副考官。他对科举考试中请客送礼、徇私舞弊的丑恶现象深恶痛绝，认为这类现象是败坏人品、伤风败俗的罪魁祸首。他与张玉书等考官一体同心，对考试中的弄虚作假现象进行坚决打击，维护了考试的公平性与严肃性。

巡抚直隶，政绩卓著

康熙三十七年（1698年），李光地出任直隶巡抚。这段时间他最突出的政绩是尽心于农田水利。河道治理有关国计民生，是康熙帝继位之后最关心的重大问题之一。当时直隶地区屡遭水患，为害情况不亚于黄河下游。康熙三十八年（1699年）二月，康熙帝特谕李光地等说："漳河与滹沱河故道原各自入海，今两水合流，所以其势泛滥。尔等往视，如漳河故道可寻，即可开通引入运河。如虑运河难容，即于河道之东别挑一河，使之赴海。其可否修浚情形尔等阅后再奏。"李光地率属员进行了实地勘察之后，四月上疏，提出治河方案。

他说，现在漳河分为三支，其中两支流入运河，另一支分流后又入运河。这样"入运之水已多，子牙河之水自减，可无碍漕之虑。但归卫之河与老漳河皆有散漫浅平之处，应酌量挑浚。其完固口小支河应筑鸭嘴坝及拦河坝，逼水入河"。再于静海县"阎、留二庄出水处挑成河道，两岸筑堤，束水归淀。则静海县地方不致淹漫，而大城等州县堤岸均无妨碍矣"。诏如所请。接着，他因霸州、宛平、良乡、固安、高阳、献县，因开浚新河占民田139顷，特奏请豁免额赋而获批准。六月，他以通州等六州县额设运输漕粮之红剥船600只，每船给地十亩作为运丁赡养之费，如遇水旱灾害向不蠲免。为稳定运丁情绪，确保漕运畅通，他特别奏请按民田之例遇灾时额赋概予蠲免。下部议不准，康熙帝特准其奏。康熙三十九年（1700年）七月，静海等地方长堤竣工后，李光地奏请开诸州县水田，引漳、滏、滹沱、大陆诸水灌溉，并推荐管河同知许天馥为河间知府，以管理这项工程。次年，又督修永定河，自郭家务至柳岔口开河筑堤。康熙四十一年（1702年）八月，他下令所属各州县广兴水利，"近山者导泉通沟，近河者引流酾渠，去水运远者凿井溉田。其水道应修浚者俱听备帑兴工"。

李光地在为国家扭转财政亏空、清除考试积弊方面，也作出了有益的贡献。康熙三十九年（1700年）二月，他针对各级官吏侵吞、挪用公款、粮米成风和"法轻易犯"的弊病，上疏建议立法清厘宿弊，严加盘查属库及各种支出，有犯者实行重治，"嗣后地方官如挪移银至五千两以上或粮米六千石以上者，无论已未革职，仍拟满流，不准折赎，即遇恩典亦不准减免。庶人知畏威法，而仓库加谨矣"。下部议行。七月，康熙帝因科场考试时大臣子弟取中者多而平民子弟甚少的弊端，下诏另编字号考取，并将给事中满晋、御史郑维孜条陈科场积弊与总督郭琇条陈学校弊端，连同九卿定议一起，下令尽行录出传示李光地及总督张鹏翮、郭琇、巡抚彭鹏。上谕中说："四臣皆操行清廉。李光地为学院时官声最好，今阅九卿等所议果否得当，如何方能除去弊端，永远可守，各抒己见具奏。"李光地遵旨上奏，称颂康熙帝的决定。除同意九卿所议各款外，在严肃考场方面提出增加三条意见，如加强考场巡察，驱逐试场中所用儒士等，以杜绝徇私舞弊。

李光地治绩显著，不断得到康熙帝的赞扬："自授巡抚以来，居官甚佳"，"体恤微员"。又说他"自任直隶巡抚以来，每年雨水调顺，五谷丰登，官吏兵民无不心服"。总之，赞赏不已。

后来康熙又擢升他为吏部尚书，仍管巡抚事。

饱学硕儒，皇帝顾问

康熙四十四年（1705年）十一月，康熙帝以李光地"居官甚好，才品俱优"，升为文渊阁大学士。

李光地不仅在政治上深得康熙帝信任，思想文化及学问上更深得康熙帝的赏识与倚重。康熙帝是博学多才的帝王，他潜心钻研学问，多方面探求知识，对孔孟之道、程朱陆王之学，以及历算、机械等当代科学之事无不有极大兴趣。他尤其喜欢理学，而这正是李光地所擅长。李光地的理学体系是多弥缝而少发挥，尽说一些"模棱两可的话"，"足以调停一元二元之间"。他用这种取巧的办法，把本来矛盾的事物可以说得头头是道。这样"以伪代诚，君臣相欺而可以相安无害"。这种思想方法和理论有利于康熙帝的思想统治政策，所以深受康熙帝喜欢。

康熙帝经常召李光地入便殿研讨义理。康熙帝所御定的书籍多指派他来参定，如《御纂朱子全书》《周易折中》《性理精义》等均为李光地所校理。康熙帝曾十分满意地说："知光地者莫若朕，知朕者亦莫若光地矣！"

李光地积极供职，认真阐发理学，康熙帝对他的信任与日俱增。越是这样，他在复杂的政治斗争和纷纭的官场中越是寡言慎行，唯恐招祸。他对重大事情也多以委婉和模棱两可的言辞。

康熙四十五年（1706年）六月，江宁知府陈鹏年为两江总督阿山疏劾定谳论斩。不久康熙帝问李光地阿山如何，李光地说："当官勤敏无害，其犯清议者，独劾陈鹏年一事耳。"康熙帝遂宽免陈鹏年，并将其内召。

康熙帝在废立太子问题上大伤脑筋。康熙四十七年（1708年）十一月，康熙帝有意将已废太子允礽复立为太子，召满汉文武大臣，让他们在诸阿哥中举奏一人。结果众臣多附和内大臣阿灵阿，共同保奏皇八子允禩。没想到拍马屁没拍对地方，康熙帝不喜欢允禩，因此极为不满，下令再思具奏。康熙又问李光地有什么意见。李光地接过这烫手山芋，回奏说："前皇上问臣废皇太子病如何医治方可痊好，臣曾奏言徐徐调治天下之福。臣未尝以此告诸臣。"这是在关键时刻准确体会康熙帝意图的极为得体的回奏。第二天，康熙帝便召见众大臣，公开宣布废皇太子病已痊

康熙御前总顾问——李光地

愈，表明了复立之意。四个月后，即康熙四十八年（1709年）三月，康熙帝复立允礽为皇太子，李光地被任命为二正使之一，奉命持节授皇太子宝册。伴君如伴虎，揣摩圣意也不容易啊。

李光地的晚年愈加为康熙帝所倚重，君臣彼此相知，关系更加密切。当时发生了一起震惊全国的戴名世《南山集》狱案，被诛戮者甚多。著名古文家、桐城贡士方苞亦被牵连下狱论死。康熙帝在一次召见廷臣时偶然提到已故侍郎汪霦时感慨地说："自汪霦死，就没人擅长古文了。"李光地适时进言："戴名世案中的方苞能写。"一句话，方苞被免死，出狱后隶汉军旗，以白衣入值南书房。

晚年的李光地，年老体衰，疾病不断，恶疮、疥毒、脾泄之症不时困扰着他。他或"两手硬肿，匕箸俱废"，或"不能胜衣冠，不能移动数步"，"苦楚缠绵"。康熙帝对他关怀备至，给假令其坐洗温泉，亲赐药物、食物，甚至玉泉山水，指示治疗办法。一再指示其加餐，以增加体力。这让李光地感激不已。

他多次以病乞休，但康熙帝不愿他离去，一再温言慰留。

康熙五十七年（1718年）五月，李光地病逝，享年77岁。

康熙帝深为"悯悼"，命厚葬，谥曰文贞。雍正元年（1723年）追赠太子太傅，十年（1732年）入贤良祠。

名节有亏，几遭非议

李光地虽然被统治者高度赞誉，列为理学名臣，荣宠有加，显赫一世，但他的人品和名节一直广有争议。

清初统治者以少数民族入主中原，对汉族地主士大夫持有怀疑态度，而一些有民族气节的汉族地主、士人也的确坚持夷夏之防，不与东北人合作。李光地经过科举考试入清廷为官，为了消除统治者对他的怀疑，他曾经向清统治者表明：他并非明王朝的臣子，而是大清朝的良臣，以显示他对清王朝的忠心。

"三藩之乱"期间，李光地曾向康熙帝进蜡丸密疏，献破敌之计。但是密疏上的破敌之策并非李光地一人的成果。当时，和李光地同年、同官的陈梦雷因家居福州，被耿精忠逼迫做官，他虽多次拒绝但苦于无计脱身。陈梦雷和李光地本是好友，于是两人多次在一起密谋破敌之策。陈梦雷表示，一旦清军讨伐耿精忠，他愿意作为内应，报效清朝。二人还约定，日后若其中一人显赫，不能忘记另一人的功劳；如果谁不幸身死，后死者应该将死者的功劳记录下来。李光地于康熙十四年（1675年）五月所上的蜡丸密疏，正是他们两人多次密谋的具体内容。

后来，李光地因献蜡丸密疏而官拜侍读学士，得到康熙帝赞赏。李

康熙御前总顾问
——李光地

光地得到这样的殊荣，他却忘了与陈梦雷的君子约定，在密疏中压根不提陈梦雷参与其事，贪二人之功为他一人所有。之后，陈梦雷因"从逆"罪被判死刑，李光地为了掩饰他贪功卖友的丑行，态度十分含糊。当时，徐乾学希望他能尽朋友之情，尽力营救。他却说恐怕无济于事，但他心里始终有点不踏实，又对徐乾学说："我写奏疏，恐怕有不尽心的地方，请你为我代写一篇疏稿。"疏稿写成后，李光地一字不漏地抄了一份，送给皇上。陈梦雷因此得以免死。后来，陈梦雷对李光地的卖友行为提出责问，李光地羞愧得无语可答。康熙三十二年（1693年），陈梦雷的《闲止书堂集钞》问世，其中有一篇披露蜡丸密疏真相的《绝交书》。李光地的子弟们听说后，派人到处收集此书进行销毁，但是传抄的本子很多，始终无法全部毁灭。李光地的为人也被越来越多的人知晓。

康熙初年，大学士明珠在同索额图的权力之争中，势力逐渐强盛起来，以至于权倾朝廷。李光地劝明珠要保全晚节，做完人，为万世千秋所凭吊。然而，他自己因急于晋升而不惜名节。

当时李光地和侍讲学士德格勒在康熙帝面前不断互相标榜，以图仕进。德格勒举荐李光地胸怀文韬武略，能担当封疆重任。李光地就赞誉德格勒学善《易》，文辞俱佳。康熙二十六年（1687年），李光地回乡探亲，德格勒又在康熙帝面前吹嘘，说如果任李光地为总督、提督等职，他才肯来，如果任其他职务，他一定不肯来。并不糊涂的康熙帝感觉到其中有些名堂，便于第二年三月召试德格勒等人，结果发现德格勒文辞拙劣，事情真相大白。李光地当时已回京师，得知吹捧德格勒的事已败露，连忙请罪不迭。朝中反对李光地的人都要求重惩。康熙帝免了他的罪，同时对他严厉申饬，命令他"沉痛反省，悔改前非，勉力尽职"。康熙二十八年（1689年）五月，李光地向康熙所进的文章粗糙草率，康熙帝严厉指斥他"冒名道学，自称通晓《易经》卦爻"，无法作为翰林院的表率，将他降为通政使。

康熙三十三年（1694年）年初，李光地任顺天学政。这年四月，他母亲病故，他本应回家守孝。康熙帝命令夺情，说："提督顺天学政关系重大，李光地留在任上守孝。"李光地得到康熙的特别恩宠，有意卖弄，他还提出请假九个月，丧事完毕就还朝。这种要求既不符合夺情之旨，又违背了三年守孝之制。一些朝中大臣借此机会，拼命弹劾李光地，斥责他"贪位而忘亲，司文而丧行"。给事中彭鹏上疏弹劾他《十不可留》，言辞激愤异常。彭鹏对康熙帝说："皇上令李光地在任上守孝，或许是以此来试探李光地吧。"这一试，李光地的心术品行就昭然于世。他进而分析了李光地"若去若就"的企图，揭穿了他假道学的面孔。

康熙帝想重用李光地，不愿当着群臣的面戳穿他的心术，声称要宽容并且保全李光地。康熙帝为了惩戒道学家言行不一之风，命令李光地解任，不准回乡，在京守孝。"夺情"一事使李光地羞愧难言，无地自容。他为此悔恨交加，大病一场。

有清一代，非议李光地人品者甚众。全祖望曾说："李光地的名节被当时的人们共相指责，这是决不可逃避的事实。"唐鉴在《学案小识》中批评李光地对程朱理学"执而不悟，笼络牵合"。

清朝初年，汉族人对异族统治还比较排斥，所以对李光地效忠清室的行为，时人多有讥讽，这也是可以理解的。从个人气节上看，我们不敢说李光地没有缺点；不过从他的政绩上看，还是有很多值得称道的地方。

状元出身大学士

——徐元文

　　徐元文（1634—1691年），字公肃，号立斋，出身昆山望族；曾祖父是明万历进士，官至太仆寺少卿；他的祖父、父亲都是明朝的贡生，舅父则是爱国硕儒顾炎武。徐元文与他的哥哥徐乾学、弟弟徐秉义都是进士，在当时很有名望，号称"昆山三徐"。

　　徐元文因才华出众、仪表端正深受顺治帝的宠爱，竟赐乘御马，命学士为他执鞭。徐元文颇具治国之能，他以内阁学士兼礼部侍郎为康熙帝讲书，得到康熙的赏识，被升为左都御史、刑部尚书、户部尚书，直至宰辅——文华殿大学士兼翰林院学主。遗憾的是，他晚年卷入其兄徐乾学与权臣明珠的纠葛，受到牵连，被免官回籍，成了朋党斗争的牺牲品。

少年得志，侍奉君前

徐元文从小沉毅好学，以六经为根底，旁涉百家。做学问力求明理致用，对"诸子百家之言"能通晓故实，刻意探索本原。他作文赋诗，清新明达，从不粉辞饰章。他书写工整端重，从无一字潦草。当时，江浙一带的文人继承东林、复社遗风，喜欢结社，徐元文喜爱儒家理学，对才子雅士们的艳词俗章厌恶之至，不愿与他们为伍，于是和兄徐乾学、弟徐秉义也组织了文社，取名"慎交"，提倡实学，一时"时论归之"。

顺治二年（1645年）五月，清兵攻破南京，但残明的抵抗和江南人民的抗清斗争并没有因明福王政权的败灭而停歇，反而如火如荼地发展起来。清统治者为了稳定江南地区的半壁江山，在武力镇压反清力量的同时，又从"文治"方面钳制反清思想，利用"开科取士"的科举制度，笼络江南汉族地主阶级，消弭他们的"反抗"之心，诱使他们充当新朝的鹰犬。当年秋，清廷正式实行科举制度。徐元文三兄弟即先后凭借科举考试而成为清朝新贵。

顺治五年（1648年），14岁的徐元文获补诸生后，跟随兄长徐乾学奔赴金陵参加乡试，落榜后发奋读书。顺治十一年（1654年），徐元文再次乡试，榜上有名。顺治十六年（1659年），徐元文参加殿试，殿试后，顺治皇帝认为徐元文才华出众，名字吉祥，仪表端正，特赐状元及第。于是徐元文便成为徐家第一位新科状元。其后，他的两位兄弟也先后高中探花，"有声于时"的"昆山三徐"从此踏入仕途。

清初对科举中式、甘心效劳的汉族士大夫是恩宠有加的。徐元文的传胪典礼异常隆重，通常在太和殿举行的传胪典礼，当时特意改在御殿——乾清门举行；本来新科状元是身着公服、头戴三枝九叶朝冠进殿受封的，当时则恩赐冠带蟒服裘靴晋见。顺治皇帝召见徐元文后，眼看自己的"文治"十分成功，得意扬扬地对孝庄皇太后说："今岁得一佳状元"。徐元文被授予翰林院修撰后，深得顺治帝的恩宠，多次被召见，还被留膳宫内。有一次徐元文随顺治帝游西苑，顺治帝破例厚待他，竟"赐乘御马，命学士折公纳库为执"。徐元文受宠若惊，以"馆师不敢"有劳学士而婉拒，顺治皇帝方改派侍卫为他挽马。

徐元文在翰林院任职期间，益加刻励学问。他治学严谨，有独创精神，对儒家经籍从不循章守句、沿袭成说，既是对先儒的定论，也是以自己的观点去力求"举其要，畅其旨"，收到融会贯通、得其要旨的功效。

他治学态度十分谦逊，不懂绝不装懂。有一次，他随顺治帝造访方丈，顺治帝向他询问佛家经籍，他坦诚地回答说，自己没有研究过这方面的学问，顺治帝也没有为难他，反而说："此人大有见解。"顺治帝对徐元文的学问非常赏识，曾让他为自己的书房"孚斋"写篇文章，阐述读书之道。徐元文受命执笔，写了一篇《孚斋说》，顺治帝阅后大加赞赏，特命工匠刻印刊行。一时间，诸生学子把这篇文章奉为读书之"知要"，纷纷抄录，挂于书房。

状元出身大学士——徐元文

重教兴学，肃整学政

　　清初，为了巩固政权，推选了一条右文重道的政策：除开科取士外，为重点培养人才，还明令地方学校向中央教育机关和最高学府——国子监贡献生员，称之为"贡生"。当时向国子监选送的贡生有五种，五种贡生都是经过考选的，是入仕的正途，他们既可以直接参加乡试，也可以经过铨选出任职官。此后，清王朝为了弥补因连年用兵而造成的国库不足，又推行了一系列捐纳和优待政策，先是允许生员捐资纳粟，换取贡生出身，称为"例贡"；进而又允许那些尚未"进学"的童生也可以捐资，获得监生资格，称为"例监"；后来还允许八旗官子弟和文官四品、武官二品以上的子弟免试入学国子监，分别称为"恩监"和"荫监"。

　　捐纳和优待政策实行后，大批想参加乡试而又没有乡试资格的童生和想做官而又没有科名出身的生员，纷纷捐钱纳粮，混个"例监""例贡"出身，用金钱去敲开科场和官场的大门。这些人既不必去国子监苦读，又免去科考之苦，终日里呼朋唤友，花天酒地，败坏了地方学校的学风。那些"恩监"生和"荫监"生大都是富家子弟，他们依仗父祖的权势，骄惰顽劣，无心学习，搅得国子监师道不立、课程难行，破坏了国子监的学政。面对纪律废弛的学校和日薄的学风，徐元文感慨不已，他认为："自古人才盛衰，视学校兴替。汉唐以来，皆认真选拔，所以人才辈出，这非惟那时的人都是贤者，而是选拔精审、培养浓厚所致。"他毅然以师道自任，重教兴学，肃整学政。

康熙八年（1669年），徐元文充任陕西乡试正考官，主持陕西乡试。他注意选拔人才，严防考场舞弊。那一年中榜者，大多数是势单寒苦力学之士，对此，陕西反响很大，当地人士说："学子奋厉读书、自此榜始"。

康熙九年（1670年），徐元文提升为国子监祭酒，充任经筵讲官，执掌国子监行政、教学大权。当时，清廷急于筹饷平藩，滥开捐官纳监之例，每年入学国子监的学生，多数是靠金钱或官荫进来的，那些正途的贡生入监者寥寥无几，半数以上均为年龄颓暮之人，难于培养成才。徐元文对此进行大力整顿，他首先奏请康熙帝恢复了"优贡"和"副贡"，又力陈捐资纳监有四大弊端：一是养士育才莫重于科举，捐纳造成冗滥；二是官贡各生所谓正途，期满考取，必历三科九年，而捐资入监者，则不计年限，从而形成了对正途者严、对杂途者宽的不公局面，势必"沮寒士攻苦之心，长富儿骄惰之气"；三是捐纳使得国子监生员混杂，而又无革除劣等生之例，造成课程难行，士风益薄；四是捐纳造成仕途积壅，补授无期，使朝政名器堪为可虑。他奏请平定"三藩"后停止捐纳政策，康熙帝同意了他的奏议，捐纳之例，"除河工外，得一切停止。"徐元文奏销了捐纳政策后，又大力整肃国子监的学政。他制定了严格的学规，要求学生尊师守纪，发奋攻读；又要求教习勤于教授，严于治学，端正教风。他自己更是身体力行，讲授课业时词达而声宏，学生们都敬服他。徐元文任国子监祭酒四年，广选优俊，严于教学，使国子监"学政大饬"，深得康熙帝称赞。他离任后，康熙帝曾对大臣们说："徐元文为祭酒，条规严肃，满洲子弟不率教者，辄加挞责；咸敬惮之，后人不能及也。"

整饬纲纪，澄清吏治

康熙十三年（1674年）五月，徐元文被提升为内阁学士兼礼部侍郎，充重修《太宗实录》副总裁官。翌年四月，改任翰林院掌院学士兼礼部侍郎，充日讲起居注官，专为康熙帝讲学。先前，熊赐履负责经筵讲官时，规定"非尧舜之道不陈，非四书五经及宋诸大儒之言不言"。当时，年轻的康熙皇帝已对熊赐履那套进讲内容感到不能满足，他让徐元文将《通鉴》与《四书》相参进讲，想从《通鉴》记载的历朝得失成败中探寻治国之道。徐元文便精选《通鉴纲目》中"关切君德，深裨治理"的有关章节，撰成讲章，按期进讲。他讲解《通鉴》能"举其要，畅其旨"，徐元文进讲《通鉴》里的有关历史兴革内容，对康熙的行政治国有很大影响。为此，康熙帝赐他御书墨宝三幅，其中有一幅写的是"鸢飞鱼跃"，嘉奖他"讲筵之劳"。

通过进讲，徐元文的政治才干得到了康熙帝的赏识，他先后被提升为左都御史、刑部尚书、户部尚书，直到宰辅——文华殿大学士兼翰林院掌院学士，纵使后来被降职，还被委任为《明史》监修总裁官、《大清一统志》副总裁官、《三朝国史》总裁官。徐元文得以参与朝政大事，施展其振饬纪纲、澄清吏治的政治才能。

徐元文任左都御史期间，正值平定"三藩"战争后期，吴三桂的几

大清名臣故事

十万部众陆续投降。这些降兵降将要吃要饷，耗费巨大，使本来就吃紧的国库更加吃紧，不足的军需更加不足。如何处理这些降众？有人主张把他们羁留云南；有人主张将他们移调他处；有人主张对他们进行整编；有人主张把他们划归各旗管束。徐元文认为这些主张皆不可取：将几十万降众羁留云南，绝非长久之计，弄不好会激起事变；移调他处，千里迁徙，耗资更大；换将整编，降众会疑心，终将留下隐患；划归各旗，降者人多势众，旗官难以管束。他上疏康熙帝，提出了与众不同的处理意见：首先，对胁从之众要恩许自新，以利瓦解"三藩"的军队。其次，安置恩许自新的胁从之众要区别对待，凡可留用者，应与绿旗将弁一例录用；不宜留用者一概分遣为民，由各道安插。如此，既可减少俸饷开支，又可充实军需。至于耿精忠、尚之信、孙延龄旧隶将弁，"尤宜解散，勿仍藩旗名目"。康熙帝采纳了徐元文的建议，顺利地解决了十分棘手的问题。徐元文还疏请革除"三藩"在粤、闽、滇、黔诸省的虐政，如盐埠、渡税、鱼课、船捐、牙行、勋庄、圈田等，恳请皇帝速速救民于水火。康熙帝也采纳了他的建议，荡除了"三藩"辖地的横征暴敛。

清初曾多次下令清查隐占田亩，以实国库，并订出奖励性的规定："凡查出者分别甄录"。那些知州知县为了升官提职，竞相捏造。一些州县一夜之间凭空多出几十万亩"田地"。这些"田地"的税负自然摊到所在地农民的头上，三亩之家缴五亩税，五亩之户纳十亩粮，这种强摊硬派，各县都有。许多交不出税赋的人家，有的被逼得卖田典地，弄得倾家荡产；有的被迫卖儿鬻女，落得个妻离子散；更多的是携老搀幼，逃亡他乡。清政府的清查政策不仅没有达到"以实国库"的目的，反而破坏了农业生产，成为造就一大批贪官污吏的祸根。

徐元文对清查政策的危害是深有感受的。当年的江南粮案徐元文也名列欠赋册中。他历经四年申诉、辩解，才得以申冤复职。"江南有万余名因欠赋而被褫革的文武员，更有平头百姓，因官吏捏报田亩而陷入欠粮案中，被整得家破人亡。旧冤未申，岂能让新冤又起！"徐元文决心谏止捏报之风，严处贪污之吏。

徐元文深知，要严处贪官污吏，杜绝捏报之风，首要的是掌握证据。徐元文上奏，力陈清查弊端。他说："有些地亩，本无主名，原非隐占"，州县官吏"妄造诡户，谬托清厘，实则强派分赔，造成百姓不堪困苦，率多逃亡"。他还揭露一些督抚对属官捏报田亩之事，非但不查处，还"既共同欺妄于前，又为之掩盖于后"。为此，他力请申严对捏报田亩的处罚条例：凡从前捏报，但行检举，姑予宽免。若始终掩盖遮蔽下情，应加等治罪。他还说："安民在于察吏，而察吏当自大吏始。"因此，他又上奏时下督抚存在的四大问题：一是"不举其职"，二是"察吏不严"，三是"功过无准"，四是"心多侥幸"。康熙帝对他的奏议非常重视，转批给吏部讨论通过。督抚和州县官吏震惊异常，捏报田亩、损农害民之风得以收敛。

清建国时期，在镇压农民、消灭南明政权及地方抗清武装的战争中，满族贵族抢掠大批百姓，将他们充为旗下家奴；又通过圈占田地，强迫失地农民投充为奴；还想方设法地逼迫民人卖身为奴。他们强迫这些被称为"包衣"的家奴，为他们耕田种地，放牛牧马，捕禽猎兽。"包衣"不仅从事繁重劳动，缴纳高额地租，而且身份极为低贱，经常遭受家主凌辱、鞭挞和转卖，每年被毒打致死和受辱自尽者不计其数。广大"包衣"实在忍受不了野蛮的、落后的家奴制剥削和压迫，纷纷离主出逃。

清统治者为了维护以"满族籍家仆资生"的农奴制，虽施用严刑峻法，严惩窝主，重挞逃人，仍未能杜绝"包衣"逃亡。杭州将军马哈达认为地方缉捕逃人不力，疏请让八旗官兵自行缉拿，不移交地方衙门处理。徐元文竭力反对。康熙帝同意徐元文的主张，马哈达的奏议作罢。

如何解决"包衣"逃亡问题，徐元文认为光靠严峻的"逃人法"是不行的。家主凌辱虐待不禁，奸人拐骗掠卖不除，"包衣"逃亡就不会杜绝。治病要治本，他又上疏条陈对策：一则八旗家人投水或自尽者，经"验有伤痕及一家中前后死三者，酌定处分"；二则凡买卖家奴，"必由地方正印官验问，给印契为凭，否者坐之。"康熙帝赞同他的对策。之后，"包衣"的景况有所改善，掠卖平民为奴的案件也有所减少。

外和内刚，直言无忌

徐元文在朝为官三十年，宽厚谦和，与同僚相处，十分平和。遇事刚正不阿，无所顾忌，无论是任左都御史，还是贬领史局，他都敢于直言诤谏，敢于坚持正确意见。

有一次，九卿会推江西按察使一职，有人推举道员张仲举担任，御史唐朝彝反对，他认为张仲举既无才学，又无政绩，不宜担任。可是多数人不同意他的反对意见，还起草了弹劾他的奏章。当时，副都御史李仙根、给事中李宗孔不愿在奏章上署名，于是被一并弹劾。康熙帝批转部议，结果二李被降五级调用，唐朝彝被革职。徐元文得知此事，立即上本奏道：

九卿会推官员的目的，就是要求众人各抒己见，怎能害怕意见不一？如此处分意见相左者，如果所举不当，谁敢驳正？今科道公疏，不许一人不列名，若一二强有力者操纵廷议，众人只能随声附和，其后果不堪设想。康熙帝认为有理，答应免去诸人处分。

清初为用兵筹饷，实行捐纳授官政策，规定凡捐纳做官的，任满三年后，称职的予以升转，不称职的罢黜，但在实行中罢黜一项悬而未行，后又规定三年期满再捐纳的，一律升转，因而造成仕途壅塞，官吏冗滥，吏治腐败。

徐元文任左都御史时，各部、寺、院有三千多笔帖式要求按照前例捐升官职，他力主不可。有些人惧怕激成事端，主张让步。满族大臣也劝他不要触犯众怒。徐元文也深知笔帖式不是好惹的，他们都是满族权贵子弟，都是负责翻译汉文书、整理簿籍的低级官吏，实际上是皇上委派的情报人员，负有监督、考察各部军政大吏的特殊使命，得罪他们，对自己的仕途无疑是不利的。但他仍不让步，与同僚们争论了三天。后来，他对同僚们说："这件事当'独为一议'，由我一人上奏，责任也由我一人承担，决不连累大家。"最后，康熙帝认为徐元文的意见有利于精简官员、澄清吏治，同意采纳。

平定"三藩之乱"后，群臣纷纷上疏康熙说："天下荡平，皆赖皇上一人功德所致。请他登封泰山，荣受尊号。"徐元文反对大臣们的建议。他认为"三藩"战争已使国家满目疮痍，生民涂炭，现在还不是歌功颂德的时候。当务之急是"振纲纪"、"核名实"、"崇清议"、"厉廉耻"。他建议，乘武定功成之时，要严谕大小官员"崇大体"、"课吏材"、"定国是"、"正人心"，使国家的元气得以恢复。奏稿写成后，

大清名臣故事

同僚们认为疏上言辞太直，会扫了皇上的兴致，劝他不要上奏。徐元文婉拒劝阻，毅然上奏。康熙帝看了徐元文的奏章后，赞同他的建议，登封泰山的大典终于免除。

康熙二十二年（1683年）冬，徐元文因受推举官员失当牵连，被降调史局，负责监修《明史》。当时史局已建立五年，修史工作进展缓慢。徐元文到任后，心无旁顾，埋头修史。他取来史局诸人所写的纪传稿，参照百家之说，逐条考订史实。他治史严谨，每遇疑问，或写信，或送钱，敬请熟知前朝典故的人解难释疑。在他的领导下，修史进度很快，一年之内，完成传记十之六七，缮写本纪7卷、列传15卷，进呈康熙帝。

修史虽是学术性工作，实则政治性极强。关于南明诸王及其大臣史事如何处理，是《明史》编纂体例中最为敏感的政治问题，处理不好，会触怒皇上。由于秉笔直书而触犯皇上、招致被革杀的史官，在历朝历代中并不少见。一些人出于顾虑，主张以崇祯十七年（1644年）三月明朝覆亡为断，南朝诸帝不必写入。徐元文不同意，他认为南朝明诸王是客观存在的史实，不写入他们，《明史》何以为史书。争论不决之后，他毅然上疏，提出了关于编纂南明诸王史事的意见。他说："《明史》的编写，本纪可以崇祯帝终止，但南明福、唐、桂三王史迹，不可以不著，如何写入？请援用《宋史》益、卫二王和《辽史》耶律大石之例，将三王著入附传。至于明末诸臣尽忠所事者，凡考之有据者，都应当采撷。"康熙帝看了徐元文的奏本，一时也委决不下，他召见徐元文，详细询问缘由。康熙帝沉思良久，点首同意徐元文的编纂意见。南明诸王及为其尽忠的大臣们的史事，由于徐元文的力谏，在《明史》中得以再现。

康熙二十七年（1688年），明珠罢政后，明珠的主要政敌、徐元文

状元出身大学士——徐元文

47

之兄徐乾学被提升为刑部尚书。徐家兄弟二人俱是朝中显宦，自然招人眼红。其实，徐元文与其兄徐乾学两人在性格上大相径庭：徐乾学颇爱招权纳贿，拉帮结派，而徐元文则恪守官箴，门庭肃然。此间，明珠余党虽然损失严重，但仍具有一定势力，他们对徐乾学进行报复，自然也殃及徐元文。徐元文的子侄不贤，巧取豪夺，为恶乡里，给政敌提供不少口实，因而徐元文一再遭劾。最终，康熙帝不得不过问此事，法外加恩，让他致休回籍。

徐元文乘船回籍，路过临清关。明珠余党挟嫌报复，指使人无礼喝令停船检查，甚至连徐元文夫人的衣物都不放过，到处翻腾，结果却一无所获，只查出图书数千卷和光禄馔金300两，胥吏们也纷纷赞扬徐元文的清正廉洁。徐元文性格刚直，从不趋避祸福利害，遭受官吏无端摧辱，心气难平，以致咯血不止，回家后便卧病不起，于康熙三十年（1691年）闰七月二十七日卒，时年58岁。

秋到黄花晚节香

——陈廷敬

　　陈廷敬（1638—1712年），字子端，号说岩，晚号午亭，清代泽州（今山西阳城）人；顺治十五年（1658年）进士，改为庶吉士。陈廷敬先后担任康熙皇帝的侍讲、吏部尚书、文渊阁大学士、《康熙字典》总修官等职。他参与国家军机政要达50余年之久，成为康熙皇帝的股肱之臣，为清王朝的顺利发展，康熙盛世的逐步形成，尤其是对于康熙皇帝文治式功的全面施展起到了不可低估的辅佐作用，立下了显赫的功勋。

　　他严于自律，收敛锋芒，小心翼翼为官做事，死后备享哀荣。这不能说不是一个奇迹。

自幼聪颖，人称神童

　　陈廷敬自幼聪颖过人，才华横溢，6岁入私塾，9岁能赋诗，19岁中举人，20岁中进士，一生升迁28次。陈氏家族是山西当地的望族，家境一直比较殷实，而且对教育也一直很重视，因而家族当中人才辈出。在他的祖籍山西皇城村陈氏家族中，大概从明代中叶至清代嘉庆年间，其中九人考中进士，六人进入翰林院，而且有作品传世的诗人达二十五人之多，成为清代北方声名显赫的文化大家族。这一切也成为陈廷敬以后有此巨大成就的最深厚的文化底蕴。

　　陈廷敬为陈昌期的长子，字子端，号说岩，晚号午亭，因为籍贯在泽州，故亦有以"泽州"相称的。他出生于明崇祯十一年（1638年）十一月二十七日，从小受到极好的文化熏陶和严格且传统的家庭教育。他的母亲口授毛诗及四书五经，可以说年幼的廷敬在母亲的熏陶下开始接触中国的传统文化，为他以后的发展奠定了深厚的文化底蕴。他天生聪慧，而且读书过目不忘。6岁的时候进入私塾读书，而且更为惊人的是9岁的时候便能作诗，传说当时他创作了一首《牡丹诗》，是一首五言绝句，原诗是这样的：

　　牡丹后春开，梅花先春坼。

要使物皆春，须教春恨释。

这首诗大致的意思是说：就牡丹和梅花相比较，牡丹是开在春天之后，而梅花是开在春天之前。那牡丹为什么开在最后呢？大概她是要让百花齐放，万物皆春，以散尽它们在春天的所有仇怨吧。而其中"要使物皆春"这一诗句，使当时所有的人们非常惊诧。当时他的母亲十分惊讶地对其他人说："这孩子是想叫世间万物都各得其所。"这种远大抱负和志向不是一般的人可比的，陈廷敬从小时候就显示非凡的气魄。

当时许多的有识之士认为他抱负不小，将来必定有一番大的作为，而且有可能会成为宰相辅佐当朝天子。陈廷敬儿时的私塾老师王先生任满之后在辞别陈昌期的时候，说陈廷敬是一个绝顶聪明而且是个非常奇特的孩子，不是一般的老师所能教得了的。

清顺治八年（1651年），当时年仅13岁的陈廷敬与他父亲陈昌期一起去潞安府考秀才，陈廷敬以童子第一的优秀成绩入州学，年龄已46岁的陈昌期的考试成绩却远远不如儿子。据说当时有一个莱芜人听说此事之后心里甚是不服气，他知道陈廷敬从小便会写诗，所以偏偏不考他写诗，而是考他《五经》义，没曾想到陈廷敬小小年纪思维如此敏捷，马上就给他一个很满意的答复。而且他在儿时读书过目不忘，最重要的是他总是有自己的独到的见解。

在他青少年时代还发生了一件特别有趣的事：在陈廷敬15岁的时候，在私塾读书，有一次放学回家过河，当时河流湍急，见一位少女在河边似乎着急过河，当时陈廷敬也没多想，起身便背她过河。在封建社会素来就

秋到黄花晚节香
——陈廷敬

有男女授受不亲的传统偏见，所以当时有一个很是好事的学生就把这个事情报告给了老师。老师没有马上做出处置，而是让他就此事做一首诗，如果令人满意的话就此作罢，否则重重惩罚。岂料陈廷敬丝毫不惧，马上便挥笔写了一首诗：

二八佳人意欲游，

小生愿作过河舟。

扬起粗手接细手，

低下凤头倚龙头。

一朵牡丹斜插背，

半江风月满江流。

轻轻放在平沙地，

默默无语两两羞。

老师看罢，觉得既可笑又无奈，只好免了这顿打。从陈廷敬儿时的小事足可看出他非凡超人的智慧，也让我们从中看到一个与正史当中所记载的宫廷阁老所完全不同的形象，带有更多的民间演绎的诙谐成分。

长伴君侧，平步青云

　　顺治十五年（1658年），陈廷敬20岁时考中进士，初名敬，因为当时科馆选有同名者，所以顺治帝特地在他的名上加了"廷"字，这样用以相区别，后陈廷敬索性上奏改名为廷敬。34岁的时候任康熙皇帝日讲起居注官，侍直内廷，兼记注与讲解经史于一身，除了将皇帝的一言一行记录在简册以外，更为重要的是还要和年轻的康熙皇帝切磋学问，交流思想。正因为如此，担任日讲起居注官在当时是极为令人羡慕的美差，不仅仅意味着是皇帝身边的近臣，更重要的是意味着以后很可能会成为当朝统治者的股肱之臣，而且会为以后仕途的发展铺平广阔的道路。当时一些人正是利用这一特殊的职位，极力通过在和皇帝的朝夕相处当中，展露自己的才华，以此获得当朝天子的赏识，为日后飞黄腾达奠定坚实的基础。

　　陈廷敬也不例外，而且确实他也算是一个幸运儿，一路平步青云，一直登上了权力的巅峰。可以这样说，如果任日讲起居注官使陈廷敬获得了接近康熙皇帝的机会，那么40岁时入主南书房就使他进一步获得了参与国家机密的权力，成为康熙朝政治核心机构的一员。

　　从表面上看，南书房翰林的主要职责是为皇帝讲解经史、按皇帝的要求编纂书籍、奉旨进行诗词唱和，实际上他还承担着协助皇帝进行决策，

秋到黄花晚节香
——陈廷敬

为朝廷起草机密圣谕等任务，可以说南书房是康熙皇帝为自己创设的一个机密决策核心机构。

自此以后，陈廷敬的政治地位稳步上升，开始了他政治生涯的黄金期：任工部尚书、户部尚书、刑部尚书、吏部尚书，64岁奉旨掌管南书房的一切事务，这是一项非正式的、十分重要的内廷职务。陈廷敬是继张英（张为康熙最为倚重的汉族大臣之一）之后掌管南书房事务的，标志着他政治影响力的巅峰时刻已经到来。65岁陈廷敬出任文渊阁大学士、吏部尚书，之后便成为名副其实的辅政大臣。他的仕途可以说是出奇地平坦，这在中国的封建王朝史上也是极为罕见的。

陈廷敬一生当中基本没有什么大的政治风波，也算不上什么传奇人物。没有一般人在官场上常出现的宦海沉浮，从他整个的政治生涯来看，陈廷敬是一步一步、通过脚踏实地的努力甘心效忠皇帝，凭借他谨小慎微的性格，逐渐获得最高统治者的信任和器重，进而逐步登上权力的高峰。

兢兢业业，效忠王朝

陈廷敬是在一个特殊的历史时期登上政治舞台的。清朝在中国的封建王朝历史上是继元代之后第二个由异族统治的朝代，这一切在汉族文人的心目当中投下了重重的阴影，以中原传统文化自居的文人对以武力征服天下的满族统治者颇为不满。而且清军在征服中原的过程当中采取了许多野蛮的行径，所以顺治、康熙年间，明清易代的惨痛历史还是许多汉族读书人心目当中挥之不去的梦魇。

作为晚明遗民的文人士大夫们，当时还沉溺在一种"国破家亡"的悲愤之中。在那个特殊时期，当时全国的文人认为清朝以落后的文化、野蛮的铁骑入主中原对中原文化而言是一种莫大的侮辱。作为代表思潮大概有两种：一种是极力以晚明遗民自居，坚决不和当朝统治者合作，这一类人以顾炎武为代表。顾炎武作为一个伟大的思想家兼文学家，以这一类人为代表的知识分子开始回过头来深深反思中国的传统文化，他们坚定地认为正是以往这些毫无用处的传统文化招致亡国之痛。我们姑且不论他们的观点是否偏激，但是此时他们确实开始重视经世致用的文化，试图以此来挽救在他们看来导致亡国的传统文化。而同时占据当时人们心里的另一种思想则是深深的幻灭感，这一类思想多多少少带一些悲观主义的宿命论色彩。而这一种思想和元代的文人有着惊人的一致之处，正如元末明初的文人罗贯中在他的代表作《三国演义》的开场白中说道："是非成败转头空"。还有关汉卿在他的杂剧当中所吟唱的"我是一粒蒸不烂煮不熟响当当的铜豌豆"。或幻灭或激烈均可代表当时许多文人士大夫的典型的心态。

以上这些人大都参加反清斗争，当清王朝渐渐巩固了他们的政治基础之后，许多人在后来反清毫无任何希望之后，便开始执着于所谓的"华夷之辨"，拒绝与清政府合作。"达则兼济天下，穷则独善其身"则成为当时许多不愿和当朝统治者合作的文人的人生准则。这也许是他们在无奈之下所做的一种选择吧！所以出世便成为当时甚为流行的处世方式；而在那

秋到黄花晚节香
——陈廷敬

个时代，像陈廷敬的这种积极入世的态度是极其不凡的。

前面我们提到的他儿时所作的那首《牡丹诗》，其中有"要使物皆春，须教春恨释"字句。他在如此小的年纪便有如此不平凡的见识，从这一件小事上我们也可以看出陈廷敬胸中伟大的抱负。当然我们并不能只通过这一点就说陈廷敬的心中没有"华夷之辨"，只是说陈廷敬胸怀着济苍生的伟大抱负，而且远远地超脱了这种"华夷之辨"。以天下为己任，这才是一个文人所应拥有的伟大气魄和胸怀。

到了顺治末年，在南方还有不少反清势力的存在，而在北方，清政府的地位大体已经稳定。况且在清初几位开明皇帝的治理下，经历长期战乱的社会渐渐步入了正轨，更为重要的是人民过上了比较富足稳定的日子。并且统治者出于政权稳定的考虑，同时也考虑到满族原来文化的落后，毕竟他们是在马背上打天下，从顺治皇帝开始（尽管有很多满族贵族的反对），重用了一大批汉族的有识之士。到了康熙帝的时候，他更加开始注意到中原文化的博大精深，并且深深体会到只有用儒家的正统文化才能更好地帮助自己的统治。正是在这一系列政策的影响下，陈廷敬最终选择了与清政府的合作。其中很重要的一个因素是他基本上没怎么经历过明清易代的动荡，是在清朝的统治基本稳定之后登上政治舞台的，所有这些并未在他心里投下太多的阴影。顺治十五年（1658年），陈廷敬参加科举考试金榜题名，考中进士，从此开始了他的仕宦生涯。他的一生当中没有经历过大的政治风波，他通过与康熙皇帝长达数十年的长期交往，奠定了在清初政坛的极其特殊的地位。

从顺治年间开始，陈廷敬就已登上政坛，到康熙朝的时候正式步入统治者的核心机构。康熙八年（1669年），任国子监司业。康熙十一年（1672年），充当日讲起居注官。康熙十五年（1676年）的时候，擢内阁学士。康熙十六年（1677年）正月，改翰林院掌院学士，教习庶吉士。同年九月，在任翰林院学士时，曾和掌院学士喇沙里、侍讲学士张英受到康熙皇帝的赞赏，表扬他们"每日进讲，启迪朕心，甚有裨益。"史书记载：康熙曾特赐予他和喇沙里、张英三人貂皮各五十张，表里绸缎各二匹。康熙十七年（1678年）七月，陈廷敬和侍读学士叶方蔼入主南书房。同年十一月，其母病逝，康熙特赐祭奠的茶酒以示慰问。并且下旨给礼部，内容大体是：陈廷敬侍奉母亲勤劳孝顺，他的母亲被准予赐予学士品级的待遇。由此我们可以看到康熙皇帝与陈廷敬之间不同一般的关系，以及他在康熙政治集团当中非同一般的地位和影响力，同时也可见康熙对他的宠信与厚爱。

大约在康熙二十三年（1684年）元月的时候，陈廷敬被调任为户部右侍郎，受命兼管朝廷的户部钱法。针对当时存在的问题，陈廷敬在八月的时候给康熙上疏道："自古所铸钱币，时轻时重，过不上多长时间就又要重新改铸。如今百姓最为不方便的主要是钱价。在过去，一两白银可兑铜钱一千，今则仅兑九百。造成这种情况的原因主要是私商熔化铜钱为铜，从中渔利。这样长此以往，钱币怎么能不日益减少呢？按照常理来讲，民间私自销毁钱币，治罪比较严厉，这一点是人人都知道的。然而，这种情况长久不能禁止的最主要的原因是私商能从中获取暴利。粗略地计算一下，如果一两银子可买铜七斤，将一两银子兑成铜钱，则得一千，可将这一千铜钱熔化，得铜八斤十二两，从中获一斤十二两差价。于是这些不法

秋到黄花晚节香
——陈廷敬

商人以此为盈利的捷径，使得市场上铜钱日趋减少。"顺治时，每个铜钱重一钱二分五厘，后又增为一钱四分，其目的原本是阻止私自铸铜，但结果又如何呢？私铸依旧时常发生。因此，陈廷敬认为：最好的办法就是不再增加钱币的重量，而应改重为轻。这样，私铸之风就会不禁自绝。这才是解决问题的最根本的途径。同时他还指出："由于近年来产铜的地方赋税过重，致使铜矿开采者寥寥无几。应当减少采铜的税收，让百姓也来开采。开采的人多了，铜的产量自然就会增加。随着铜开采量的增加，铜钱价值也自然会日趋稳定。"陈廷敬这一建议送到朝廷之后，康熙皇帝很重视这个建议，之后很快就被朝廷采纳，并且马上付诸实行。陈廷敬初次在政治上显露非凡的才华和远见卓识，同时我们也可看到康熙皇帝对他倚重和信任。

康熙二十三年（1684年），陈廷敬升任左都御史。当时清廷内不少官员贪污受贿，腐化之风十分严重。陈廷敬对此深切痛恨，他于康熙二十四年（1685年）正月向朝廷上疏道："清廉是做一个合格官员的关键。然而奢俭这两者，又是造成清廉的根由。要使官员清廉，就首先要使他们养成节俭的优良品质。古时候，从衣冠、车马到服饰器用，办理婚丧大事，都要'贱不得逾贵，小不得加大'。现在由于奢侈之风未除，以致贫穷的人办事节俭反而受到别人的讥笑，富有的人铺张浪费仍然不知满足，使得大家之间相互模仿，竞相奢侈，成为一种很坏的社会风气。于是，贪污以获得更多的钱财，永远都不知足；而贫穷的人以自己不如有钱人为耻，所以触犯法律的事就跟着多起来，而且日趋严重。一开始是由于不知节俭，再后来便导致了不廉洁。社会上的人纷纷追求一种挥霍无度的生活，人心就犹如水之失堤防，后果不堪设想。"他一针见血地指出："好尚嗜欲之中于人心，犹水失堤防而莫知所止。"并且建议皇帝应该下令制定一套完整的规章制度，官员从衣冠、车马到服饰器用，甚至办理婚丧等大事，都应该斟酌考虑，力求适宜。制度既定就没有人敢以身试法，这样节俭之风自然就可以渐渐形成了。康熙帝接到陈廷敬的上疏后，表示赞同，并且指出今后务必返朴还淳，恪循法制，崇尚节俭之风气。陈廷敬正是在兢兢业业为清王朝的效力当中逐渐赢得了康熙的信任。

当时由于农民赋役苛重，再加上水旱灾荒接连不断，人民生活十分困苦。陈廷敬及时向朝廷反映了一些地区遭灾后的真实情况，并且认为天灾是难免的，即使是在尧舜之世也在所难免，关键是在于统治者是否能急民之所急，替天下的苍生考虑。并且进一步提出豁免老百姓的钱粮税收等一些利民的措施。康熙在下令核实灾情之后，准予了陈廷敬提出的建议。这在一定程度上，起到了减轻人民负担的作用。从这一件小的事情可以看出他心系天下之百姓、胸怀天下之苍生的博大胸襟。

用人制度历来都是令统治者大伤脑筋的事情。官员的任用是否得当，可以说直接关系到清王朝未来的命运。为维护清王朝的统治，陈廷敬又上疏给康熙说："总督巡抚的职责在于考察和指导吏员，这样才能使百姓长久地安定下来。孔子说过：'上教之不行，罪不在民也。'要使百姓不触犯条令，不如先行上之教。而行上之教，就要首先检查总督巡抚。如果这样，巡抚可能会说问题在于那些吏员。如果吏员清廉能干，不加派火耗（以前税收的钱要化为官银，有一定规格，如：五十两一锭。将收来的税银，重铸为官银，中间有一定的损耗，这个损耗就是火耗）税收，他们就不会贪赃受贿，也不会到处搜刮百姓，百姓也就不至于因为触犯刑法而痛苦。倘若官吏没有这样的能力，这就可以说是没有尽到自己的职责。

当然，也并不能说完全是官吏的罪过。如果上司清廉，那吏员自然不敢贪赃犯法；上司如果贪赃枉法，即使下级的吏员也想廉洁，却是不太容易办到的事情。凡是官吏加派火耗，贪赃受贿，到处搜刮百姓，他每天就会忙碌于察言观色，时时逢迎上司，又哪里会有工夫去行使自己的职责呢？百姓看到吏员的所作所为，心里就会这样想：这样的人还能教导我吗？如果官吏对百姓管教而百姓不听，接着他们就会对百姓动用刑法。群吏如果这样做，也是总督巡抚导致他们这样做的。所以，用人制度的关键是总督巡抚人选要合格。只要他们不为利欲所引诱，自己身正，才能管好下级的吏员，吏员也不必整日想着如何曲意逢迎、巴结上司，就会有更多的精力为民办实事。百姓就能够更好地休养生息。"同时，他还建议：应给督抚下一旨意，凡是保荐州府县官，必须考察他们有没有不法行为。对违犯者严加惩处，这样就会起到很大的作用。对于巡抚总督的考察，则要看他是否廉洁奉公，这样才能为群吏做出一个好的榜样。陈廷敬的奏折被朝廷采纳了，并且根据他所提供的建议，朝廷规定了若干条文，并且颁布实施。偏偏有人以身试法，当时的云南巡抚王继文以军饷为名，动用大批的库银并私自贪污。陈廷敬以他溺职不忠，上疏弹劾。

陈廷敬在任职期间，一直兢兢业业，为清朝立下了汗马功劳。

编修字典，传承文化

康熙二十五年（1686年），陈廷敬任工部尚书，同学士徐乾学奏进《鉴古辑览》，当时康熙认为这本辑览具有很高的参阅价值，并且具有极大的劝诫作用，有利于世道人心，所以决定把它留下来通读。在他任工部尚书时期内，还同时纂辑《三朝圣训》《政治典训》《方略》《一统志》《明史》等，同时陈廷敬还充任总裁官。我们姑且不必去考虑康熙让大批的有识之士来编撰大型工具书的目的是否是为了让他们远离政治，但是这一举措确实是为后世留下了一批宝贵的文化遗产，并且保留了许多珍贵的历史文献，为我们以后的学习提供了极大的便利。要说这功劳应该首推陈廷敬吧！

他曾经以总裁官的身份领导编修了《康熙字典》《佩文韵府》等大型工具书。而且当他接旨的时候已经是72岁的高龄了。300年来，《康熙字典》一直享有崇高的学术地位，今天仍然是我们在学习当中常用的工具书之一。同时，《康熙字典》在我国的学术界占有重要的地位，它是中国第一部用"字典"命名的字书，也是中国文化史上第一部官修字典，全书共42卷，字数达47035个，比明代的《字汇》多13000多字，是中国当时收字最多的工具书。《康熙字典》是一部鸿篇巨制，而陈廷敬在

秋到黄花晚节香
——陈廷敬

其中所付出的艰辛劳动是我们常人难以想象的，这本工具书凝聚了他晚年所有的心血。

康熙四十九年（1710年），康熙皇帝下诏，命令张玉书、陈廷敬领导文人编纂一部大型字典。殊不料这项伟大的工程刚刚起步，第二年张玉书病逝，陈廷敬独任总裁官，这一艰巨的任务责无旁贷地落在年事已高的陈廷敬的肩上。他为这部大字典组织了三十多人的编辑班子，而且陈廷敬的儿子陈壮履也在其中。父子同时留自己的名字在同一本书，一时被传为美谈。

在具体的编纂过程中，陈廷敬不顾自己年事已高，夜以继日，呕心沥血，坚持工作。据一些传记记载说当康熙皇帝巡视书局的时候，看到白发苍苍的陈廷敬伏案躬耕、一丝不苟的情景，颇为感动，动情之余当即泼墨挥毫，奋笔疾书，为陈廷敬写下了"午亭山村"的匾额和"春归乔木浓荫茂，秋到黄花晚节香"的楹联，对陈廷敬的一生给予了极高的评价。这副匾额和楹联至今还挂在山西陈廷敬老家的皇城相府内。据说当时康熙在书写这副对联的时候还动情地说："朕特书此匾与卿，自此不再与人写字矣。"由此可见陈廷敬在这部大型工具书当中所付出的艰辛劳动。

令人惋惜的是，就在字典初具规模的时候，陈廷敬于康熙五十一年（1712年）四月病逝于任上，他未能看到《康熙字典》的最后成书，也未能参与成书时康熙皇帝举办的大型庆典。但他的精神与贡献永远地留在了《康熙字典》中，也永远地镌刻在中国的文化史当中。

经过大约六年的艰辛努力，这部大型工具书终于问世，康熙对这部工具书冠以"善兼具美"的极高评价，同时以自己的年号为这部工具书命名《康熙字典》。于是，《康熙字典》就成为了中国历史上第一部以"字典"命名的字书。这一切应该是对九泉之下的陈廷敬最好的安慰吧。

诗文俱佳，造诣深厚

陈廷敬一生的著述颇为丰富，在史书的记载当中，他一直是以一个出色的政治家的形象出现在历史舞台上。其实陈廷敬除了具备出色的政治才能之外，对文学具有深厚的造诣。这跟他从小受到的严格教育是分不开的。尤其在晚年的时候他把很大一部分精力都放在了文学创作方面。

其主要的文学作品有《午亭文编》《尊文阁集》《河上集》《杜律诗》《老姥掌游记》《三礼指要》《说岩诗集》等。后人把他的诗歌风格概括为"清雅醇厚"，并且得到了康熙皇帝以及后人的极大称赞。

他的《午亭文编》是诗文作品中的上品，受到了时人以及后人高度的评价，文学史称为燕许手笔，毫不夸张地说，他应该是居于当时权威地位的文学家和诗人之一。另外陈廷敬还著有《困学绪言》，这是一本对我国传统理学研究进一步深化的结晶。在其中他对我国传统理学发表了深刻而独到的见解，所以他还是一位卓有建树的理学家；他同时还是一位功底深厚的书法家，因为按照清朝的规定入翰林院的进士一定得书法拔尖，今天还留有他的一幅书联"饮露花中如美酒，谈诗泉上似高贤"，在书法界被后人称为神品。尤其令人惊异的地方是陈廷敬竟然还通晓音律，能作

秋到黄花晚节香
——陈廷敬

乐谱曲，这在古代的封建官僚当中实属罕见。他的文学作品集诸家之长于一身，官居高位而且多才多艺。在《午亭文编》中，共收集有陈廷敬的2172首诗歌，并且各种题材和风格兼而有之。大体来讲，有抒发远大政治抱负的抒情言志诗，有扈从诗，有田园诗等。其中他有一首七言绝句《沁水》，可视为其抒情言志诗的代表作：

泾渭由来特地明，

风回毂转石波生。

故知一道清流水，

流出黄河彻底清。

诗歌所指的沁水是陈廷敬家乡门前的一条河流，陈廷敬望沁水有感而发。在这首诗歌当中他既道出了自己远大的抱负，又道出了自己高洁的人格。在陈廷敬的诗歌创作中体裁多五言、七言律诗，颇有些老杜遗风，而其中尤以五律的成就为高。其中最为人称道的是《晋国》：

晋国强天下，秦兵限域中。

兵车千乘合，血气万方同。

紫塞连天险，黄河划地雄。

虎狼休纵逸，父老愿从戎。

这首诗从诗歌格律、语词凝练、诗作气魄上来看，可以说深得老杜诗歌创作的精髓，堪称陈廷敬诗歌当中的扛鼎之作。从总体来看，陈廷敬的诗歌风格平淡，但从中流露出一种雄浑朴厚的恢弘气度。他的诗集尽管在文学史上未被人们太多地提及，但平心而论还是具有很高的审美价值的，同时对我们了解清代初期文人的矛盾心态还是很有帮助的。

其实在中国传统文人士大夫的心目当中，"学而优则仕"是他们人生的首选。儒家"兼济天下"的传统思想始终在他们内心当中占据很重要的位置。当他们仕途失意之时需要通过文学作品来排解人生的苦闷和无奈。先秦的屈原也好、晋朝的陶渊明和南朝宋时的鲍照也好，诗歌创作也是他们在无奈之下所做的一种退而求其次的选择吧！我们细细品味陈廷敬的诗歌创作，可以这样说，写诗对于他来说只是一种生活方式、一种生存状态，他只是想通过诗来自我调适、自我激励、自我鞭策，从而使自己的心灵暂时得到宁静。通过简单地介绍陈廷敬诗歌创作，从中也可探寻他在不同的时期内心深处最隐秘的情感，从而展现出一个真实的陈廷敬。

在理学上陈廷敬更有独到的见解。他主张躬行，也就是说重视亲自实践的作用。他认为"与其言而不行，宁行而不言"，在当时这是对清初一些"好辩"而不注重实践者的批判。在理学上，他还有一些与众不同的认识：首先他认为一个人首先应该在精神上是独立的，如果被功名利禄所役使，等于被别人所奴役，为物质所奴役，必然会丧失独立的人格，最终失去做人的最起码的意义。其次他认为人生之乐，莫过于知义理之乐，洞察人生的终极意义，实现人格的尊严，才是真正的快乐。这也是不同年代不同国界的学者一直在探讨的问题。最后他认为在学术上对于不同的观点应该采取一种宽容态度，这样才能保持一个良好的学术氛围。他的理学思想，还体现在

秋到黄花晚节香
——陈廷敬

"主敬"方面。他认为当时社会上的一些人"酒色财气不碍菩萨路"，把个人道德、社会道德的底线都冲破了，提出要以内心的恭敬和善良来构筑个人的道德防线。这些对于提高社会教化起到了积极的推动作用。

历经宦海，全身而退

顺治十七年（1660年），陈廷敬来北京的第二年，可以说是少年得志，春风得意，仕途亨通，正当他认为自己生逢盛世时，京城发生了清代第一起文字狱，接着顺治皇帝开始大兴科场案，全国受牵连的读书人达万余人。读书人人人自危，巨大的恐怖压抑着陈廷敬的心，他开始收敛自己的锋芒，小心翼翼为官做事，为他以后的仕途生涯定下了基调。

陈廷敬一生为官小心谨慎，50多年来善始善终，做到同僚信服，皇帝器重，树立了崇高的威望，生前死后受到朝野一致的好评，这在我国古代宰辅大臣中实属罕见。这也是中国儒家中庸思想在他身上的集中体现。

在陈廷敬担任吏部尚书时，他曾严厉告诫家人，有行为不端的人，有送礼贿赂谋求私利的人，一律不许放入。陈廷敬在朝中与同僚相处融洽，曾有人这样评价他："性尚涵容，不立异，无与人门户意气之争，故能为人所容。"从中也可看到陈廷敬的为官之道。从下面的一些小事当中可体会他平日里是如何小心翼翼的。

康熙元年（1662年），陈廷敬借故母亲病重请假回家，他在家里一待就是整整三年，恰恰在那时，康熙与鳌拜之间的权力争夺十分激烈，当时许多大臣无端卷入其中。自古以来文人陷入统治者之间的权力之争时一般不会有好的结局，魏晋的陆机、元末明初的高启，都是如此。陈廷敬的这一举动无疑是一种很高明的回避。

封建王朝到了康熙统治的时代，已经进入了盛世。但此时皇权比明代更加集中。前面已经提到，清朝是中国文化史上文字狱最多的时代，朝中的大学士其实只不过是皇帝身边的摆设，需要他们在合适的时机歌功颂德，但给予他们的实权却很有限，即使这样，康熙仍害怕大权旁落。为了防止朝中的重臣结成足可和皇权相抗衡的势力，他常常要对重臣们进行清洗。康熙一朝，能善始又能善终的大臣寥寥无几，如显赫一时的索额图、明珠，在他们得意时权倾朝野，荣华盖世，失意后则立足无地；还有具有传奇经历的李光地，没有一个有很好的结局。在如此险恶的宦海风云当中，陈廷敬历尽政治的惊涛骇浪却安然无恙，还能全身而退，我们不能不说他为人为官的高明。

康熙二十六年（1687年），陈廷敬的儿女亲家湖广巡抚张汧因为贪污行为而使他受到诬陷，康熙给了他免官的处罚。之后，他借口以父亲年事已高、盼望相守作为理由，要求解任回乡。清廷同意了陈廷敬的请求，免却了他在朝中的职务，但却让他继续担任修书总裁官。这一次的变故却使他饱尝了世态的炎凉、仕途的险恶。在那一段时期，他对自己一定进行了不少反思，之后，他的为官更加谨慎小心，他在正史上的形象也就由此定格。康熙三十三年（1694年），陈廷敬父亲去世，他回家守孝，这是他生平最后一次寄情于家乡的秀丽风光当中了。

秋到黄花晚节香
——陈廷敬

这场风波给他的思想上带来很大的冲击，而同时带来的另一个影响就是陈廷敬诗风的变化。"不愁风雨多，流花满溪谷""多少繁华梦，消沉向此中"，是陈廷敬晚年的田园诗，从中我们也可以看到他心态的巨大变化。康熙四十二年（1703年）左右，陈廷敬开始不断向皇帝提出退休的要求。在他的生命中，经历了传统知识分子所必然走的心路历程：当他们意气风发之时，想要建立一番轰轰烈烈的伟业；而在仕途失意时，又渴望归隐田园，寻求一种与世无争的生活。于是中国文人在出世与入世的矛盾之间苦苦徘徊：出世是基于一种对自由的神往，陶渊明不愿为五斗米折腰，所以才要"采菊东篱下，悠然见南山"，向往一种人格的独立；苏轼才会发出"我欲乘风归去，又恐琼楼玉宇"的吟唱。而入世基于一种对建功立业的追求，唐朝文人或出塞或隐居，均是为了等一个明主的召唤，建一番功名事。早年陈廷敬曾意气风发，而如今经历过这一场宦海的风波，他也该急流勇退了。

康熙朝为官不易：清朝的文化专制、频繁的权位之争，使大臣变得十分压抑和谨慎。陈廷敬也只有在故乡的山水当中，才能忘却尘世的烦恼，摆脱官场羁绊，疲倦的心灵才能得到舒缓。告老还乡的陈廷敬俨然另一副模样：在故乡的田园生活当中与田叟牧童嬉戏，怡然自乐。另外有一则传说，说陈廷敬在京城做官的时候，他的母亲很是思念离家在外的儿子，特别想去京城看望儿子，陈廷敬一方面觉得母亲年事已高，另一方面为取悦母亲，在故里建造了一座"小北京城"，取名为"皇城相府"。朝中自然不乏嫉妒他的人，这些人趁机参了他一本，诬告他想要谋反。康熙听说之后半信半疑，但还是派人调查此事。陈廷敬听说后忙派人连夜回家把墙涂抹成黄色，于是原来的金碧辉煌改成黄色，陈廷敬因此而免于灾难。在皇城相府的"点翰堂"里，两边分别是"龙飞凤舞"和"博文约礼"，这些都是康熙皇帝御赐的。"博文约礼"是取之于孔子的一段话：君子博学于文，约之以礼。大概的意思是说，品德高尚的人，能广泛地学习文化知识，并能用礼节来约束自己的行为。陈廷敬是康熙的老师，康熙的这四个字当然是对陈廷敬"堪为帝师"的充分肯定，据说当年陈廷敬曾为皇帝的肯定感动得五体投地呢！

而我们则通过陈廷敬的家书，可以体会他在晚年的典型心态：

十亩之宅，五亩之园。

有水一池，有竹千竿。

勿谓土狭，勿谓地偏。

足以容膝，足以息肩。

有堂有庭，有桥有船。

有书有酒，有歌有弦。

有叟在中，风神飘然。

安分止足，外无求焉。

如鸟择木，姑务巢安。

如鱼在沼，不知海宽。

云鹤怪石，紫菱白莲。

时饮一杯，或吟一篇。

妻孥熙熙，鸡犬闲闲。

秋到黄花晚节香
——陈廷敬

优哉游哉，终老其间。

　　据史书记载这封家书的写作背景是：陈廷敬的弟弟陈廷愫当时在河北武安县任知县，深得民心，有"陈青天"之美誉。等任期届满后，陈廷愫写信给在京做官的大哥陈廷敬，本想自家哥哥在京城做大官，想让他为自己在京城另谋一官职。当时任文渊阁大学士（相当于宰相）的陈廷敬便写了这封家书，劝弟弟要知足常乐，不要跑官，还是应该返回老家管理好土地田产，照看好年迈的父母，沉浸于田园风光，以诗书为伴，这也是人生极大的享受。陈廷愫听从了哥哥的劝告返回故里，赡养父母，以终天年。这也许是陈廷敬在经历官场沉浮之后最大的心得体会和他提前给自己所做的晚年规划吧！

　　康熙五十一年（1712年）三月，陈廷敬病危，康熙皇帝遣太医前往诊视。四月病卒，终年74岁。据说当时康熙皇帝十分痛心，并亲笔写了挽诗，赐祭葬典礼，十分隆重。康熙帝命三子允祉率臣侍卫奠酒，给银千两治丧，令各部院满汉大臣前往吊祭，并派人护丧归里，十月至中道庄。御制挽诗云："世传诗赋重"，又云"国典玉衡平"，赐祭葬如典礼，加祭一次，谥号文贞，葬于"紫云阡"。康熙为陈廷敬作了一首悼诗：

世传诗赋重，名在独遗荣。

去岁伤元辅，连年痛大羹。

朝思葵衷励，国典玉衡平。

儒雅空阶叹，长嗟光润生。

衣冠常惹御香还

——朱轼

　　朱轼（1665—1736年）。字若瞻，又字伯苏，号可亭，谥文端，江西高安人；康熙三十三年（1694年）进士；由庶吉士改授湖北潜江知县，有惠政；历任陕西学政、奉天府尹、浙江巡抚、左都御史；雍正时，充圣祖实录总裁官；累官文华殿大学士，兼吏部尚书；与怡亲王共治畿辅营田水利，蓄泄得宜，溉田六千顷；卒，谥文端。他任浙江巡抚时，首创用"水柜法"修筑海塘，为治理沿海水患功垂后世。康熙推崇朱熹学说，朱轼为当时朝廷御用程朱学派的重要代表。朱轼生活俭朴，高安民间旧时流行的酒席"朱公席"；待客时多为四盘两碗，据说是朱轼宴请乾隆时所创。朱轼居官廉洁，刚正不阿，世人颂其"束其励行，通经史百家"。他卒后次年归葬故里，乾隆帝御赐"帝师元老"。

少年聪慧，追慕东坡

朱轼出生在江西高安艮溪朱村的一户清贫人家。江西历来有尊师重学的传统，高安也有深厚的文化底蕴：宋代史学家刘恕，元代语言学家周德清，明代史学家陈邦瞻，都是高安人。

相传北宋元丰年间，苏轼在赴筠州（今江西高安市）看望弟弟苏辙的途中，曾经慕名游览过艮溪里。艮溪里人以大文豪苏轼曾经在此游玩为一大殊荣：将流经艮溪里的河，改叫苏溪河；艮溪里的山坡，也改叫坡山。一代文豪苏东坡的偶然游历，不仅给艮溪里的山水添上一些故事，还影响了这里出生的一个在清代赫赫有名的人物——朱轼。相传朱轼少年时以苏轼为榜样，并且他把学名取为朱轼。同苏轼相似，东坡给后人留下"东坡肉"的美味，朱轼则留下了"朱公席"的佳话；苏轼修过大名鼎鼎的苏堤，而朱轼则修筑浙江海堤，疏导海河，不止造福一方人民。和苏轼一样，他也有着远大的抱负，非凡的政治才华，而不同的是，他没有苏轼的仕途那么多坎坷。他历经康熙、雍正、乾隆三朝，官至太子太傅文华殿大学士兼吏部尚书，位极人臣，成为"帝师元老"。

朱轼天生聪慧而又勤奋好学，在他7岁时，曾经有人以木匠锯木板为题，命他作"八股文"的"破题"。"破题"是八股文的开头部分，要为圣人立言，要提起下文，八股文立意的高下往往从"破题"就可以看出

大清名臣故事

来，因此"破题"的好坏直接关系文章的高下。面对这样一个有些古怪的题目，小朱轼略加思索，朗声答道："送往迎来，其所厚者薄也。"这句"破题"一语双关，从表面上看，讲的是锯木板，锯子送过去又拉过来，厚厚的木板就锯薄了；从更深的意义上看，"破题"是说人情冷暖，随着人的地位以及其他情况发生变化，人们之间的亲疏关系也会发生变化，有的变得冷淡，有的变得亲密。这个"破题"可以说既有双关的谐趣，又有严肃深刻的内涵，更难得的是出于一个年仅7岁的学童之口，难怪朱轼族中长老听说了这件事以后，点头称赞，称小朱轼为"千里驹"了。

聪明机敏加上刻苦学习，这匹"千里驹"终会奋蹄。康熙三十二年（1693年），朱轼举乡试第一。第二年，中进士，当时30岁。关于朱轼中进士，还有一个故事：

朱轼上京应试，主考官看见他年纪不大，文章又写得很好，想要再试试他的才思，就以当天刮风下雨为题出了一联：

满天风雨，洒下千条万线，流去东之港，西之港，南之港，湖北两港，登岳阳楼，览五百奇峰，观水观山观日月，宇宙一眶。

主考官本来以为这个对子能把朱轼难住，至少也会让他想一阵子，却没想到面对这样一个颇有难度的对联，朱轼仅略一沉吟，便对道：

一介儒生，读完四书五经，中得解而元，会而元，状而元，连中三元，入翰林院，掌十八学士，为家为国为君王，公卿百代。

衣冠常惹御香还
——朱轼

主考官听了，赞叹不已，觉得朱轼才思敏捷，对联对得十分工整不说，还很有气势，更可贵的是可以看出他抱负远大，将来一定会大有作为，就欣然点中他为进士。

为官勤政，造福一方

然而中了进士并不意味着就可能出入庙堂，在皇帝身边出谋划策。其中只有很小一部分能留在京师，大多数人是到地方担任官职，还有不少人中举之后作为候补官员，并不能马上为官。能够留在京师自然让人羡慕，而不少到外地为官的举子则感到失意。但是对于像朱轼这样有着政治理想和政治眼光的人来说，到地方为官，是体察民情、锻炼才干的机会。朱轼中进士以后，直接做了湖北潜江知县。在朱轼去之前，潜江风俗鄙陋，而且赋税非常繁重。朱轼到任之后，立即下令减免过重的赋税，并且倡导勤俭。朱轼特别重视风俗文化的建设。在他出任潜江知县之治始，认为教民易俗莫如圣谕十六条，为了便于宣传，他用乡民的俗语作训解，每逢初一、十五，就在治内向乡民们宣讲。他崇尚儒学教育，无论在何处为官，都必强调教育的重要性，总会在当地办书院。他以清廉审慎、正直不屈著名，一向严格依照律法办事，不徇私情。潜江曾经有人在殴斗中杀人，朱轼把案件呈报的时候，上一级的官员把案子改成故意杀人，虽然"官大一级压死人"，但朱轼没有将错就错，而是和上司争论，最终还是改正了。

就这样，朱轼在地方为官十余年，多年的政绩使他的才华逐渐显露，开始受到朝廷的重用。康熙四十四年（1705年），朱轼调回京师，授刑部主事，累迁郎中。这样，他终于走到了封建政治的决策层。从地方官员升迁至刑部主事、郎中，既是机遇，也是更大的挑战。参与高层的决策，可以表现一个人的政治判断力，向帝王显露自己的政治才华。但是，最高决策层就是政治旋涡的中心，而且常言道伴君如伴虎，跻身最高决策层需要更高的政治技巧。多年地方为官的经历使朱轼积累了丰富的政治经验，再加上他过人的才华，使他得到康熙的器重。康熙四十八年（1709年），康熙派他任陕西学政。作为陕西学政，他的任务是倡导儒学，引导士人风气，与现在所说的思想文化教育相似，关系着国家人才的培养和选拔。朱轼并不仅仅是政治家，他还是经学家、文学家。康熙推崇朱熹学说，朱轼为当时朝廷御用程朱学派的重要代表。他著有《易春秋详解》《周礼注解》《周易注解》，与人合编《历代名臣传》《历代名儒传》《历代循吏传》《文端公集》等，至今在我国文史学术界影响甚大。因此，康熙派他到陕西引导文化还是人尽其用的。

康熙五十二年（1713年），朱轼被调回京师，擢光禄寺少卿，又做过奉天府尹、通政使。这一时期他官职虽然屡次升迁，但毕竟还没有担负关系国计民生的重大任务，任何有一定政治经验的人都清楚，这种机会只能耐心等待，并且在等待中一定要稳稳地沉住气，否则功亏一篑。或许康熙觉得对他的考察已经差不多了，况且朱轼确实是个有用之才，而且朝廷又确实是在用人之际，所以没等多久，朱轼担当重任、一展宏图的机会就出现了。

康熙五十六年（1717年），朱轼授浙江巡抚。浙江是沿海重省，而且又是地道的鱼米之乡，经济贸易发达，做浙江巡抚，是不少人梦寐以求的

衣冠常惹御香还
——
朱轼

美差。朱轼则把这看成是他施展治国才能、报效国家的一个绝好的舞台。上任伊始，他就把"清吏治，正风俗"作为第一要务。他曾经说："查吏莫先于奖廉惩贪，厚俗莫要于去奢崇俭。"就是说，要考察官吏，奖励廉洁奉公惩治贪污腐败最为重要；要使风俗淳厚，一定要崇尚节俭反对奢侈浪费。这正好就是浙江官吏的缺陷：因为富足，所以更容易养成奢侈浪费的习惯，而铺张浪费一旦成了通病，那么就很容易走向贪污腐败，所以整顿吏治是当务之急。朱轼并不是只提提口号，他自己带头过简朴的生活，为下属树立榜样。他下令取消巡抚衙门的额外摊派，精简巡抚出入的仪仗队，不讲排场，减少财政费用。他处理政事十分勤勉，重要的事情一定要亲自办、亲自过问，而且详细了解民情。因为他自奉廉洁，又以身作则，把境内治理得井井有条，号称通国第一。除此以外，他在任期间还治海水，修海堤，做了一件利国利民造福子孙的好事。浙江是鱼米之乡，是重要的粮食产地，但是浙江也是受海潮危害的地区，海宁一带人们饱受海患，因此，修建牢固的海堤，防止潮灾，保护沿海城乡安全和海水内渗特别重要。

朱轼反复考察地理民情，制定修堤方案。康熙五十六年（1717年）三月，他上疏请修海宁石塘，康熙帝允许了。他组织测量了需要修筑的海塘：北岸海宁老盐仓一千三百四十丈，南岸上虞夏盖山一千七百九十丈。更可贵的是他提出了修建海堤的具体可行的办法。朱轼看到虽然历代朝廷也都修建海堤，但是因为修建得不得法，海堤多次崩塌。历代都修海堤，往往简单地在海岸浮沙上修建，花费很大的人力、物力、财力，但是效果却是潮来堤毁，百姓受灾，白费工夫。面对这种状况，朱轼决心设计建造一个真正牢固的海堤。他发现，以往修堤，最好也不过是用椿木和巨石来加固堤岸，椿木容易腐烂，腐烂之后巨石之间缝隙很大，巨石也就承受不住海潮的冲击，加之海宁地区海塘沿岸都是浮沙，用椿木和巨石来加固堤岸，根本难以保证堤岸永远牢固，要解决这个问题，他提出用水柜法。所谓水柜法就是用松木、杉木等不易腐烂的木材制成大箱，装满碎石沉到海塘的底部，上面堆上巨石作为海塘大堤的堤身。并且依附着大堤，修建坡度不大的护堤坡，也是内用水柜、外用巨石砌成，约有海堤的一半高，用来保护海堤，这样海堤就特别牢固了。所以当时人言"朱轼所修不塌"。朱轼修建海堤，在当时是利国利民的工程，他提出修建海堤的方法对后世也有借鉴意义，他修的这段海堤一直使用到1949年以后，可见其牢固程度。

当时杭州南、北两地的关税，按照惯例是由浙江巡抚监收的，这就是一个难得的"肥缺"，如果要从中渔利十分方便，朱轼却以为关口众多，查收不易，上书皇帝要求委员兼理。康熙最终还是觉得由朱轼来主持最为可靠，因此虽然最终由杭州捕盗同知监收，但是由巡抚朱轼统辖。朱轼也确实不负众望，他秉公办事，不徇私情，巡盐御史哈尔金向商人索贿，朱轼知道后立即上疏检举，并且依法惩治贪官，没有半点"官官相护"的味道。康熙五十九年（1720年），朱轼因政绩卓著，得到康熙皇帝的首肯，升任都察院长官，左都御史。

康熙六十年（1721年），当时陕西、山西发生严重的旱灾，最严重的临汾从康熙五十九年（1720年）三月到康熙六十年（1721年）六月，连续15个月没有下一滴雨，两年颗粒无收，赤地千里，饿殍遍地，草根树皮都被吃没了。康熙打算让朱轼去赈灾，这时正赶上朱轼的父亲去世，朱轼是个有名的孝子，他请求回家守孝，然而康熙竟然没有允许，命他"在任守

衣冠常惹御香还
——朱轼

制"。

朱轼慈父去世,万分悲痛,而且不能尽孝治丧,内心的痛苦不可言说,但是君命难违,只得前往山西赈灾。或许康熙认为朱轼是最让他放心的,也是最能办好这件事的人选,就没有顾及朱轼的请求,直接把他派到山西去解决这一棘手的问题,这在当时还引起了忠孝如何两全的争论。

当年五月,康熙发帑金五十万赈山西、陕西,命朱轼与光禄寺卿卢询分头到山西、陕西赈灾。朱轼到达山西以后,立即着手组织赈灾,他号召奖励富人、商人出资籴米救济灾民。他停收米船课税,以利粮食流通;责令地方官设厂医治患病灾民,还在赈灾放粮的同时组织灾民劳力整治漕河水道。有一些丧尽天良的贪官,给灾民的粥有的竟然像水一样稀,并且虚报赈灾用粮,在民不聊生的灾年还借机贪污。朱轼知道之后查处亏空,严厉惩办贪官。

作为杰出的政治家,朱轼的眼光并不仅仅局限于救灾,他还想到了以后防灾。他上疏康熙,建议山西建立社仓以备荒歉;并大兴水利,引泉灌田。修建社仓,开始于康熙十八年(1679年)。户部准许乡村立社仓,市镇立义仓,由村民选举出本乡之人管理,每年把新粮收进仓里,换出旧粮。春天时借贷给贫苦无食的乡民,秋收的时候再偿还,每石取息一斗,每年年底的时候由州县将数目呈详上司报部。康熙看了朱轼的上奏,说:"从前李光地以社仓具奏,朕谕言易行难。行之数年,果无成效。张伯行亦奏称社仓之益,朕令伊暂行永平地方,其有效与否,至今未奏。凡建设社仓,务须选择地方敦实之人董率其事。此人并非官吏,借出之米,还补时遣何人催纳?即丰收之年,尚难还补,何况歉岁?其初将众人米谷扣出收贮,无人看守,及米石缺空,势必令司其事者赔偿,是空将众人之米弃于无用，而司事者无故为人破产赔偿也。社仓之法，仅可小邑乡村，若由官吏施行，于民无益。今朱轼复以此为请，即令伊久住山西，鼓励试行。"

康熙认为社仓想法虽然不错，但是实行起来却适得其反，朱轼是有些不识时务。但是应当指出，在发生严重旱灾的山西地区，建立社仓对安抚灾民、恢复生产有很大的积极意义。

事实证明朱轼的种种措施有效地控制了灾情，使得山西人民受益。在救灾过程中，朱轼还有意地发掘、锻炼人才。朱轼发现李卫才能超群，操守清廉，便推荐他任直隶巡道。后来李卫在雍正朝得到了重用，成了国家的栋梁之材。

直到康熙六十一年（1722年），山西、陕西灾情平息，朱轼请假归家葬父的请求才被康熙允许。朱轼回乡以后，遵照他的母亲冷氏的意愿，用雍正赏给其母过八十大寿的一部分赏金修建了苏溪河上的碧落桥。

朱轼把这座桥命名为碧落桥源于一个故事：在朱轼出生的三百多年以前，一次洪水淹没了高安储藏粮食的官仓，朝廷的钦差到高安视察灾情，看见朱氏的居址又高又开阔，正好适合建粮仓，就和朱氏兄弟商量，买下他们碧落山的宅址，至此以后，朱氏兄弟四散而居，朱轼的祖辈由故居碧落山迁至苏溪河畔定居。朱轼把桥命名为碧落桥，正是为了纪念这件事情，由此也可以看出他重乡恋土的本色。碧落桥的建成，改善了当时的交通条件，使得江西高安、宜丰、上高三地商贾云集，方便了方圆百里的乡民。

衣冠常惹御香还
——
朱轼

雍正股肱，乾隆帝师

雍正皇帝即位后，朱轼被召回京师，委以重任。在康熙年间表现出的才华、在大臣中建立的威信，使得他成为举足轻重的人物。

要治理好国家，法律是最基本的，也是最重要的。雍正元年（1723年），巡视东城御史汤之旭奏："律例最关紧要，今六部见行则例，或有从重改轻，从轻拟重，有先行而今停，事同而法异者，未经画一。乞简谙练律例大臣，专掌律例馆总裁，将康熙六十一年（1722年）以前之例并大清会典，逐条互订，庶免参差。"雍正皇帝也深知国家法律的重要，所以制定修改法律一定要谨慎，制定法律的人一定要德才兼备又深明治国之道，朱轼成了最佳人选，因此任命为总裁官，修改法典，增删条文，明晰细则。三年之后这项工作才初步完成，又仔细审定了两年才最终颁布。这部法典一共包括三十个门类，凡四百六十条。

雍正二年（1724年），朱轼当时担任吏部尚书，曾经上奏雍正："皇上至仁大孝，丧三年如一日，今服制竟，请祫祭太庙，即吉释哀。"雍正以为很对，第二年二月，雍正诣庙行祫祭，如岁暮大祫仪。自后服竟行祫祭仿此，透过此事可以看出朱轼在朝中的地位。

朱轼受到雍正的器重首先是由于他杰出的政治才干，他能够敏锐地发现时弊，并且敢于提出意见。雍正初年治狱刑法严厉，朱轼就建议说：

大清名臣故事

"法吏以严刻为能，不问是非曲直，刻意株连，惟逞锻炼之长，希著明察之号。请敕督抚谕有司，谳狱务虚公详慎，原情酌理，协于中正。刑具悉遵定制，不得擅用夹棍、大枷。"他反对滥用刑法导致冤案，切中了当时刑狱的弊端。雍正登基之初，很多省竞相上报说大量开垦荒地使得人们劳役过重，朱轼凭着对民情的了解和调查，指出这些官员大多都是虚报，建议雍正严格丈量核实，惩处虚报者。这些都显示出他过人的政治才能和洞察力，让雍正不得不对他另眼相看。

　　朱轼能最终得到皇帝的信任并不是完全由于他的才干，雍正信任朱轼很大程度是由于他的认真与正直，雍正很明白朱轼是那种很难得的敢于说真话的人。雍正登基以后，朝中大臣给他的奏章，一律密封上送。大臣孙嘉淦在上疏中，提出"请亲骨肉，停捐纳，罢西兵"，正指到雍正的隐晦处，故而雍正看后特别生气，愤怒之下就召集朝中大臣传阅，并且说："翰林院岂容此狂生耶？"要把孙嘉淦这个"狂生"赶出翰林院。大臣们见了龙威震怒，一个个都如木雕泥塑一般不敢说话，这时候只有朱轼说了一句："嘉淦诚狂，然臣服其胆。"嘉淦虽然狂妄，但是他敢于大胆进谏，这在朝臣中是难能可贵的，他是对朝廷有用的人才，他的胆略让人佩服。雍正想了想，如果把孙嘉淦赶出翰林院，就隐隐暗示自己不能从谏如流，况且孙嘉淦说得也有道理，于是良久之后终于笑着说："朕亦且服其胆。"因为朱轼敢于说话，孙嘉淦没有受罚，后来反倒升为国子监司业，而朱轼自己也更为雍正所看重了。

　　雍正元年（1723年），他被任命直南书房，加吏部尚书衔。也就在那一年雍正任命朱轼为太子太保，在懋勤殿设讲坛，当时的皇子爱新觉罗·弘历（也就是后来的乾隆皇帝），对朱轼行拜师礼。按清朝成例，皇

衣冠常惹御香还

——朱轼

子见师傅，彼此都行长揖礼，这是雍正为使皇子们尊重师傅，特定的礼节。从此，朱轼成为乾隆的帝师。

雍正为弘历选择的老师都是硕学耆宿，前后有十余人之多，其中最重要的也是对弘历影响最大的就是朱轼。一如朱轼为人为官一贯的严谨作风，他对弘历的要求很严，以至于雍正有时都觉得有些过头了，就对朱轼说："教也为王，不教也为王"，意思是弘历是皇子，不管教育得严格不严格，他以后都是要称王的，所以没有必要这么严格。

然而朱轼没有顺势而下，而是很严肃地说"教则为尧舜，不教则为桀纣"，教育得好，以后他会成为尧舜那样的贤君，反之教育不好，就会变成夏桀、商纣那样的暴君，正因为他是皇子，才更要严格要求。

弘历熟读《诗》《书》《四子》（《四子》也叫《四子书》，"四子"是指曾参、子思、孔子、孟子，是早期儒家四个代表人物），对《易》《春秋》《戴氏礼》及宋儒性理诸书都有心得，并旁及《通鉴纲目》《史》《汉》及八家之文，朱轼这位帝师功不可没。乾隆登基以后，对这位严格教育他的老师特别感激，他曾经在诗序中说"从朱轼学十余年，所获最多"。

在乾隆即位的当年，下诏命大学士朱轼、鄂尔泰、张廷玉，左都御史福敏，侍郎徐元梦、邵基，为皇子师傅。或许想起当年朱轼对自己的严格要求，于是召皇子及朱轼等六人进见，当面说："皇子年齿虽幼，然陶淑涵养之功，必自幼龄始，卿等可殚心教导之。倘不率教，卿等不妨过于严厉。从来设教之道，严有益而宽多损，将来皇子长成，自知之也。"上又谆谆谕皇子："师傅之教，当听受无遗"，看来是体会到了朱轼当年的一片苦心。

朱轼不但培养出了乾隆皇帝这一文武兼备、治国称雄的杰出人才，而且在振一代文风、严格科举制度、兴办各类书院、选拔优秀人才等方面作出了巨大贡献。经他一手提拔推荐沈近思、蓝鼎元、陈仪、李徽、王叶滋、王安国、刘吴龙、朱珪、童华等，都是难得的堪当大任的人才。

朱轼无论在何处为官，都必强调教育的重要，办书院崇尚儒学。在浙江任上刊印颁发了《大戴礼记》《仪礼节略》以及《张子全书》《颜氏家训》《温公家训》等书，使浙江风俗为之一变。他三主会试，以"读对贤书而能发明其意蕴"为选才标准，为清朝选拔了不少人才。

明清时代科举考试犹如跳龙门，一旦考中就有了功名，跻身于统治阶层了。在科举考试中，考官的才与德就尤其重要：考官的才不高，出题判卷就没有水平，无法选拔优秀的人才；如果考官品德不高，给某些亲戚朋友的子嗣大开方便之门，甚至收受贿赂、出卖考题的话，那么就不仅仅是关系是否选拔人才的问题了，如果那样，后果就是考纪废弛，天下读书人哗然，甚至导致社会不稳定。考官肩负重任，因此历代选任考官都异常地谨慎，同时，当选为考官也是一个大臣的荣誉。

雍正元年（1723年），朱轼、张廷玉担任会试总裁官，持择公允，雍正皇帝很高兴。为了表彰他能公正地选拔人才，雍正皇帝曾将一面优质苏州折扇贡品赐给朱轼，并在扇面上题诗一首以示表彰。诗云：

高岳生良佐，兴朝瑞老臣。

南昌持藻鉴，北斗柄权衡。

忠岂唯供职，清能不近名。

眷言思共理，为国福苍生。

关于这面御赐题诗的折扇还有一段鲜为人知的历史故事：

雍正元年科考，皇帝钦定朱轼为主考官，侍郎刘碧为副主考官。就在开考前一天，雍正帝密召两位主考官定下考题。就在考题定下的当天下午，国舅就让他的亲信给正副主考官各送来黄金、锦缎等贵重礼品，想要请主考关照他的儿子。与此同时，刑部、工部、户部等一些官员也派人送来不少礼品，都是想请求主考官关照各自的亲朋好友。副主考官刘碧没能控制贪念，竟将考题泄露给送礼的人。而朱轼却不为金银礼品所动，不仅如此，为了维护考试的公平，他连夜带着全部礼单、礼品进宫禀告雍正皇帝。雍正听说后大怒，想要立即治刘碧和国舅等徇私官员的罪。朱轼则请雍正帝暂不处理人事，而是先将考题重新出过。结果考后国舅等送礼官员亲属一个个名落孙山，而考中者尽为文章锦绣、见解独特的优秀人才。雍正帝为此赞赏朱轼"尽拔佳文、摒除弊端"，并赐题诗御扇于朱轼，以示奖赏。这把御扇现仅存扇面，被朱轼后裔珍藏下来，现收藏在高安市档案馆。

兴修水利，造福一方

朱轼逐渐成为雍正的左膀右臂，雍正皇帝曾赐予朱轼"朝堂良佐"御匾一块，以表示对他的器重和信赖之情。朱轼一生中最大的政绩主要在督办兴修水利方面。雍正二年（1724年），朝廷开始修筑郭家务大堤，筑清凉寺月堤，修金门闸，筑霸州堂二铺南堤决口。但是工程进展不顺利，郭家务以下两岸顿狭，永清受害特重。这时候雍正皇帝想到了曾经修筑海堤有功、积累了丰富的工程经验的朱轼。朱轼建议开挖新渠，疏通水道，引导河水流入海中，又加固堤坝，修筑围堤，力图防患于未然。

他不仅仅主持郭家务一带堤防，这一年又兼吏部尚书，勘江、浙海塘。

浙江海宁的海堤本来就是他早年修建的，这对他来说已经是轻车熟路了。这次巡查对朱轼来说有一些故地重游的味道。大堤依旧，涛声还似旧年，此时的他已然成为朝中元老了。当他回京报告的时候，把堤坝的情况、修筑的计划，以及需要的费用计算得一清二楚了："浙江余姚浒山镇西至临山卫，旧土塘三道，本为民灶修筑。今民灶无力，应动帑兴修。自临卫经上虞乌盆村至会稽沥海所，土塘七千丈，应以石为基，就石累土。又海宁陈文港至尖山，土塘七百六十六丈，应就塘加宽，覆条石于巅，塘外以乱石为子塘，护塘址当修砌完固。至于塘处，依式兴筑。海盐秦驻山至演武场石塘，圮八十丈，溃七十丈，均补筑。都计工需十五万有奇。江南金山卫城北至上海华家角，土塘六千二百余丈，内三千八百丈当改为石塘。上海汛头墩至嘉定二千四百丈，水势稍缓，土塘加筑高厚，足资捍御。都计工需十九万有奇。"

似乎朱轼与治水修堤有缘，雍正三年（1725年），因海河流域暴雨成灾，使70余个州县受灾，一年收成化为乌有。雍正皇帝再次任命大学士朱轼和怡亲王允祥相度修治。他们沿永定河到天津、河间、保定等州县，进行深入的调查研究后，提出了治河与营田相结合的治理方案。首先治理卫河、淀池、子牙、永定诸河，把主要水道疏通，疏导洪水，除此以外，还在京城东面的滦、蓟，京城南面之文、霸等县设营田专官，并且招募因

衣冠常惹御香还
——朱轼

85

洪灾而离乡的农民，设水利营田府，指导他们耕种水田。第二年种植水稻七百多顷，并获得大丰收。到雍正七年（1729年），河道治理大见成效，共营水田六千多顷，因河堤坚固且年年丰收，百姓安居乐业。

由于治海修堤有功，朱轼拜文华殿大学士，兼吏部尚书。雍正四年（1726年）二月，朱轼母丧，雍正皇帝倒是没有像康熙那样不近人情，他很痛快地让朱轼回家治丧尽孝。雍正下谕说："轼事母至孝，但母年八十余，禄养显扬，俱无余憾。当节哀抑恸，护惜此身，为国家出力"，赐白银四千两用于办葬事。并且特别批准朱轼乘驿马赶回老家治丧，让江西巡抚带着御赐的内帑到朱轼家赐祭。等到治丧完毕后，朱轼将要回京的时候，又派遣学士何国宗、副都统永福迎接，还允许他继续穿素服终丧。

不知道雍正这样做是不是因为当初康熙没有让朱轼治父丧，怀着一种歉意，想要做出某种补偿，但可以肯定的是，雍正此时对朱轼的恩宠简直到了无以复加的程度。此后朱轼又总理水利营田，兼兵部尚书，署翰林院掌院学士。他奉令修筑浙江海塘期间，督抚以及管理海塘的所有人臣都听从他调遣，这时的朱轼在朝中已然位极人臣了。

位极人臣的朱轼，是不是过着高堂大厦、锦衣玉食的奢侈生活呢？不是的。他生活极其节俭。相传乾隆曾亲自到高安来问候朱轼，朱轼用四盘二碗宴请皇帝，菜谱是：腊肉、肉皮、粉丝、闽笋四盘，猪脚或冻鱼、肉圆子或薯粉圆子为二碗。这种筵席，一直在高安流传下来，人们称之为"朱公席"。

死而后已，流芳后世

等到乾隆即位的时候，朱轼充《世宗实录》总裁官，命协同总理事务。不过此时朱轼已经积劳成疾，且老病缠身了。乾隆元年（1736年）九月，朱轼病重，乾隆亲自去探视，朱轼勉强穿上朝服，让他的儿子搀扶着到户外迎接。第二天，这位历经三朝的元老重臣走完了他生命的道路。

临终之际，他还不忘对他的学生、年轻的皇帝作最后的教导："万事根本君心，用人理财，尤宜慎重。君子小人，公私邪正，判在几微，当审察其心迹而进退之。至国家经费，本自有余，异日倘有言利之臣，倡加赋之税，伏祈圣心乾断，永斥浮言，实四海苍生之福。"这种精神可以称得上死而后已了。

朱轼死后，乾隆亲临致奠，发帑治丧，赐祭葬，在给朱轼的祭词中称"朱轼学术端醇，器资凝厚，早登词苑，蜚声著作之庭"，谥文端。乾隆又御赐他"帝师元老"称号。

一年以后，朱轼灵柩由京城运回故里，落叶归根，葬在村前镇树子坑剑形山。墓区占地数百亩，墓南北深104米、东西宽26米，现存神道碑、石牌楼、望柱、翁仲、生兽造像。墓前是100多米长的神道，牌楼前石人、石马、石兽在两侧伫立，高大的石马，华丽的马褡子象征昔日主人衣锦还乡。牌坊上的匾刻题名为"帝师元老"，石柱上刻着一副楹联：

衣冠常惹御香还

——朱轼

87

堂留绿野，千秋事业并东山；

名卜金瓯，三纪勋猷高北斗。

两只大鳌背负神道大碑，昂首苍天，取"鳌戴"即感恩戴德之意。

朱轼一生居官廉洁，刚正不阿，处事公正，执法严明，赈济灾民，广施惠政，被百姓称为大清官。在朱轼的家乡高安市，至今还在上演着以朱轼为原型而创作的高安采茶戏《南瓜记》。《南瓜记》讲的是南昌县恶霸地主王寿庭勾结官府，横行霸道，强抢穷秀才丁文选之妻杜兰英为十房夫人。适为回高安与老母拜寿的宰相朱轼所闻，并设下巧计救出杜兰英，依法严惩王寿庭和一班贪官污吏的故事。为表感激之情，丁文选挑担南瓜去与朱母祝寿。

一代名臣已逝去二百多年，人们只能从他留下的文稿，他的手书，以及碧落桥连同他的故地还在传唱的采茶戏《南瓜记》等来凭吊这位为民兴利，为国选才，鞠躬尽瘁、死而后已的"朝堂良佐"。

诗人袁枚有《朱文端公墓下之作》，评曰：

鵷鹭曾居第一班，

衣冠常惹御香还。

独将经术勤三圣，

自起清风播九寰。

玉魂骑箕苍昊上，

石麟沐雨翠微间。

寻思几滴西州泪，

仰止松楸不忍攀。

为官一生唯谨慎

——张廷玉

　　张廷玉（1672—1755年），安徽桐城人；清朝保和殿大学士、吏部尚书、军机大臣、太保，封三等伯，历三朝元老，居官50年。他生性淡泊，宽厚仁慈，稳重持衡，一生谨慎，兢兢业业，不结交朝臣与内侍，深得雍正的喜爱，赏赐极多。

　　张廷玉任职年久，长期处机要之地，深知言多必失的道理，因而处处小心谨慎，办事细致周到。他对于黄山谷说的"万言万当，不如一默"，表示"终身诵之"。少说多做，既是他立身的主导思想，也是他的为官之道。他以皇帝的意志为意志，默默去做，不事张扬，事成归功于人主，事败自己首先承担责任。雍正有遗诏，赐其死后可配祀太庙，成为清朝唯一得此殊荣的汉人。

器量纯正，竭诚供职

张廷玉（1672—1755年），字衡臣，号研斋，安徽桐城人。张廷玉出生于京城时，任大学士的其父张英正任翰林院编修。张廷玉康熙三十九年（1700年）中进士。

张廷玉中进士后，初授庶吉士，在之后的二十年时间里，他的仕途坦荡，一帆风顺。他曾先后出任检讨、日讲起居注官、司经局洗马、右庶子、侍讲学士、内阁学士和经筵讲官，直至康熙五十九年（1720年），又被授予刑部右侍郎官职。

在任刑部侍郎期间，张廷玉处理了一件大案。康熙五十九年（1720年），山东盐贩王美公等人纠合了一批无赖之徒，倡立民间宗教，率众打家劫舍，烧杀抢掠，横行无忌，导致南北交通要道被阻断。同时期，青州地区也发生类似事件。清廷以为是汉族人民的反清运动，十分震惊，令巡抚李树德等文武大僚全力剿捕，共捕获150余人。康熙帝命张廷玉与都统陶赖、学士登德前往山东共同勘治。临行前康熙帝对他们三人说："奸民聚众生事，妄自称名称号，图谋不轨，你们审讯清楚后，该杀头的立即在济南正法，该发配边疆的迅速发遣。"张廷玉至山东后立即升堂审讯犯人，仔细审察犯人供词及与案情有关材料，对事件的经过有了大致了解。他说："这件事只能判作盗案，而不是反叛案。盗贼们自称'仁义王''义勇王''飞骰将军',就'飞骰'二字看,不过是市井之徒的绰号罢了,没有必要深究。"于是张廷玉就按盗案了结此案:斩首7人,发配35人,肉刑18人,其他由于残废、疾病而免予刑事处分的有72人,无罪释放25人。当初审问时,盗魁供出党羽2000余人,张廷玉考虑到罪在首恶,只就按察使捕送来的150余人审讯结案,不牵连其他人。张廷玉将此案完满处理后,受到康熙帝的称赞,第二年将他调为吏部侍郎。而时人也因此案称颂张廷玉为人仁慈宽厚。

雍正即位后,命他复直南书房。他和左都御史朱轼担任顺天府乡试考官,这是一个很敏感的职务。张廷玉深知此事的严肃性,坚决维护考风的严正,做到了临考严格、阅卷公正、发榜审慎。回朝后,雍正嘉奖他的公允和审慎,授给他太子太保之衔,兼任翰林院掌院学士,不久又调任户部尚书。清初,江南一些百姓不堪忍受满洲人的统治与剥削,逃入深山密林之中开荒垦种,结棚而居,号称"棚民"。这些棚民不受清朝官府的统治,不向清廷纳税,尤以浙江衢州,江西广信、赣州,闽、粤等地的棚民为众。天长日久,这些棚民生息繁衍,人数越来越多,渐渐形成一股清廷不能小视的力量。更有甚者,一些强悍的棚民时不时外出干一些偷鸡摸狗、劫掠剽窃之事,扰乱了社会安定,令统治者心忧。张廷玉任户部尚书后,开始调查此事。他花了一段时间对棚民进行取证调查,并寻求一种妥善的解决方法。待头脑中有了轮廓后,他向雍正建议,让督抚在棚民聚居处补设一批贤能的州县官员,对棚民加以约束,把棚民编入户口册;如果有些棚民踪迹不定,四处游动,就以五家为单位组成连环保,互相稽核,不使之有遗漏。棚民中有些人也读书向学,知书达理;有些人孔武有力,技艺超群,对于这些文武人才,张廷玉则建议朝廷有选择有区别地加以录用，让他们为国效力。对于那些桀骜不驯者，要有所压抑；对于棚民的后代，则应集中起来给予教育，而不能持歧视态度。雍正觉得张廷玉的办法不错，让督抚们考虑执行。张廷玉站在朝廷的立场，以和平手段解决了令统治者头疼的棚民问题。从雍正四年（1726年）至雍正六年（1728年），张廷玉分别被授予文渊阁大学士、文华殿大学士、保和殿大学士，并兼任吏部尚书。

张廷玉性格虽然宽厚仁爱，但作为吏部长官，他对官吏的要求和管理却极其严格。还在他任吏部侍郎时，就留下了"伏虎侍郎"的美誉。当时朝中有一个姓张的官员，为人阴损恶毒，常常作一些无稽的文字中伤诬害他人，清廷内外官员经常遭到他的诽谤，因为他在朝中很有"背景"，有权贵撑腰，一般官员虽受他陷害却又无可奈何，只是暗地里送他一个绰号——"张老虎"，以泄心中之愤。张廷玉任吏部侍郎后，决定将这个害群之"虎"治一治。他下令将"张老虎"抓到吏部严惩。这一措施立即遭到朝中权贵的阻挠，一时间，说情的、送礼的、威胁的都纷纷到张廷玉这里来"活动"，请求他网开一面，但张廷玉不为所动，冒着丢乌纱帽的危险，依法将"张老虎"处治。中外官员奔走相贺，并送张廷玉一个美称——"伏虎侍郎"。

某日，张廷玉坐在堂前办公，一个办事人员拿着一份文牒进来说："这份文牒将'元氏'县误写作'先民'县，应当驳问原省官员。"张廷玉略作思考，笑着对他说："如果是将'先民'写作'元氏'，可能是外省官员之误，现在将'元氏'写为'先民'，乃是文书官吏故意略添笔画使然，这个文书大概想以此达到某种目的。"张廷玉将这个文书传来讯问，果然如张廷玉所料，他故意将县名写错，然后以此要挟有关官员，达到索取钱财的目的。张廷玉考虑到并未造成严重后果，只将这个狡黠的小吏驱逐出官府了事，并下令将写错的县名纠正过来。此事传开后，同事们都称赞张廷玉机警敏锐。

清代内阁是名义上的最高行政机关，但议政王大臣会议和后来的军机处，才是真正的最高权力机构。清初，凡军国大政，都交由议政王大臣会议决定。议政王大臣会议的成员全由满族贵族组成，他们权力极大。这种贵族专制的形式，不仅和皇帝独揽大权相抵触，而且也不利于清朝进一步争取汉族地主的支持。所以康熙帝时又在宫内设南书房，皇帝谕旨从此多命南书房翰林撰拟，从而削弱了内阁和议政王大臣会议的权力。张廷玉曾两度入直南书房。雍正即位后，进一步限制满族贵族权力，并于雍正七年（1729年）在隆宗门内设军机房（后正式改称军机处），承旨办理机务，取代了议政王大臣会议，剥夺了诸王贵族干政的权力。参加军机处的大臣，由皇帝在满、汉大学士及各部尚书、侍郎中选定，都是皇帝的亲信。张廷玉和怡亲王允祥、大学士蒋廷锡等成为军机处的第一批大臣。张廷玉并亲自为军机处订立规制：各大臣奏事，一般的事务使用奏疏，自通政司交递内阁拟旨，陈奏皇上；重要的事务则用"奏折"，由奏事处递交军机处拟旨，再由皇上朱笔批发。从此，国家重大问题的决定权由内阁转移到军机处，最后决于皇上，中间不再经过内阁这道手续，对邦国大政的处理更无须议政王大臣会议的议决。清代的军机处机构精简，行政效率极高。张廷玉等人初入军机处时，才不过板屋数间，军机属员值舍也仅有屋一间半。但是人少精干，遇事不互相推诿，能迅速处理军国大事。自此，大学士只有充任军机大臣，才有机会参与国家机务。作为第一代军机大臣，张廷玉为军机处——对清代国家政治机构有决定性影响的机构——订立了规

为官一生唯谨慎
——张廷玉

制，这一规制直接改变了清代原有的权力体系，影响巨大而深远。

张廷玉入军机处后，办事更加周敏勤慎，是雍正帝所倚重的重臣。雍正为奖励张廷玉的辅弼之功，赐予他一等阿达哈哈番，可世袭。雍正十一年（1733年），张廷玉又上疏请求校正刑部弊端。清代各省处理罪犯的方式是：对犯人按犯罪程度不同而区别对待，犯重罪者收禁关押，犯轻罪者可找保人担保释放。但是清朝刑部却没有采取这一合理方法，犯罪无论轻重，罪犯主从，一律收禁，使一些无辜者或犯轻罪者遭到不应有的或过重的惩罚。张廷玉建议仿照各省的办法，让轻罪犯人找保人，分别释放。刑部官员在判案时，引用律例常常断章取义，只根据其中寥寥数语就给犯人定罪，有的官员甚至生搬硬套律书上的案例来裁定案犯。这样做的结果便是使裁决和实际犯罪情况不相符合，甚至出入甚远，罪刑轻重失度，冤假错案层出不穷。张廷玉觉察到了这种办案方式的不良后果后，就上奏雍正，指陈其各种弊病，建议让都察院、大理寺驳正冤错案件；刑部办案草率不负责任者，应给予处分。张廷玉对于刑部的这两项提议都得到雍正帝的赞同，下令让九卿们议定执行。

不久，雍正帝命将张廷玉先父大学士张英入祀京师贤良祠，又令在张英的原籍安徽桐城祭祀。张廷玉奉旨携子若霭回乡行礼，雍正赐帑金一万为张英建祠，并赐予冠带、衣裘及貂皮、人参、内务府书籍等物。这年十二月，张廷玉从家乡回京后，对雍正帝说："我路过直隶省时，看到被水淹的各县已经受到了赈济，但是有些积水土地仍然无法种麦，请求陛下降旨再赈济一个月，以解决明年青黄不接时百姓的口粮问题。"张廷玉还想出一个以工代赈的办法，他说应该调查一下，看哪些地方需要修建水利工程，让受灾的农民到那些工程中去做工，给他们工薪，使他们能养家糊口。雍正立即下旨让地方官员按张廷玉所说的办法去执行。

雍正十三年（1735年），雍正皇帝病重，命张廷玉和鄂尔泰等人为顾命大臣。雍正帝在遗诏中说，张廷玉器量纯正，竭诚供职，死后可以配祀太庙。这是人臣所能享受的最高荣典。

奉命修史，精详得当

张廷玉虽不是史学家，却在清代官修史书的编修工作中起了重要的作用。康熙六十一年（1722年）十二月，雍正帝擢张廷玉为礼部尚书，命他充任纂修《圣祖实录》的副总裁官。雍正元年（1723年）七月，张廷玉又充任《明史》总裁官。

《明史》是二十四史中最后的一部，其编纂前后数次，历九十余年之久。早在顺治二年（1645年），清廷就命冯铨、洪承畴等人负责纂修《明史》。但因当时政局未定，人才缺乏，史料不备，没有什么成效而告终。康熙十八年（1679年）三月，清廷再一次开馆修《明史》，广征天下士人，录取了朱彝尊、潘耒等50人任纂修官。只有这一次，才正式商讨方法，确定体例，分工负责，开始了实际的编纂工作。但由于其间人事屡变，影响了进程，直到康熙末年，《明史》初稿才大体完成。康熙六十一年（1722年），已致仕的前编纂总裁王鸿绪就在此初稿基础上稍加改动后进呈给皇上，这就是世传的《横云山人明史稿》。但是清朝统治者对这部《明史稿》仍不满意，于是就有了雍正元年（1723年）雍正帝命张廷玉、

为官一生唯谨慎
——张廷玉

95

朱轼为总裁续修《明史》的事。

此次纂修以王鸿绪的《明史稿》为蓝本，进行增删修改，变通体例，订正错漏。身为总裁，编修的责任自然压到张廷玉肩上，纂修官们有了疑问，都去向他询问，他总是耐心地给他们解释、厘定，指出修改的原则和标准。这一次修改历经13年，至雍正十三年（1735年）十二月，正式告成。乾隆帝即位后，命其书付武英殿刊板，至乾隆四年（1739年）七月刊印完毕。张廷玉进呈给乾隆帝，这就是今日通行的《明史》。全书分本纪24卷，列传220卷，志75卷，表13卷，目录4卷，总计336卷。张廷玉虽为《明史》的定稿做了许多工作，但他很谦逊，在进书表中，他尽述承前人遗稿修订成书的真实情况，既不为自己贴金，更不掠人之美。他在《上明史表》中说："先是康熙中，户部侍郎王鸿绪撰《明史稿》三百一十卷，颇称详赡。廷玉等因其本而增损修改，其中各志仍从旧例，只是略有变通……复经圣上睿裁，始成定本"，表中还讲到，在编修过程中，"汇聚官私的记载，核实新旧见闻，签帙虽多，但抵牾的地方很多。唯有旧臣王鸿绪的史稿，经名人三十年的用心，首尾兼具，事实精详。"这些话充分肯定了前人的劳动成果，也可从中看出，张廷玉在编纂工作中确实花了很大的工夫，对史稿的优劣、特点了如指掌。

作为统治阶级的重要官员，张廷玉在主持纂修《明史》的过程中，站在清统治者的角度上，对书中有关民族思想、民族战争、异端思想的内容进行了大量删削，对于纲常名教思想则极尽渲染之能事。但总体而言，《明史》基本反映了明代三百年间阶级矛盾和统治阶级内部斗争的情况，对于统治阶级人物的评价，一般都能做到功过并举。此外，《明史》在编纂方面有不少长处：史料依据丰富，文字简练优美。可以说《明史》是唐以后官修"正史"中比较完善的一部史书，张廷玉不无功劳。

除了编修《明史》外，张廷玉还广泛参与了清代其他官修史书的编纂。雍正元年（1723年）十月，他充任国史馆总裁官，雍正二年（1724年）五月又任《会典》总裁官。雍正六年（1728年）正月，张廷玉上疏雍正皇帝说："内阁和各部院奉旨所办的事情，都交由起居注登记档案，只有八旗事务，按例不交起居注，所以无法记载。"张廷玉恳求雍正帝让八旗事件也照内阁部院呈送史馆，以便于载入记注。雍正十年（1732年）十二月，《会典》修成，张廷玉官进二级。雍正十三年（1735年）正月，张廷玉又充任《皇清文颖》总裁官。这年十月，朝廷下旨纂《世宗实录》，让张廷玉任总裁官。乾隆元年（1736年）张廷玉充任纂修《玉牒》总裁官。从张廷玉担任的如此众多的纂修总裁职务来看，他修史的功绩就不言自明了。

有惊无险，配享太庙

张廷玉身任两朝宰相达二十余年，为官勤勉。雍正朝时，他以大学士兼管吏部、户部，掌翰林院，都是事务繁多、责任重大的职务。入军机处后，他又常奉皇上密谕筹划机务，羽书四出，暑刻不稽。每次到朝房或公署听事，各曹司都抱着案牍排队等着他，常常是数十百人向他陈事，候他裁决。事务之多，常使他不得不在车中马上忙着批览文书，小吏们就跟随在他的车马后，等候他的裁决与吩咐。他又是十几处史馆书局的总裁官，篡修者有了疑难也都向他询问。待到黄昏时分回寓所时，宾客门生早已成群结队地在外庭等候他了。到晚上送走这些客人后，他又点燃双烛办理公务，上床睡觉时还在枕上思考，突然想到某疏某稿不妥，又披衣下床握笔修改。张廷玉不但办事勤勉，还有过人之才。他80岁高龄时，还精神矍铄，裁拟谕旨，文采赡备。他平时每天上朝奏事，到晚上就在灯下以蝇头小楷将日中事书于秘册上，竟然能做到没有遗漏。雍正召对时，问他各部院大臣及司员胥吏的姓名，他能很流利地说出他们的姓名、籍贯，无一错误。张廷玉和鄂尔泰同事十多年，往往一天下来两人一句话也不说。鄂尔泰有所过失，张廷玉必定以含蓄的语言进行讥讽，使鄂尔泰无地自容。一个暑天，鄂尔泰脱下帽子乘凉，由于堂室狭窄，鄂尔泰环视四周说："这帽子放在什么地方好呢？"张廷玉笑着说："这顶帽子还是放在自家头上为妙"，搞得鄂尔泰几天都不愉快。

雍正帝曾赐给张廷玉一副春联："天恩春浩荡，文治日光华"，张廷玉每年春节都将它贴在门上。张廷玉在《澄怀园语》中说："我当官时间久了，每次有人升迁或遭罢免，众人一定会互相转告说'此中必有缘故'。我笑着说，'天下事哪有这么多的缘故'。"

到了乾隆朝，张廷玉已垂垂老矣！乾隆四年（1739年）乾隆帝晓谕群臣说："张廷玉年事已高，以后不必再上早朝了，炎暑风雪的日子也无须强行入朝。"在皇上的恩遇之下，张廷玉仍勉力为清朝发挥余热。

但至乾隆十三年（1748年），张廷玉还是向乾隆帝提出了退休的请求。在此前两年，他的大儿子张若霭已经先他而逝了。乾隆帝竭力勉留，说："你身受两朝厚恩，并且奉先帝遗命配享太庙，哪有配祀元臣归田终老的呢？"张廷玉答道："宋、明两代配享的臣子也有请求退休得到许可的。"乾隆又说："那么诸葛武侯鞠躬尽瘁又当何讲呢？"张廷玉又答道："诸葛亮受任于军旅之中，而我有幸优游于太平之世，不可同日而语。"乾隆发难道："这就不对了，既然身担治国平天下的重任，就不应该以艰巨为由推诿责任，又怎能够以天下太平为由而贪求安逸呢？我不忍让你归去，你又怎能弃我而去呢？我认为辞职退休，是古人遭逢到不如意时，不得已的苦衷而已。作为人臣，如果有了这个念头，必定会漠视一切。如果每个人年龄大了就掩身而退，那么还有谁肯出力为国家办事呢？"君臣之间一番辩论之后，张廷玉不得不留了下来，但辞去了兼管的吏部。

然而，他的确是老了，从乾隆十四年（1749年）开始，他十天才去都堂议事一次，四五天入一次内廷备顾问。乾隆十五年（1750年）一月一日，皇帝终于准其致仕之请，命待来春离京。一月十六日张廷玉奏请陛见应对时，他对身后是否能配享太庙一事颇有疑虑，乞求皇上明言恩准。皇帝为解除他的疑虑，特颁手诏并制诗示意。一月十九日张廷玉本应入宫谢恩，因风雪严劲遣子代往。皇帝原已对张廷玉的公然不信任感到不快，此时乃发怒气，且在几位大学士面前形之于色。

次日，张廷玉为前日的失礼举动谢罪，皇帝责怪大学士泄露消息，并责备他虚假。几天后皇帝削去张廷玉四个月前晋封的勤宣伯爵位，同时宣谕：张廷玉虽实不当配享，仍准其所请。

乾隆十五年（1750年），张廷玉请求离京。不巧的是，几天前有皇长子之丧，皇帝因而下诏责备他请求出京不合礼仪，并收回配享太庙的成命。张廷玉只得以原任大学士头衔返回故里，推迟已久的致仕才得以实现。

厄运还没完。张廷玉有一女婿牵涉到吕留良案中，而且在四川学政任上有枉法行为。乾隆十五年（1750年），朝廷几乎籍没张的全部财产，后从轻改为罚金，并责令尽缴任官五十年来所得各项御赐物件。人到晚年被搞得灰头土脸。

所幸的是，当他五年之后去世时，仍得以享受追求多年的配享太庙荣典，成为独一无二获此殊荣的汉族官员。乾隆赐祭葬，谥号"文和"。

古代官员把爵位、封号、谥号看得如此重要，令人一叹。

从来大事不糊涂

——鄂尔泰

鄂尔泰（1680—1745年），满洲镶蓝旗人，西林觉罗氏，字毅庵；康熙举人，任内务府员外郎；与田文镜、李卫并为雍亲王（世宗）的心腹；雍正三年（1725年）迁广西巡抚，次年调任云贵总督，兼辖广西。他在云贵两省"改土归流"，加强了中央政府对地方的控制，在中国历史上产生了深远的影响。因改土归流有功，得以直入中枢，身列军机，位于张廷玉之前。雍正皇帝事无巨细，都要听听鄂尔泰的意见，对他的信任超出一般。鄂尔泰死后，也享受到了作为人臣的最高荣誉，配祀太庙。

雍正即位，柳暗花明

鄂尔泰（1680—1745年），字毅庵，号西林，隶满洲镶蓝旗。其曾祖图扪，于天聪年间在大凌河战役中受重伤于战场，赐骑都尉世职。其父鄂拜曾任国子监祭酒。

鄂尔泰6岁入学，攻读四书五经，8岁开始作文，练习书法，16岁应童子试，次年中秀才，19岁补廪膳生，20岁中举，即进入仕途。他21岁袭佐领世职，充任侍卫。此后官场蹭蹬，到康熙五十五年（1716年）时，才出任内务府员外郎。此后又停滞不前。这时他很为自己的官场不利而烦恼。康熙六十年（1721年）元旦，他作诗自叹："揽镜人将老，开门草未生。"又在《咏怀》诗中吟道："看来四十犹如此，便到百年已可知。"人到四十还没有腾达的迹象，基本可以偃旗息鼓了。他对自己的前途很悲观，绝没有想到后来能出将入相。

雍正帝还是藩王时，一次有事相托鄂尔泰。鄂尔泰拒绝了他，说："皇子是不能随便交结外臣的！"雍正即位后，召见鄂尔泰，称赞他说："你当员外郎时，敢于拒绝皇子的托付，可见你执法甚严。"雍正随即让他担任云南乡试的考官，不久又提升他为江苏布政使。

鄂尔泰的命运转折，离不开雍正的赏识。

在江苏，他限制豪强缙绅的势力膨胀，又以应得的俸银购买粮食三万余石，分别贮存在苏州、松江、常州府，以备灾荒赈济之用。他还亲自察看太湖水利，计划疏浚吴淞口和白茅港，但是未能实现。江苏是人文荟萃的地方，鄂尔泰也不放弃这个结交文人墨客的机会。他在官舍中建了一座春风亭，礼聘文人学士，和他们一起舞文弄墨，吟诗作文，并把他们的诗文编成一部书，名曰《南邦黎献集》。鄂尔泰在江苏不俗的表现进一步赢得了雍正皇帝的信任。

雍正三年（1725年），鄂尔泰升任广西巡抚。他前往赴任，渡过湘江将入零陵时，有使者快马赶到，交给他雍正帝的诏书，鄂尔泰当场就要打开，使者说："皇上让你到任后再看。"鄂尔泰依命而行，等到抵达广西后，鄂尔泰展开诏书一看，原来是雍正命令他逮捕某一巨盗，并限他三天之内将巨盗押解入京，鄂尔泰深感肩上责任重大，立即同属吏们商讨对策，制定方略，果然很快将巨盗抓获，并如期押赴京师。鄂尔泰善于治盗的美名一时传开。

总督云贵，改土归流

鄂尔泰在就任广西巡抚的途中，再擢为云贵总督，加兵部尚书衔，兼管云南、贵州、广西三省。升官之快，如坐直升机。

就在此时，发生了关于"改土归流"的争议。

原来，云南、贵州、广西、四川及湖南、湖北等地，居住着苗、彝、壮、白、瑶等少数民族，这些地方交通闭塞、习俗固弊，经济、文化落后，直至清初仍实行着野蛮的土司统治制度。

各处的大小土司如同部落主，广大土著居民皆是他们的奴隶和部卒，土地、山林、水源，包括土著居民人身全被土司占有，土司与土民成为世代不变的主仆关系。土司所到之处，土著居民都要跪地膜拜；土司有权对其"子民"任意处置，任意占有、转让、出卖；吃酒游乐时，常以射杀土著居民为戏；祭祖敬神，也把土著居民杀死作为牲祭；稍不如意，便用割耳、断指、抽筋、剥皮、宫阉等酷刑；至于夺其财物、勒交赋税更是随心所欲；土司都拥有军队，林立的大小土司，如同大小王国，对中央形成威胁；临近的官兵略加过问，马上刀兵相见。土司制度妨碍国家统一，阻碍地方经济、文化的进步。数百年来，也曾有过治理行为，但没有一个成功。

雍正即位之初，西南各省地方官纷纷上奏，要求解决这一重大问题。众臣认为，解决问题唯一办法是"改土归流"，即取消土司制度，改为一律由中央政府派官的流官制度。谁都知道这是好办法，但实行起来极难，因为土司们不会拱手让权。而要对他们用兵，官兵又难以与之抗衡。因此，也有的不主张改流。他们认为，雍正初政，若因改流引起西南各省战争，并非初政君王的"安边之道"。当时的云贵总督高其倬等主张用兵改流。因为，在云贵地区政府的行政命令多受土司抵制，连官兵的营盘都不断被土司派兵袭击、焚毁。贵州巡抚何世基、副将木世杰则激烈反对，从"柔远"和"安边"角度，提出"三不可剿"，不同意改土归流。

恰在此时，雍正任命鄂尔泰为云贵总督，目的就是让他去解决土司之患。鄂尔泰所部军队刚刚扎营，便遭土司甲兵骚扰，营房亦被焚烧。经过调查研究，他感到发兵出击，只能解决暂时的问题，若从长远计议，必须彻底根除土司统治制度，坚决实施"改土归流"的方针大计。他在奏折中阐述"改土归流"的原则：以用兵为前锋治其标，以根本改制治其本。对敢于反抗的土司，剿抚并用，顽抗到底者坚决剿灭；只要改悔，对抗过官兵的土司也一律宽免。重点策略是促土司投献，投献者给予安抚，表现好的可任其为政府的流官，尽量减少敌对情绪，减轻"改土归流"的阻力。

鄂尔泰的奏疏使雍正对实行"改土归流"下定了决心。他高兴地说："好啊！鄂尔泰真是上天赐给我的奇臣啊！"

鄂尔泰恩威并用，剿抚结合，用了一些非常手段，西南地区改土归流取得显著业绩。有些地方的苗民反抗，也被他用兵残酷地平息下去。改土归流从客观上有利于中央对地方的统治，有利于国家的统一和安定，但这个过程中，也伴随着很多苦难，这也是不能否认的。

苗乱平定后，雍正皇帝下令嘉奖鄂尔泰及其部将，发银两犒劳平乱军队；对于没有参加叛乱的苗人，也给予一定赏赐。苗疆恢复安定后，鄂尔泰命令在云、贵边界外筑了一座桥，起名"庚戌桥"，以当年年号为名，纪念平定"苗乱"的业绩。

鄂尔泰对苗人用兵，其策略是坚决镇压，剿抚并用。平定叛乱后，他继续推行改土归流，并根据实际情况，在上述各省仍保留了一些土司、土目。用历史发展的眼光看，改土归流在客观上起了进步作用：它维护了祖国的统一完整，减少了一些剥削层次，有利于各族人民的经济文化交流，

从来大事不糊涂
——鄂尔泰

促进了少数民族区域的社会进步和经济发展。

当年，永昌边外孟连土司请求每年向朝廷纳银600两，鹤庆边外怒族人请求每年向朝廷贡献土产。鄂尔泰将此事奏请朝廷，雍正帝认为边外少数民族人心向化，主动纳贡，应予支持和鼓励，下令减少孟连纳贡的半数，怒族入贡，每次由朝廷送给食盐300斤。

雍正九年（1731年），鄂尔泰上疏请求朝廷重新划定乌蒙、镇沅、东川、威宁各县的区界，请求拨款兴修云南水利，清理嵩明州杨林海，开垦周围草塘；疏通宜良、寻甸诸河；围垦东川城北的漫海；修筑浪穹、羽河等河堤；加修临安等地工程，开辟通往广西的水上航线。这些建议，均为朝廷批准。上述工程的实施，促进了少数民族地区的社会经济发展。雍正十年（1732年），朝廷加封鄂尔泰为保和殿大学士兼兵部尚书，办理军机事务。因平定苗疆功大，鄂尔泰进世职一等精奇尼哈番，被授予世袭一等伯爵。

从政之路，有得有失

不久，鄂尔泰又奉命平定蒙古准噶尔部的叛乱。雍正十年（1732年）六月，朝廷命鄂尔泰总督陕、甘军队，经略军务，进讨准噶尔部。九月，他率军在额尔德尼昭（今蒙古库伦）大败准噶尔部。此战役中，他命令大将军张广泗先率一路军马到衮塔马哈戈壁截断准噶尔部北逃的退路，因此大获全胜。平定准噶尔部叛乱以后，鄂尔泰又上疏请求就地屯田。雍正十一年（1733年）元月，鄂尔泰回到北京。他向雍正皇帝提出很难将准噶尔部全部剿灭，因为用兵日久，劳民伤财，对国家也不利，请求罢兵。雍正帝也很同意他的看法。于是，鄂尔泰遂班师回朝。

鄂尔泰对清朝忠心耿耿，为国家立下赫赫功勋，赢得了雍正皇帝的信任。鄂尔泰每次向雍正帝上疏，内容虽然很平常，雍正都要称赞嘉奖，颁示众臣。雍正帝曾说："我有时很自信，但是不如信任鄂尔泰那样专一；事情无论大小巨细，我总要听听鄂尔泰发表的意见。"鄂尔泰因而受到雍正帝特别的礼遇和优待。鄂尔泰常入朝和雍正帝密谈，总要到很晚才出来，外人无法得知他们的谈话内容。

雍正十三年（1735年），贵州台拱（今贵州台江）一带苗人再度反叛，乱氛四起。朝中议论纷纷，许多人将此事的责任归咎于鄂尔泰当初处置苗人事务不妥。雍正下令增设办理苗疆事务处，以果亲王、宝亲王、和亲王及鄂尔泰、张廷玉负责这一机构的事务。不久，苗族地区的反叛日益剧烈，先后焚毁黄平、施秉等地（今贵州东部）。鄂尔泰认为这与自己过去没有处理好苗人事务有关，要求引咎辞职，并请求削去伯爵称号。雍正帝也认为："国家赐予的恩惠，有功则受，无功则辞。"允许他辞职，但仍然保留他原先的俸禄。

雍正晚年，常召鄂尔泰入宫，有时让他住在禁中，数月不出，外人都不知何意。由此可见，雍正对鄂尔泰的信任的确超过了一般人。雍正十三年（1735年）八月，雍正病逝，鄂尔泰以大学士身份与庄亲王允礼、大学士张廷玉等人同被任命为顾命大臣。时值深夜，无马可乘，鄂尔泰情急之

从来大事不糊涂
——鄂尔泰

中找到一匹运煤的老马，匆匆赶往宫中。鄂尔泰与张廷玉捧出雍正的御笔密诏，拥立皇子弘历继位，是为乾隆帝。为保证政局稳定，鄂尔泰在宫禁中一连待了七昼夜才出来。雍正死后，又公布遗诏，说鄂尔泰忠心耿耿，有济世之才，死后可配享太庙。

乾隆继位后，任命鄂尔泰为总理事务大臣，晋一等精奇尼哈番。乾隆二年（1737年）十一月，鄂尔泰辞去总理事务，但又被委以军机大臣，授予他三等伯，赐号"襄勤"。他还几次主持会试，并兼任领侍卫内大臣、议政大臣、经筵讲官等职。乾隆四年（1739年），南河河道总督高斌请求开新运河，河东河道总督白钟山请求恢复漳河故道，乾隆帝委派鄂尔泰前往巡视，又加封他为太保。

乾隆七年（1742年），副都御史仲永檀密奏告发鄂尔泰长子鄂容安不法之事，经诸王大臣会审核实后，要求削去鄂尔泰官职，但未被乾隆帝允许。乾隆十年（1745年），鄂尔泰因病提出辞职，乾隆帝仍不应许，好言加以慰问、劝留，又加授他太傅头衔。不久，鄂尔泰病逝。乾隆帝遵照先帝遗诏，将鄂尔泰牌位配享太庙，祀于贤良祠，并赐谥号"文端"。

鄂尔泰生前身后，既有功名，也有憾事。乾隆二十年（1755年），乾隆帝发现内阁大学士胡中藻的诗文集《坚磨生诗钞》中有"一把心肠论浊清"的诗句，指责他将"浊"字加于国号之上，居心不良。又说"老佛如今无病病，朝门闻说不开开"一句是诬陷自己不理朝政。于是乾隆帝下诏将胡中藻斩首。胡中藻是鄂尔泰的门生，鄂尔泰的侄子甘肃巡抚鄂昌曾与胡中藻有诗文往来唱和，都受到牵连。乾隆皇帝将此事追究下来，下令把鄂尔泰的牌位撤出贤良祠。

鄂尔泰当云贵总督时，江阴巡抚杨名时遭奸人倾害，新巡抚朱纲对他多方罗织罪名，甚至动刑审讯。杨名时深受兵民爱戴，他们自动组织起来为杨名时辩冤，并商议将朱纲痛打一顿。鄂尔泰得知此事后，对兵民们好言相劝，让他们不要闹事，然后他厉声斥责朱纲说："你过汤阴岳忠武庙（岳飞庙）看到岳忠武公面前的铁人（指秦桧）吗？"不久，杨名时的冤情得以解脱。乾隆即位后，召见杨名时，杨名时指责鄂尔泰处置苗疆事务不善。鄂尔泰对此不以为意，杨名时死后，鄂尔泰亲手为他办理丧事，悲痛不已。

鄂尔泰秉政时，他的弟弟鄂尔奇也位居正卿。一天鄂尔泰退朝后从鄂尔奇书斋旁经过，看见里面陈设豪华，富丽堂皇，他掀开门帘却没有进去，退了出来。鄂尔奇急忙出来追问他为什么不进屋而离去，鄂尔泰站在庭中说："你记得我们兄弟没有房屋居住而住祠堂时的情景吗？现在你偶尔得志，就如此奢侈铺张，我想大祸不久就要降临了。"鄂尔奇忙哭泣着跪下谢罪。以后鄂尔奇总是在鄂尔泰到来之前将珍玩宝器藏起来，待他走后再拿出来，以这种方式来蒙蔽他哥哥。后来李卫弹劾鄂尔奇，他终于因奢侈而败落了，应了鄂尔泰的话。

鄂尔泰才干出众，政绩卓著，深受雍正皇帝之宠信。如此，他即逐渐成为一群官吏之首。官吏当中，有其门生，其他皆为官场之拍捧者。张廷玉，亦如鄂尔泰，深受恩宠，因此亦有朝臣追随其左右。此二党间之争执，自是难免，各所持意见之分歧，在乾隆初年即有所表露。二人之间不

从来大事不糊涂
——鄂尔泰

管怎样，但最终都是为了大清皇上，可谁知如此忠臣在死后都受到了皇帝的谴责，真是可悲。

留得清白在人间

——刘墉

　　刘墉，乾隆、嘉庆年间的重臣，秉性刚直，一生充满传奇色彩。

　　刘墉秉承其父刘统勋刚正不阿的品性。和珅专权时，他斗智斗勇，誓不依附，两人成了死对头和欢喜冤家，和珅在他面前总是显得笨手笨脚，经常弄巧成拙，想算计人反遭算计。乾隆皇帝对他又爱又恨，又有点无可奈何，也正因此使得他在升任大学士的路上走得异常缓慢。乾隆四十七年（1782年）任左都御史，继而吏部尚书，但在乾隆朝始终未得大学士衔，也未进军机处。乾隆五十年（1785年）他升为协办大学士，直到嘉庆二年（1797年）才成为大学士。

　　刘墉就是家喻户晓的"刘罗锅儿"，因为他为官"忠君、爱民、清廉"，深得百姓喜爱。

根红苗正，翰林出身

刘墉（1719—1804年），字崇如，号石庵，山东诸城人。因生来罗锅，世称刘罗锅。山东诸城的刘氏家族是当时的名门望族，通过科举走上仕途的人很多。刘墉的曾祖父刘必显为顺治年间进士，祖父刘棨是康熙朝有名的清官，父亲刘统勋更是一代名臣，官至东阁大学士兼军机大臣，为官清廉果敢，乾隆帝说他"遇事既神敏，秉性复刚劲，得古大臣风，终身不失正"。

刘墉生长在这样世代书香、以科举仕进为荣的家庭，从小受到良好的教育自不必言，后来他成为《四库全书》副总裁也证明了其学识的渊深。但不知什么原因，满腹经纶的刘墉却迟迟没有参加科举考试，至少目前尚未发现他在30岁之前参加科举考试的记录。直到乾隆十六年（1751年），刘墉才因为父亲的关系，以恩荫举人身份参加了当年的会试和殿试，并获进士出身，旋改翰林院庶吉士。翰林院庶吉士是翰林的预备资格，一般从科考成绩优异的进士中选拔，然后在庶常馆学习深造，期满考试合格者，授翰林院编修。清代翰林虽然薪俸较薄，但作为皇帝身边的文学侍从近臣，号称"清贵"，"有清一代宰辅，多由此选"。而且，大臣死后如果想得到皇帝赐谥的"文"字，必须是翰林出身。所以，清代以科举仕进者尤重翰林出身。应当说，刘墉在仕途上开局良好。

那么，刘墉真的就是影视上流传的"罗锅儿"形象吗？

要回答这个问题，首先要了解一下清代的取士、选官标准。

在封建社会，选官向来是以"身、言、书、判"作为首要条件的。所谓身，即形体，需要五官端正，仪表堂堂，否则难立官威；所谓言，即口齿清楚，语言明晰，否则有碍治事；所谓书，即字要写得工整漂亮，利于上级看他的书面报告；所谓判，即思维敏捷，审判明断，不然便会误事害人。

在这四条标准之中，"身"居首位，是最重要的。因为观瞻所系，不能不特别强调。

刘墉系科甲出身，必在"身言书判"四方面合格，方可顺利过关。因此几乎可以肯定地说，刘墉不会是"罗锅儿"。姜纬堂先生早在1996年时，就曾在《北京晚报》上专门撰文《刘墉绰号"罗锅"考》，指出过这一点。

还有一个旁证，可以从侧面说明一定的问题。按照当时制度，举人应会试三科不中者，还可以应"大挑"一科。这一科不考文章，只论相貌，标准是"同田贯日身甲气由"八个字，以字形喻体形、相貌。"同"指长方脸，"田"指四方脸，"贯"指人的头大而身体直长，"日"指身体端直而高矮肥瘦适中。以上这四个字是好字，符合者有中选的可能；"身"指身体不正，"甲"指头大身子小，"气"指一肩高耸，"由"指头小身子大。这四个字是不好的字，沾上一个就会落选。可见，清代选官很重视被选者的相貌，所以，刘墉即使算不上仪表堂堂，总也不至于体有残疾。

当然，"刘罗锅"的称号，也事出有因。史书上记载，嘉庆帝曾称刘墉为"刘驼子"，可见他确实有些驼背。不过，刘墉当时已经年届80岁，

留得清白在人间
——刘墉

难免会驼背弯腰，这就很好理解了。如果以此认定刘墉年轻时即为"罗锅"，那就不准确了。

因此，从形象言之，历史上的刘墉与民间传说和文艺作品中的刘墉并不一致。

任职四方，造福黎民

乾隆二十一年（1756年）九月，刘墉在主持广西乡试后不久，即被乾隆钦派为提督安徽学政。

行前，乾隆为他辞行，特赐诗相送，其中有"海岱高门第，瀛洲新翰林"之句。故后来刘墉刻有"御赐海岱高门第"印章以示恩荣。当时，刘墉还有《恭和御赐安徽学政刘墉诗元韵》一首，该诗写道：

> 久沐恩如海，新知士有林。
>
> 天章荣捧璧，雅化念追金。
>
> 勖以功裘业，殷然陶铸心。
>
> 赓歌惭里拙，濡翰颂高深。

提督学政是一省主管教育的长官，例于侍郎、京堂、翰林、詹事、科、道、部属等官有进士出身的人员中选用，各带原品原衔，任期三年。学政无论品级高低，都与督抚平行。他提督学校事务，督抚和布政、按察两司皆不得侵其职权。而遇学政有丁忧（为父母等守孝）等特殊事情离任，印务始交督抚或布政、按察二司署理。

安徽在清初隶江南省，由驻江宁之江南左布政使司管理。康熙元年（1662年）始建省，设安徽巡抚（驻安庆），改江南左布政使司为安徽布政使司，乾隆二十五年（1760年）始迁安庆，统于两江总督，领安庆、庐州、凤阳、颍州、徽州、宁国、池州、太平八府，广德、滁州、和州、六安、泗州五直隶州。

按照清代制度，学政的主要工作为考核教职和考试生童。当时，捐纳贡、监例不入国子监学习，居住原籍又例不参加当地学官主持的月考、岁考，加之为数众多，学官势难加以管理、考核，成为学校管理的一个薄弱环节。刘墉遂于乾隆二十四年（1759年）四月奏准，此后遇贡监有过失需扑责示惩，州县官应会同教官核办；遇举报贡监优劣，唯责成州县官办理，从而明确了州县官管理捐纳贡监生的职责。

乾隆二十四年（1759年）九月，刘墉调任江苏学政，对该省吏治风俗多有观察，敢于揭露其中的弊端，提出了不少令乾隆感兴趣的建议。

作为清代学术和文化的中心，这个地区的士人风气以及他们对朝廷的态度都直接关系着清朝统治能否获得稳定和加强。因此，历代皇帝和大学士对该地区都极为重视，康熙和乾隆各六次南巡，很大程度上就是为了笼络东南士民，强化对该地区的控制。

刘墉能被选派到江苏这样一个文化大省做学政，充分体现了乾隆对刘墉在安徽学政任内工作的肯定，以及对刘墉管理学务能力的信任，这只是一个方面。另一方面是，刘墉有在江苏开展工作的便利条件：刘墉的父亲刘统勋此前多次负责南河河工，在江苏的时间比较长，熟悉那里的风土人

留得清白在人间
——刘墉

情；刘家在江苏拥有众多的朋友或门生故吏，当时的文化名人大多与刘家有这样那样的关系。时任两江总督的尹继善也是刘统勋的同僚和朋友。

刘墉这次视学江苏，颇为认真，考取生员比较严格。诸联《明斋小识》记载："昔日刘石庵相国视学江苏，严肃骏厉，人多畏惮，至四十二年复任江苏，则宽厚平和，与前次不轻易取悦秀才迥然有别，即使年例不符合者，也准予赏给衣顶，并能对科场运气不佳者给予照顾"，可窥见其风格及变化。

刘墉还认真考察当地的风俗民情，及官方士习情形。乾隆二十七年（1762年）秋天，刘墉在离开江苏省前夕，将此向乾隆作了汇报，算是对他观风察俗工作的一种总结。其中特别谈到了对监生的管理等问题，如监中有喜欢滋事，胆大妄为的人，府州县官多所顾忌，并不加惩处，以致他们不仅害怕刁顽百姓，而且害怕蛮横的监生、狡猾的胥役。他的汇报引起了乾隆皇帝的高度重视。

乾隆二十七年（1762年）十二月，在吏部尚书傅森、梁诗正（均为刘统勋的同僚）等人的极力推荐下，刘墉被授为山西太原知府。

在清代，府是省与州县之间的一级重要行政组织，其长官称知府，原系正四品，乾隆十八年（1753年）改为从四品。山西东连直隶、西邻陕西、南接河南，北与大漠蒙古比肩，被视为京师西南部的重要屏障，地理位置相当重要。而太原府地处山西中部四通之地，地位之重要可想而知，故历次授官均以繁难待之。

刘墉出任太原知府一职，应该说是有压力的，一是他此前从没有独立管理地方的经历，却忽然间被派到这块繁难之地，担负起总管一方的重任，心中不免没有把握；二是他的祖上曾在这块土地上作出过政绩，在当地老百姓心目中留下过很好的口碑，自己总不能给刘家清官的形象抹黑吧！再者说来，自己初任地方，总应该给皇上留下个能干的印象，一来不辜负皇上的恩典和父亲的期望，二来也好为自己以后的仕途升迁奠定点基础。他不能不认真办事。

有鉴于此，刘墉接到吏部知会后便进宫向乾隆作了辞行（惯例知府上任前要受到皇上的接见，作为一种辞别仪式），随后便踏上了西去的旅程。刘墉此次到太原赴任，或是因走得匆忙，或是他向来俭朴，总之他并没有像其他官员那样，走马上任前要大换行头，而是破衣破帽，一身的朴素。

在刘墉上任以前，太原府因种种原因已积累一大批疑难案件，其中不少案件积压多年。刘墉到任不久，就将数十件案件审理一清，因此受到官绅百姓的一致称赞。

山西本为贫瘠之区，财政收入不多，却地居交通要道，清代用兵西域多经此地，前后骚扰数十年，费用颇多。加之官蚀民欠，各地府仓库普遍空虚，根本无法应付地方上的不时之需。刘墉上任后即注意此事，先后筹措资金购谷二万余石，储为府仓，公私赖以为便。

由于刘墉在太原知府的三年任期里，确实干了一些实事，如清积案、整顿仓储等，都受到人们的肯定，故光绪《山西通志》评价他说："以翰林出为太原知府，迁冀宁道。丰裁峻整，习掌故，达政体，于吏事以勤慎著称"。

乾隆三十五年（1770年）秋天，刘墉被擢升为江西盐驿道，主要负责全省的盐务和邮传事务。

清代沿袭历代的食盐专卖制度，推行销盐地界政策，盐商必须首先

获得运销食盐的特许证，称作"引"或"票"，并交纳盐税后按引票上规定的销盐地区从事运销。除蒙古、新疆系"多产盐地"外，清代将内地划分为十余个行盐区域：长芦、奉天、山东、两淮、浙江、福建、广东、四川、云南、河东和陕甘；每个区域又分若干个场，负责将盐行销一省或数省，其中两淮行盐地界最大，包括河南、江苏、安徽、江西、湖北、湖南等省的绝大部分地区。按规定，价格固定，地区和销盐数量也固定，不得违犯。

由于特许经营，盐商利用自己的垄断地位，往往自订价格，以致盐价更为不合理。这种情况必然导致私盐问题的出现。雍正、乾隆之际，从事贩私的"游手无赖之徒"就有数十万人，成为一股不可忽视的力量。

为了保证盐引制度的推行，从而保证盐课的收入，又必须打击大规模的贩运私盐行为。故盐驿道的一项重要工作就是稽查私盐。

在此期间，刘墉凭吊曾在江西任职过的王安石后，受到强烈的震撼，为王安石"身任天下之难，而心迹之不易明"的悲剧命运而惋惜，并表达了自己的济世之决心。

乾隆三十七年（1772年）十一月，刘墉由江西盐驿道调任陕西按察使。一年后，他的父亲——东阁大学士、军机大臣刘统勋因病去世。乾隆哀痛不已，谕曰："大学士刘统勋老成练达，品行端方。雍正年间着旧服官，五十余年中外宣猷，实为国家得力大臣。自简任纶扉，兼综部务，秉持公正，眷畀方殷，并命为诸皇子总师傅。久直内廷，勤劳懋著，虽年逾七旬，精神甚为矍铄，冀其可常资倚任。今晨肩舆入直，直东华门忽婴痰疾。比闻之，即遣御前大臣、尚书公福隆安赍药驰往看视，已无及矣。遽闻溘逝，深为轸悼！着加恩晋赠太傅，入祀贤良祠。朕即日亲临奠祭，并赏内库银两千两经理丧事。其任内革职、降级之案，概予开复。伊子西按察使刘墉，着谕令即驰驿来京治丧守制。应得恤典，仍著该部察例具奏。"寻赐祭葬如例，特谥文正。

刘墉奉旨于同年十一月底离开陕西回京奔丧，并于次年三月扶榇归里。行前，乾隆发谕旨，命沿途文武官弁在二十里以内者，均至榇前吊奠，并遣人护送，以示优眷故臣之意。

刘墉对父亲十分敬爱，他按照封建礼法在家为父守丧整整三年。

乾隆四十五年（1780年）三月，刘墉于乾隆南巡行在觐见后被授予湖南巡抚，同年五六月份到任。

湖南是一个辖区辽阔的省份，也是一个拥有民族较多，情况比较复杂的地区。刘墉上任伊始，即遇武冈、邵阳、黔阳等地发生水灾，冲坍兵民房屋并淹死人口事件。刘墉立即督同属员进行抢险救灾，大水过后，又奏经乾隆批准，向灾民发放银两，供修理房屋和埋葬死者之用；对于庄稼被冲毁的农户，则借给籽种以便补种秋收作物。随即具折向乾隆奏报有关情况。

在职期间，刘墉还对湖南各地仓储进行了盘查整顿。此项工作在前任巡抚李湖任内既已开始，刘墉接任后即对通省常平仓进行了盘查，并规定用其平粜盈余银买补缺额及修补朽坏仓廒。这次整顿社仓活动一直持续到乾隆四十七年（1782年）初刘墉离任时，颇具成效。

在湖南巡抚任上，刘墉还进行了勘修城垣、奏准开采湘南铜矿等工作。湖南各地城垣经清初修治后，多年失修，其中不少已破败不堪，前任巡抚李湖时已着手修治长沙城垣。刘墉任内又对其他地方城池进行整治。刘墉任内修理完固城池27座，原来完好城池33座，应行缓修城5座，原无城8处。

留得清白在人间
——刘墉

进入中枢，备受倚重

乾隆二十七年（1762年）春天，乾隆在儒臣庄有恭、范清供、齐召南、蒋士铨、沈初等人的陪同下第三次南巡至江苏等地。当时刘墉正在江苏学政任上，而作为江南文化大省江苏的文化教育首脑刘墉，自然要见驾陪同。从刘墉诗集中保留下来的《恭和虎丘寺三叠》等诗中，可以窥见一斑。其中一诗道：

殷富纵知教育功，由来盛世屡年丰。

六巡久识仁皇泽，二融还劳圣主衷。

禹甸未妨田最下，尧民群就日升东。

农歌渔唱征康阜，岁岁年年此日同。

诗中对乾隆统治时期所谓的太平盛世，以及英明君主乾隆皇帝吹捧有加，极尽奉承之事。要知道，刘墉一向具有刚直不阿的性格，而在内外大臣的一片吹捧声中，刘墉自觉不自觉地加入了这一行列。

最为突出的例证是，乾隆四十二年（1777年）秋天，刘墉曾向乾隆奏请，自己掏腰包刊刻乾隆的《御制新乐府》《全韵诗》，使它们在江苏流布。同时建议敕发各直省刊刻流布。乾隆听后非常高兴，亲下谕旨奖勉。

或许因为这些，刘墉于同年十一月擢升户部右侍郎，次年改任吏部右侍郎，并在乾隆四十五年（1780年）三月擢升湖南巡抚。他迁升之快，实出常格。因为，在清代重资格的铨选制度下，并不是任何人都可以一年一升迁的，由学政直接升迁巡抚的例子也并不多见。

乾隆四十七年（1782年）七月，刘墉就任工部尚书一职。工部虽居六部之末，但作为掌管工程水利、屯田及官营手工业等政令的机构，历代不可或缺。早在春秋战国时期，即有司空等官的设置。

在任工部尚书的一年时间里，刘墉除兼署吏部尚书、国子监事务、尚书房总师傅等职外，主要主持了国子监辟雍的修建、内廷换琉璃瓦事宜。

乾隆中叶，清朝进入极盛。乾隆的自得心理在各方面都能体现出来，在文化上搞了一部旷古未有的《四库全书》，但他还有一些遗憾，如国子监的辟雍年久失修，与中央最高学府的地位很不相称，更重要的是，没有辟雍，天子无法驾临，而天子不驾临国子监，对于崇文右古的乾隆而言，总像缺少点什么，也与盛世不相符。

乾隆四十八年（1783年）二月初，乾隆驾临国子监行祭奠先师孔子礼后，便欲效法前代圣王，搞一次临雍讲学大典，遂于初七日下令修建国子监辟雍；派礼部尚书德保、工部尚书兼管国子监事务刘墉、侍郎德成，前往阅视，丈量土地，选择吉日开工。

在此期间，刘墉曾于四月初和王杰、曹文埴、彭元瑞、金士松一起入值懋勤殿，随后又奉派与福隆安、和珅、胡季堂、金简、德成一起督办内廷换琉璃瓦事宜。

乾隆四十九年（1784年）三月，刘墉奏报辟雍工程事务，称殿基挖出的土多系沙土，不堪使用，除可以使用土方外，尚需添买黄土五百余方，

留得清白在人间
——
刘墉

又需要将不堪使用的土方九百五十余方运到安定门外城根铺垫，故需加拨银三千九百余两。乾隆接奏后非常生气，随后又以金简负责此项工程，而乾隆本人也时时过问此事。乾隆五十年（1785年）冬全部竣工。乾隆后又搞了个辟雍大典以防微杜渐，这是汉族王朝的做法，以显示盛世，夸示宏伟。乾隆五十年（1785年）二月，辟雍大典如期举行。乾隆对辟雍工程颇为满意，除礼部尚书德保因典礼时安排有失免予议叙外，刘墉、金简、德成等都给予议叙。

刘墉于乾隆四十八年（1783年）十月初返回京师，和满人伍弥泰一起主持吏部工作。

吏部大致相当于现今的组织部和人事部，负责官员的选拔、任用和考核等，所以为六部之首，它的首长也被称为天官。吏部尚书的工作主要是领导部员，协调各部院机构之间的关系；另一个事务则是带领新选官员晋见皇上，经皇上之口谕派任官职，也就是"引见"。

在这一时期，刘墉除主持吏部事务，兼职较多。除原来兼直南书房、尚书房总师傅外，他还在乾隆四十九年（1784年）兼署过兵部尚书。乾隆四十八年（1783年）十一月后和吏部尚书伍弥泰、工部尚书福康安、礼部右侍郎德明一起选充经筵讲官。乾隆四十九年（1784年）春天主持辟雍工程；四月的殿试，他和大学士阿桂、蔡新、吏部右侍郎彭元瑞、户部右侍郎曹文埴、礼部左侍郎达稽、左副都御史觉罗巴彦学一起为殿试读卷官。

乾隆五十年（1785年）正月初六日，乾隆仿乃祖康熙做法，在乾清宫举行千叟宴，刘墉参加了此次盛会。当时，乾隆兴奋之余命群臣以千叟宴联句。刘墉所作诗作受到嘉奖。

二月三日，刘墉受命会同大学士阿桂、嵇璜、协办大学士和珅、礼部尚书德保、左都御史纪昀，考试翰林院、詹事府各官。七日，乾隆举行临雍讲学大典，刘墉又参与其会，并因督办辟雍工程受到议叙。

三月，刘墉奉派与礼部尚书德保、工部尚书金简、侍郎曹文埴、德成督修卢沟桥工程。乾隆在上谕中说："卢沟桥为都会通衢，车马辐辏，经行年久，多有残损。兹特发帑鸠工，重加修造，所有此项工程，著派刘墉、德保、金简、曹文埴、德成督办修理。"建成后的卢沟桥，精致壮观，成为都城北京的一大景观。

四月，刘墉再次受命兼管国子监。

五月，刘墉被授予协办大学士，成为传统所说的副宰相。

秋天，刘墉等人在督办卢沟桥工程之后，受命督修明陵。工程于十月以前完成。十月二十日，刘墉获赐《钦定储贰金鉴》。十二月，刘墉获赐《经筵御论墨刻》。

在主持吏部工作期间，刘墉曾因废除属吏见长官时的半跪礼而受到人们的称赞。嘉庆五年（1800年），汪德钺曾就属吏见长官不长揖而半跪的问题上书礼部尚书纪昀，建议礼部废半跪而恢复长揖之礼。

刘墉为官清廉，在地方为官十数载，多有好评。后来，乾隆为整顿日渐腐败的贪污风气，将刘墉从湖南巡抚调任都察院左都御史。

但乾隆对刘墉的清廉还半信半疑，因为三年清知府，十万雪花银，刘墉在地方为官，已经是巡抚大员，主政一省，难免不改昔日操守，因此，在刘墉得旨升任都察院长官后，起身赶往京师时决意要试探试探他往日的清名真与不真。随后差了三位大臣，拿了三千两纹银，到东四牌楼驴市胡同刘大人府中，假说是帮送盘费，看他是收与不收。后来，刘墉将此事上报圣上，并声称自己有罪，皇帝见他坦白，于是龙心甚喜，说："刘

墉果然清廉，不是虚传"，还声称，有这样的贤臣，是"朕躬的洪福"。

后来，刘墉面见乾隆，乾隆道："果然你的清名无虚假，倒是朕不公平。

不过，话说回来，当今地方官多有污行，整肃朝纲正赖公正之臣。朕担心

你一改初衷，于是设计试你一试。今朕赦你无罪，你当为国出力，力惩贪

污。"

仕途多艰，风波不断

　　刘墉在太原知府任上巡视各县仓储时，查出一件棘手的事情：阳曲县

令段成功任内亏空库帑达万两！而且没有手续，显系侵吞！

　　段成功在山西官场可谓左右逢源，很有势力，并在三年任满后由和其衷

举荐作了苏州管粮同知，而巨额亏空却留了下来。也正是因为和其衷等

人与段成功亏空官帑有直接关系，加之又有失察下属亏空、举荐有过失下

属的责任，因而当刘墉将情况反映到巡抚和大人那里后，和其衷便把事情

给压了下来，不让他继续追查段成功的责任，而仅摊派各属加以弥补。

　　乾隆三十年（1765年）年底，巡抚和其衷调任陕西巡抚，冀宁道富勒

浑调山东按察使，刘墉升补冀宁道道员一职。

　　就在刘墉升任冀宁道后不久，四达在江苏审查段成功案件时了解到

江苏官场维护段成功的情弊，遂将苏州知府孔传珂、按察使朱奎扬革职治

罪，并把情况报告了乾隆。这时，山西方面也有人将段成功在阳曲亏空及

上司代为摊派弥补的事也报告了乾隆。乾隆得悉情况后特别谕令新任山西

巡抚彰宝严肃查处段成功在山西任内亏空官帑一案。

在乾隆严词要求下，彰宝很快就将亏空、弥补的实际情况上报给了乾隆，乾隆随即派四达到山西主持处理段成功亏空的案件。

乾隆三十五年（1770年）二月十一日，乾隆在上谕中指出："今据奏，段成功于升授同知时亏空银一万两以外，上司知情弥补，俱属确实。此事可谓大奇"，"段成功仅一县令，何至亏空竟如许之多，既云首邑用度较繁，亦不应枉费如此，而通省各上司何以互相容隐，竟无一人举发其事"。刘墉等人遂被革职审查，后连同和其衷、段成功等被押往北京审讯。

乾隆三十九年（1774年）四月五日，和其衷、刘墉等人被押解到京，军机大臣等遂奉旨会同刑部对案件进行复审拟罪，段成功、和其衷、文绥、刘墉四人被拟处斩。后经乾隆复批：段成功著即处斩；和其衷著改为应斩监候，秋后处决；文绥、刘墉并著从宽免死，发往军台效力赎罪；蓝钦奎、富勒浑引见后降级使用。其中富勒浑后被解山西雁平道；文绥次年获道员衔，派往哈密办事。

刘墉的流放地史无明载，据资料分析，可能是西北一带。客观地说，刘墉在山西的四年时间里，特别是在太原知府的三年任期里，确实做了一些实事，因而受到人们的肯定，但亏空乃是最大的败政，与侵贪之罪同等对待，因此，他受到流放的惩罚。

乾隆五十二年（1787年）年初，刘墉因泄露嵇璜、曹文埴的去留问题，受到乾隆的申斥，以至本应获授的大学士一职落在王杰头上。乾隆五十一年（1786年）十二月，大学士、军机大臣梁国治卒，当时已有两位满大学士，按例大学士一缺应由吏部尚书、协办大学士刘墉递补。当时乾

留得清白在人间
——
刘墉

隆曾与刘墉交谈，说大学士嵇璜年老体迈，如果请求休致回籍，"不忍不从"。刘墉遂将此事泄露给嵇璜，乾隆认为，这是刘墉觊觎补授大学士的明证，是谋官的丑径，因此大加训斥和惩罚。

就这样，刘墉由于泄密，将到手的大学士丢了。

乾隆五十二年（1787年）八月初，刘墉受乾隆委托主祭文庙。

按规定，主祭官于上香、献爵、饮福、受胙等祭礼后，应行一揖之礼。而刘墉此次主祭时或没有听到引赞官的唱礼，或是认为没有必要，总之他没有行一揖之礼。结果受到太常寺卿德保的参劾。

不过，这次乾隆却表现得非常通情达理，并没有着意责备刘墉。八月五日（次日），乾隆再就此事说："向来丁祭礼，于节次行礼之后俱有一揖，虽载在会典，刘墉之意既以为仪文可减，自应奏明更定，乃并未陈奏，固属非是。但刘墉素性好为执狃，每多议论立异鸣高，而又不着紧要。至此一揖之礼，已在跪拜大礼既毕之后，复有此小节仪文，原可不必，刘墉未经照例行理（礼），所见尚属近情，是以免其交部。至德保之意，自因平时办事软弱，屡经饬谕，又见刘墉前因宣露朕旨，是于大学士之缺未经补授，今于丁祭时因刘墉未遵仪注，以为有关正典，即行具折参奏，以显其见长认真，此等处亦不能逃朕洞鉴也。此次丁祭时，德保是否在文庙襄办，及一揖礼引赞官是否唱赞，并著德保覆奏。此属小事，不必发部科行抄。"

人弱被人欺。乾隆的意思是德保小题大做，因此不令处分刘墉。但乾隆讲得非常清楚：刘墉虽认为不应行一揖之礼，但并没有奏明即擅作主张，这是不对的，强调的仍是一切须经皇帝允旨。

乾隆四十七年（1782年）六月，刘墉就任工部尚书兼管国子监事务，以后他多次兼理国子监，成为这所全国最高学府的负责人。

刘墉主持国子监期间，曾亲历视学大典和辟雍大典。据随班观礼的朝鲜使臣说，乾隆五十年（1785年）临雍讲学时，观讲学礼的诸生多达三千多人，每人都获赐银两，可谓盛况空前。

这次临雍讲学的内容为《大学》和《易经》：由大学士伍弥泰、大学士兼管国子监事务蔡新分讲《大学》所谓五伦知止，即为人君止于仁，为人臣止于敬，为人子止于孝，为人父止于慈，与国人交止于信；《易经》由祭酒觉罗吉善等讲解"天行健，君子以自强不息"一节。

临雍大典，正值辟雍新近建成，又恰逢大旱甘霖，使乾隆异常兴奋。唯一使乾隆感到遗憾的是，典礼过后赐给群臣茶水时，礼部官员忙中出乱，忘了给主讲官蔡新等人安排赐茶，又使乾隆不满。

后来又因为国子监科场舞弊一事受到福康安的参奏，乾隆在福康安草拟的处理中批示到：刘墉系总理国子监事务，吉善身系祭酒，于考到一事，自应一同办理，何以专交黄寿龄一人考校，致滋物议，咎实难辞。刘墉、吉善俱交部议处。

从这一事件中，可知国子监确实存在不少问题，尽管刘墉自己能做到廉洁自律，但对国子监的管理却不严格，这也是他获得处分的原因之一。钱沣年谱中曾有这样的记载，说钱沣揭发国泰勒索属员案后，受到乾隆的信任，"频蒙召对，有所见辄直陈，于是大冢宰刘墉在国子监说昨钱南园已将科场作弊事面奏皇上了，诸生慎自爱"。可知钱沣曾举发过国子监考试存在的问题，也可见刘墉管理国子监的风格。

自乾隆四十七年（1782年）十一月，刘墉奉派在上书房总师傅上行走以后，长期兼任此职，因而当乾隆五十四年（1789年）诸师傅旷工事件发

留得清白在人间
——
刘墉

生后，刘墉丢掉了协办大学士一职，是仕途中的一次大挫折。

上书房亦称尚书房，为清代皇子读书处。清朝家法相承，极重皇子教育。由于入直上书房责任重大，又和诸皇子有特殊的师生关系，故他们往往能受到皇帝宠信和优待。刘墉能在乾隆四十七年（1782年）十一月，也就是他自地方调入中央后不足一年的时间，以尚书身份，和资深大学士三宝、嵇璜等出任上书房总师傅一职，可见乾隆对其品行的信任和仕途发展的厚望。

按照上书房的作息时间，师傅必须坚持到申时退值下班（下午三四点），而且离开时必须告知管门太监登记，以备查核。皇子们更要遵守时间，有事离开也必须征得师傅的同意。乾隆三十五年（1770年）五月，皇八子永璇因事从圆明园回城，既未告知乾隆，也未告诉师傅，乾隆知道后立予训斥，并对师傅等也予指责。

乾隆五十四年（1789年）二月三十日至三月六日，上书房诸师傅因连雨天未能入值。次日，乾隆检查内左门登记的师傅入值门单时，发现了这件事，非常愤怒，立即召见皇十七子永璘、军机大臣和总师傅刘墉，询问是否因阿哥们不到书房而致诸师傅散去，结果，永璘说是阿哥等每日都到书房，而师傅们往往有不到者，阿哥们曾经面告其入值，而他们连日仍未进内等。乾隆十分气愤，当日下旨，刘墉等人俱交部严加议处。三月八日，乾隆在将刘墉等人交部议处后，仍对刘墉失于稽查耿耿于怀，专门就刘墉的责任及处罚下了一道上谕。

这次事故，刘墉所受处分最重，协办大学士被取消，吏兵二部尚书衔转与彭元瑞和孙士毅，入值南书房的资格也予吊销，他不得不从头开始他的仕途登攀。

上书房事件，无疑是刘墉一生仕途中遭受的重大挫折。他由原来的协办大学士、吏部尚书一下子被贬到侍郎衔，并在同年六月的京察中获革职留任的处分（革职留任为无俸供职）。而且，刘墉被剥夺了入值南书房的资格。他在此后近两年的时间里被排除在皇上近臣的圈子之外，成为文武百官中普普通通的一员。也正因为这次事件，此后乾隆多次赏赐群臣刘墉均被排除在外，甚至于乾隆五十五年（1790年）三月二日赏赐山东在籍人员，也同样没有刘墉。直到同年八月乾隆八旬大庆，刘墉始获赐《春雏得饲图》《重排石鼓文》和《泾清渭浊诗图》等品。这种阴影，直到乾隆五十六年（1791年）始散去。

乾隆五十八年（1793年）三月二日，刘墉奉派为会试主考官。

科会试录得桐城人吴贻咏等八十余人。另有七十岁至八十岁以上者六十七人，三场考完而未被录取，经瑚图礼等报告乾隆后，乾隆大为高兴，认为"庞眉皓首踊跃观光，洵为升平人瑞"。结果，除七十岁以上之邵利达、姜介、陶炜已在上次会试时赏给国子监学正衔外，所有年届八十岁以上之马元倬、胡自勉等人俱赏翰林院检讨衔，七十岁以上之穆彬等十二人给国子监正衔，并赏给每人缎匹有差。

四月二十一日，乾隆以大学士阿桂、大学士王杰、礼部尚书纪昀、左都御史窦光鼐、吏部侍郎金士松、礼部侍郎刘权之、兵部侍郎玉保、内阁学士瑚图礼为殿试答卷官，策试贡士吴贻咏等82人于保和殿。二十四日，殿试揭晓：潘世恩、陈云、陈希曾分获状元、榜眼、探花，陈秋水等七十八人分获进士出身或同进士出身。

但该科评卷方式颇遭人议，故乾隆在殿试传胪的第二天即有谕旨称，必将该考官重治其罪，决不宽贷。

留得清白在人间
——
刘墉

五月二十日，经礼部磨勘发现，此科会试阅卷草率，违制或不合格卷子众多，按规定刘墉等考官应罚俸至十余年。

禅位大典，智索玉玺

嘉庆元年（1796年）正月初一，乾隆的禅位大典在紫禁城如期举行。

虽然说禅让大典是空前绝后的事情，理应比一般皇帝的登基典礼更为隆重。但老皇帝早已有言在先：所有册立典礼一切虚文，不必举行，所以大典显得简朴而隆重。

按照事先的拟定，早上卯时乾隆率嘉庆及群臣行堂子祭礼，接着到社稷坛行告天礼，然后到太和殿接受群臣参拜礼，随后，皇太子永琰（嘉庆）与文武百官俱跪伏殿内，倾听宣表官员跪读传位诏书。然后，永琰被两位大学士引到乾隆御前，俯伏跪地，接受老皇帝亲授的"皇帝之宝"，再率领群臣向老皇帝行三拜九叩大礼，恭送从此成为太上皇的乾隆起驾还宫。之后方才御殿登极，接受百官朝贺。

典礼的前半部分进展得比较顺利，而后半部分却出现了一个不小的波折。当皇太子永琰率诸王、大臣恭贺乾隆皇帝为太上皇礼毕，并率诸王、大臣恭送太上皇回宫安歇后，永琰强抑着满心的激动准备登上帝王宝座，礼官纪晓岚正要司仪诸王、大臣分班朝贺时，坐在宝座上的永琰突然制止："慢！"司礼官纪晓岚赶忙上前，不知出了何事，一问，脸上刷地失去了血色。御案上的传国玉玺不见了！群臣一下子都直了眼。

大宝适才就在御案上，那是个除了皇上没人能去的地方，现在忽然不翼而飞，肯定是让乾隆皇帝带走了。没有大宝还朝贺什么，这算什么内禅大典呢？群臣你看我，我看你，谁也没办法。永琰更是急得直搓手，说不出一句话，大殿上寂无声息。

纪晓岚作为礼官，一切都是按他拟定的安排进行的。可他哪里想到乾隆皇帝会来这一手，内禅大典失败，他怎么交代？刘墉突然开口道："自古以来，不曾有无大宝之天子，我刘墉愿即刻往见太上皇，请稍候！"纪晓岚随着跟出大殿，同刘墉一起来到乾清宫："臣等叩见太上皇万岁万万岁！"乾隆皇帝带回大宝，心里也颇为不安，见刘墉、纪晓岚追进来，却故作惊讶地问道："你们怎么来了？太子登位，朝贺事毕了吗？"纪晓岚立即回答说："回皇上，诸臣尚未朝贺"，乾隆皇帝仍装糊涂地问道："这是为何呀？"

刘墉是急性子，见乾隆皇帝仍装糊涂，便直截了当地说："回皇上，自古以来，天子临政当有大宝在身，陛下传禅不与大宝，百官朝贺，贺出无名！"乾隆皇帝见话已至此，便说道："大宝暂由朕掌管，又有何妨呢？"纪晓岚见事情要出现僵局，便赶紧给乾隆找台阶下，说："臣查阅古今，无传禅不传大宝之事。陛下向以尊崇古典圣训，今日之事，臣思其罪在臣，未能将历朝载记一一列举奏明于陛下。"不料乾隆皇帝并不吃这一套，说道："此事，和爱卿曾奏请再三，朕也是思想过了的，如今，朕躬尚健，社稷一时放心不下，待朕精力不及之时，再传大宝就是。"

刘墉心想，这样不痛不痒地要来要去，他是不会交出大宝的，干脆一语道破，于是道："陛下恕臣直言。臣以为陛下传大宝，并不妨碍陛下心系社稷。如果陛下以念天下社稷为由，传禅而不与大宝，天下臣民必有

留得清白在人间
——
刘
墉

他说，会说陛下念社稷是假，而恋天位是真。"乾隆皇帝向来标榜自己以天下之心为心，以天下之念为念，听到刘墉这番话，心上一震，捻着胡须思索有顷，道："太子会这样想吗？"刘墉、纪晓岚同声道："太子做何思想臣等不知，臣等确实是这样想的。"乾隆皇帝捻着胡须，默然不语。纪晓岚见事有转机的可能，便又唱起红脸说："臣思，陛下乃太上皇，日后太子一切都会听从陛下，望陛下不必多虑。"刘墉也不断给乾隆施压："如今百官皆于大殿等待大宝，请陛下速作明断。"乾隆皇帝思来想去，觉得自己的心思已被识破，况且，不交出大宝内禅大典不能进行，当然会被天下臣民说三道四。他后悔自己做了一件傻事，哀叹一声道："朕只是不放心社稷，不想惹出如此误解，既如此，二位爱卿就把大宝取走吧！"

大宝是皇上随身携带之物，现在乾隆皇帝把大宝带回了乾清宫，刘墉、纪晓岚却是吓死也不敢去拿。还是纪晓岚来得快，道："陛下，臣以为六十年来，大宝无一时离陛下之身，今陛下随手将大宝带回，实属情理之中。今陛下传禅，如将大宝亲授太子之手，一定会成为千古美谈的！"乾隆皇帝一听，觉得这是最体面不过的台阶了，连连称"好"。

纪晓岚先一步回到太和殿，新加"传授大宝"一项。永琰按纪晓岚安排，迎于太和殿外，待乾隆皇帝至前，大礼叩拜。之后，父子携手来到御座前，纪晓岚一声："传授大宝！"礼乐齐奏，永琰再跪，乾隆皇帝手捧传国玉玺，放到永琰高过头顶的两只手上。事毕，乾隆皇帝复出殿回宫，永琰接受诸王与百官朝贺，欢呼之声，久久不绝。

升任大学士，荣誉胜实质

刘墉于乾隆四十五年（1780年）为湖南巡抚，乾隆四十七年（1782年）调回京师，任左都御史，这两个职务都是中央与地方的最高长官。不久，刘墉又升任吏部尚书。如果按此发展，刘墉应很早任大学士，或进入军机处成为军机大臣。刘墉于乾隆五十年（1785年）任协办大学士，而和珅先于刘墉几个月，也是以吏部尚书任协办大学士的。但和珅发展极快，早在乾隆四十一年（1776年）即是军机大臣，而乾隆五十一年（1786年）即由协办而升为大学士。与之相比，刘墉的协办当了四五年，不但未"转正"，还于乾隆五十四年（1789年）因上书房事件丢了"协办"，直到嘉庆二年（1797年）才成为大学士。

早在嘉庆元年（1796年）正月二十七日，也就是嘉庆皇帝登极不到一月的时候，刘墉书写了《与会稽王笺》，其中说：古人耻其君不为尧舜，北面之道，岂不欲尊其所事以隆往代？况遇千载一时之运，顾智力屈于当年，何得不权轻重而处之也。今虽有可欣之会，求诸己，而所忧乃重于所欣。《传》云：自非圣人，宁必有内忧。今外不宁，内忧已深。古之宏大业者或不谋于众，倾国以济一时之功者，亦往往有之，诚独运之明足以迈众，暂劳之弊，终获永逸者可也。求之于今，可得拟议乎？夫庙算决胜，必宜审量彼我，万全而后动。切就之日，便当因其众而即其实。今功未克

留得清白在人间
——
刘墉

期，奈何！

刘墉的话闪烁其词，但明确指出君主不能一人"独治天下"，必须有贤人辅佐。也可能是刘墉认为嘉庆不如乾隆，才发出这番议论。

在另一封家信中刘墉说：直隶去冬无雪，至今未雨。河南之河北三府亦然，西府亦然。宵旰焦劳之甚，祷请之诚，外间不能得知；得知者，高官厚禄，毫发无补，疚心而已。京第如常，亦是忧贫，然不以为忧者，目睹京中情势，生齿日繁，物力日耗，八旗生计，筹划数十年无所办也。

尽管内外多艰，继位之初的嘉庆并不能有所作为，一切军政大权仍操于父皇乾隆之手，嘉庆只视上皇之动静，而"一不转嘱"，"上皇喜则亦喜，笑则亦笑"。

刘墉无疑受到嗣皇帝嘉庆的信任。这不仅因为刘墉是当时少有的不与和珅同流合污的老臣，而且，他们早有上书房相处的经历。嘉庆三年三月，朝鲜使者说：和珅权力之专擅，越来越严重，朝廷内外人皆侧目，莫敢谁何……新皇帝平时居处或与临朝听政，沉默持重，喜怒不形于色。而当开经筵讲席，引接大臣毫不疲倦，虚心听取大臣们的意见，所以参与经筵的大臣，讲解文义时，都能尽心尽意地去讲解。阁老刘墉的话，新皇帝采纳最多。皇上眷注他，超过其他诸臣。大致说来，刘墉一向负朝野之望，为人正直，独不阿附于和珅。

也许正因为嗣皇帝的眷注，刘墉终于在嘉庆二年（1797年）三月获授早已应授予的大学士一职。但在所发上谕中仍加入了此前乾隆给予的责备之语："大学士缺出已有数月之久，现在各尚书内，刘墉资格较深，著补授大学士。但他向来不肯实心办事，行走颇懒，兹固无人可选，令他擢升此任。朕既加恩，务当知过，倍加感激，勿自满足，勉除积习，以副恩眷。"

意思很明白，刘墉有不肯实心办事的毛病，本不该升大学士，只因现时缺乏合适人选，故让其补大学士缺；刘墉应感激皇恩，克服自己行走懒惰的坏习惯。

有关此事，朝鲜使者曾说："刘墉为人耿直，随事向皇帝进行规谏，皇帝为体谅他年老勤苦，特拜体仁阁大学士，使之闲养，体仁阁大学士一职因此而创设。而阁在太和殿东，别无所管之务，故人皆以外示优老之礼，而内售疏远之意。"

需要说明的是，体仁阁大学士一职并非此时始创，而是早有此位，只不过是因清代内阁大学士职能弱化，不参与军国大事，故三殿、三阁大学士一直不设全员而已。但当时大学士中，因阿桂病逝，和珅晋升首席阁老，王杰又因年老体弱不能管理实务，只刘墉与董诰尚能与和珅地位相匹，故应为嘉庆所倚重则是事实。

参与和珅案，请保其全尸

嘉庆四年（1799年）正月初三日，一个预料中的事件终于发生了。太上皇乾隆终于走完了他的人生历程，以89岁高龄病逝于养心殿，从而结束了乾隆时代。对于这位"十全老人"的安详逝去，朝野官员和平民百姓的反应是平静的。而对于嘉庆来说，心情自然是矛盾的：一方面，作为一个孝子，丧父毕竟是不幸的；另一方面，作为一个嗣皇帝，可从此得以亲

政，放开手脚去施展自己的抱负，按照自己的意愿去处理军国大事，这无疑又是不幸中的幸事。对此他也早有思想准备。

正月初四日，也就是乾隆病逝的第二天，嘉庆即命夺去乾隆宠臣和珅军机大臣和九门提督两职，只命他与福长安一道守值殡殿。这实为惩处和珅做准备。与此同时，嘉庆以上谕的形式，对乾隆年间的历史功绩进行了评价，实则揭露和珅专权下的种种积习流弊，无疑是对和珅的棒喝。结合当日剥夺和珅军机大臣、九门提督职务，明眼人不难看出嘉庆有意拿和珅开刀的，故给事中王念孙和御史广兴等纷纷上奏弹劾和珅的种种不法行为。

据载，当时参与除掉和珅的只有几个人，而刘墉则是其中之一。又据《随园诗话补遗批语》称，乾隆为太上皇时，刘墉不敢与和珅正面交锋，太上皇死后，刘墉"从而排挤之"。

嘉庆以御史弹劾为根据，宣布夺大学士和珅户部尚书之职，福长安等捕狱治罪，特命仪亲王永璇、成亲王永瑆前往宣旨，由武备院卿、护军统领阿兰保监押以行。并命永璇总理吏部、成亲王永瑆总理户部及三库，从而为诛除和珅作了组织方面的准备。

十一日，嘉庆为和珅问题特发上谕将和珅革职拿问。

接下来便是发交各省督抚进行议罪。

各省督抚中，从前与和珅关系密切者巴不得赶快与之脱去干系；看不惯和珅所为者更是随声而起讨伐，纷纷要求将和珅凌迟处死。如直隶总督胡季堂上奏说："和珅丧尽天良，非复人类，种种悖逆不臣，蠹国病民，几同川楚贼匪，贪黩放荡，真一无耻小人，丧心病狂，目无君上，请依大逆律凌迟处死。"虽对比不当，但处死和珅的建议却颇合嘉庆心意。几天后，和珅被赐令自尽。

在大局已定的情况下，下嫁和珅之子丰绅殷德的和硕十公主，涕泣请全和珅肢体，屡屡恳请不止。大臣董诰、刘墉亦乘机进言，认为和珅罪大恶极，虽千刀万剐犹属轻罚，然而是曾任先朝的大臣，请从次律，所以嘉庆在量刑上作了一些变通，于正月十八日下达上谕，赐令和珅自尽，福长安斩监候，秋后处决。

在处理和珅一案的全过程中，刘墉始终参与。据朝鲜使者称，正月初四日刘墉和朱珪即被嘉庆召入宫中，在最后处置和珅时，刘墉和董诰"乘间言，珅罪虽万剐犹轻，但曾任先朝大臣，请从次律"。

清除和珅后，刘墉、王杰等人开始受到重用。据朝鲜使臣曹锡中的报告：各部院机要之任，皆以满人居之，汉人则不过备员，自是家传旧法。自新皇帝亲理万机之后，并用满汉，如刘墉之清谨，王杰之醇确，素所倚重，而用为大臣。

老骥伏枥，发挥余热

在嘉庆亲政之初，百废待兴，其中漕运、河务、吏治被称为三大政，刘墉以80岁高龄，亲自进行漕运问题的调查研究。严格说，早在嘉庆亲政前，刘墉已经开始为解决河漕问题奔波了。

嘉庆三年（1798年）四月初，山东齐河县武生戴云龙，控告知县侵蚀舞弊案发，刘墉奉派与尚书庆桂一道前往查办。结果得知，只有修理仓库勒派钱粮、车辆，漕粮折价不公三款事属有因外，其余各款则属诬陷，戴云龙问拟如律。在查办山东齐河县呈控案件前，刘墉和庆桂还曾奉命视察山东曹州段黄河工程，并将有关险情报告了嘉庆帝。这时，河道总督李奉翰等恐嘉庆帝降旨怪罪，也将有关工程情况具折上报。嘉庆看后极为生气，下旨革去其翎顶，以示薄惩。

嘉庆命刘墉调查河工情况。五月七日，刘墉将查勘情形具折奏闻，内称：决口已成深塘，断难在此实施堵筑；开放引河与堵筑决口相资并济。如果于事前先行挑挖引河，恐大汛时普漫停淤，请一并缓至七月后兴工。嘉庆接报后觉得所说情况与李奉翰所奏基本相同，很是高兴。遂令据实严参。

五月十一日，刘墉将查勘下游河道情形奏报嘉庆：下游一带，间有淤沙一二尺至六七尺者。嘉庆批道：可见前此办理未善。令秋汛后由该督实力挑浚。

嘉庆亲政之初，颇有作为，下旨将漕运陋规、多征费用裁掉，但引起了当事人的反对。

嘉庆四年（1799年）八月，新任漕运总督蒋兆奎奏请于州县浮收漕米内划出一斗贴给运粮旗丁，遭到嘉庆的否决。

十月，两江总督费淳也上奏建议于征收漕米时酌加收津贴，再次遭到户部和嘉庆帝的否决。至十一月下旬，在有漕督抚奏报筹款补贴运丁的情况下，嘉庆下令裁革应禁陋规。

在此情况下，蒋兆奎愤欲辞职，遭嘉庆申饬后，又提出以漕项银两预借旗丁分年扣还的暂行办法。结果仍遭户部和嘉庆的否决，只准多带土宜二十四石以资贝占丰。

五天后，蒋兆奎复奏时再以江苏、浙江、福建等花费为例，说明旗丁经费确不敷用。嘉庆看后指出：若如所奏，是清理漕务之事竟不可行。况津贴兑费，原视道路远近，酌定多寡，其路近省份，领银自少。今蒋兆奎竟不分别各省远近，概行牵混入奏，而又将造船之费一并列入，乃蒋兆奎执廖之见尤甚于前。看来蒋兆奎难胜漕督之任，嘉庆令其解职。

　　不久，山东巡抚陈大文奏报山东漕帮旗丁经费陋规名目，嘉庆看后更为惊异，称：如果说革去浮费，兑运尚有不敷，有谁相信这话？若如单内所开各种浮费，不行禁革，即再增津贴，又有何益？且漕员取之州县，州县必取之小民，层层侵蚀，浮收之弊伊于何底！

　　在此情况下，刘墉经过认真分析，上奏嘉庆，建议从金派运丁过程中存在的问题入手办理：漕粮起运收米，行船为旗丁之专责，而州县金派旗丁，或将殷实之丁索钱卖放；贫丁若懦弱无能，或致自尽，以免累妻子，纳词状于怀中，诉冤苦于身后，此犹一人一家之事。贫丁之无赖者，不以为苦，挈家上船，居然温饱，自水次以至通州，盗卖官粮，无复畏忌。所卖既多，或凿船沉水，以匿其迹，或称漕粮交兑本不足数，抵通弊混，同归于无可考据，卸桅拆柁，无所不卖，及至回空，仅存船底。于是新漕起运之时，船已不可复用，此亦州、县、府、道不职，而督抚两司不能察吏之一端也。请敕下有漕省份督抚两司，严查州县，务金殷实丁户，或一人力薄，数家帮贴，则卖粮拆船之弊可免。

　　此议为嘉庆所采纳。但这些都不足以解决漕运经费不敷使用的问题。

留得清白在人间
——刘墉

刘墉与君臣的关系

近些年来，荧屏上经常出现乾隆、刘墉、和珅、纪晓岚（纪昀）斗智斗勇的故事。那么，历史上他们之间的关系究竟怎样？

先说刘墉与乾隆的关系。传统相声《官场斗》，把刘墉说成是连皇帝都不怕，连皇帝都敢捉弄的角色，这在古代当然是不可能的了。但乾隆对股肱老臣刘统勋的儿子刘墉很照顾，这倒是不假：刘墉被外放做安徽和江苏学政，乾隆都有诗相赠，可见关注与期许；后来，刘墉因阳曲知县段成功亏空案被判斩决，乾隆也是看在刘统勋的面子上从轻发落并重新起用。

当然，刘墉作为官场中人，自己也很注意搞好和乾隆的关系。乾隆四十二年（1777年）秋天，当时任江苏学政的刘墉向乾隆皇帝奏请自行刊刻乾隆的《御制新乐府》《全韵诗》，使之在江苏全省流布，并建议敕发各直省刊刻。这一建议自然让乾隆皇帝觉得很舒服，此后一段时间里，刘墉的官职也升迁很快。

刘墉与和珅的关系，总是人们关注的焦点。人们习惯于把二人的关系描述为忠奸对立、水火难容。的确，刘墉并不阿附和珅，而基本采取的是独善其身的做法。朝鲜书状官徐有闻说，"和珅专权数十年，内外诸臣，无不趋走，惟王杰、刘墉、董诰、朱珪、纪昀、铁保、玉保等诸人，终不依附。"但通过前文的分析已经可以知道，当刘墉入京任职之后，他首先是调整了自己的为官处事策略，变刚直方正为滑稽模棱，所以不可能和权势遮天的和珅做针锋相对的对抗。不过值得注意的是，当乾隆帝"龙驭上宾"之后，已是体仁阁大学士的刘墉却积极参加了对和珅的处理，在其中发挥了重要作用。

乾隆帝死后的次日，嘉庆帝即夺和珅军机大臣、九门提督等职务，并复刘墉上书房总师傅一职，入内当值，以供随时咨询。随后，各省督抚及给事中，纷纷上章弹劾和珅，要求将他处以凌迟。不过，刘墉等人建议，和珅虽然罪大恶极，但是毕竟担任过先朝的大臣，不得不为先帝留下面子，请从次律，即赐令自尽，保其全尸。

为防止有人借和珅案打击报复，避免案件扩大化，刘墉等人又及时向嘉庆帝建言，妥善做好善后事宜。结果，在处死和珅的第二天，嘉庆帝发布上谕，申明和珅一案已经办结，借以安抚人心。

和珅之案结束后，刘墉受赠太子太保，可见嘉庆帝对他的肯定。和珅之案的处理，颇得时人的称赞。由此也可见，刘墉并未因公务泄私愤，而是充分体现了一位群臣领袖应有的风范。

刘墉与纪昀的关系则相当融洽。纪昀出自刘墉之父刘统勋的门下，两人有师兄、师弟之谊。大学士英和在其《恩福堂笔记》中记载，纪昀与刘墉关系极好，纪昀才思敏捷，刘墉字写得很好，故纪昀常请刘墉为自己写对联。比如"浮沉宦海如鸥鸟，生死书丛似蠹鱼"，是纪昀非常喜欢的诗句，生前他曾将此诗作为自挽联。纪昀去世后，刘墉即将该诗写下来，作为挽联相赠。

刘墉与纪昀都好收藏砚台，两人也时相赠送唱和。乾隆五十七年（1792年），刘墉赠给正任都御史的纪昀一方砚台，还特意在上面题识：

留得清白在人间——刘墉

纪昀喜欢我的黻文砚，因而我把它送给他，而书之以铭文，"石理缜密石骨刚，赠都御史写奏章，此翁此砚真相当"。这在当时被传为佳话。蒋师瀹也题此砚说：

> 城南多少贵人居，歌舞繁华锦不如。
>
> 谁见空斋评砚史，白头相对两尚书。

嘉庆八年（1803年），刘墉又曾送给纪昀砚一方，称："送上古砚一方，领取韩稿一部。砚乃朴茂沉郁之格，譬之文格，为如此也。"纪昀也记载道：刘墉送我砚一方，左侧有"鹤山"字，认为是宋代的东西，但我并不以为然。但刘墉又说，"专诸巷所依托，不过苏黄米蔡数家耳。彼乌知宋有魏了翁哉？"大意是说，仿照宋代的古董，一般都宣称是苏东坡、米芾等人的东西，怎么会假冒魏了翁的名号呢？纪昀承认，刘墉所言，"是或一说矣"。

嘉庆九年（1804年），刘墉去世之前，还给纪昀送过砚，纪昀在砚上题词说，"余与石庵（刘墉）皆好蓄砚，每互相赠送。亦互相攘夺，虽至爱不能割，然彼此均恬不为意也。太平卿相，不以声色货利相矜，而惟以此事为笑乐，殆亦后来之佳话欤？"

除了写诗赠砚，两人还经常在一起畅谈佛法。可见两人私交甚好。

大厦将倾有人扶

——曾国藩

曾国藩，初名子城，字伯涵，号涤生，谥文正，汉族，出生于湖南长沙府湘乡县杨树坪（现属双峰县荷叶镇），晚清重臣，湘军的创立者和统帅，思想家。他是晚清中兴四大名臣之一，官至两江总督、直隶总督、武英殿大学士，封一等毅勇侯。

曾国藩是中国历史上真正的"睁眼看世界"并积极实践的第一人。在曾国藩的倡议下，建造了中国第一艘轮船，建立了第一所兵工学堂，印刷翻译了第一批西方书籍，安排了第一批赴美留学生。可以说曾国藩是中国现代化建设的开拓者。

他志向远大，性格倔强，意志坚毅，勤学好问，一生致力于"修齐治平"。他是传统道德塑造的典范人物。

传奇的降生

清嘉庆十六年（1811年）十月十一日，在湖南长沙府湘乡县一个叫杨树坪的偏僻村庄，诞生了一位对晚清历史影响颇大的人物——曾国藩。

曾国藩没有显赫的家世，直到他的祖父曾玉屏时才成为当地一个拥有100多亩土地的小地主，而他的父亲曾麟书43岁时才考取秀才。但是中国人总是喜欢把一些灵异之事附会到大人物身上，对曾国藩也不例外。

传说曾国藩出生的前一天晚上，其曾祖父曾竟希做了一个梦：一条巨蟒，盘旋空中，旋绕于宅之左右，接着入室庭，蹲踞良久。老人第二天早晨百思不得其解，随即有人告诉他："恭喜公公，今早添了一个曾孙。"老人一听，恍然大悟，认为这新出生的曾孙就是那条蟒蛇投的胎。他联想起唐朝名将郭子仪出生时其祖父也梦见大蟒蛇进门，因此认为曾家将来也要出一个大贵人。很快曾国藩是蟒蛇投胎之说就在当地传开了。随着曾国藩的名气越来越大，这个说法也就越传越远。

事也甚巧，曾国藩生有疥癣，小时还并无多大痒痛。到了35岁以后，曾国藩的功名官运，一天一天地高升，他身上的疥癣也随着一天一天地扩大，简直奇痒无比。曾国藩在日记中多次记载，苦不堪言。

在曾国藩祖屋的后面，"旧有古树一株，为藤所绕，树已槁而藤且益大且茂，矫若虬龙，垂荫一亩，亦世所罕见者"。这条巨藤，活像一条巨蟒，乡人称之为蟒蛇藤。曾国藩在世时，藤叶藤枝，迎风摇曳，得意扬扬；待曾国藩死后，该藤就叶落枝枯，不久就死了。人们对此觉得很是奇怪。

这样，巨蟒入梦，癣如鳞，祖屋藤似蟒蛇，种种异事都发生在曾国藩身上。有人因缘附会，杜撰了曾国藩是巨蟒转世的神话。

曾国藩出生时，封建社会已是岌岌可危。只是当时西方列强还没有入侵，国家仍是按部就班地运行着。因此读书人的第一要务，自然是好好读书，参加科举，求取功名。从小就被家人寄予厚望的曾国藩，开始了他的求学之路。

先交代一下清代螺旋迂回一眼望不到头的科举制度。当时的考试分三个等级：童试、乡试、会试。童试三年两试，考中的人被称为生员（即秀才），考中秀才才有参加乡试的资格。乡试机会难得——三年等一回，因此又称大比，由于在秋季举行，也叫秋闱。乡试考中者称举人，考中举人者就有了做官或进一步参加会试的资格。会试也是三年一试，于乡试的次年春季在京师举行，所以称为春闱。会试考中者就是进士，再经朝考后，成绩优秀者位列三甲，进翰林院庶常馆深造三年，称为庶吉士，散馆后留院者便成为翰林学士，朝考及散馆落选者则授予京城或地方的官职、教职。

乡、会试又有恩科，是逢朝廷庆典，由皇帝特旨举办。又有副榜与贡生的名目，副榜是乡试成绩优秀，却因名额限制而未能录取的秀才，贡生则是品学兼优，由地方保送到京师深造的秀才。二者均可入国子监肄业，并有参加乡、会试的资格。

童试是最初级的考试，又称小考或小试，实则却不容"小视"，因为

大厦将倾有人扶——曾国藩

考上绝不容易，要经过三关：县试、府试、院试。县试由知县主持，每日一场，要连试五场，内容是八股文、试帖诗、经论、律赋等。县试通过者方可参加府试，府试由县上一级的知府主持，内容与县试略同。府试录取者还要参加由各省学政主持的院试，学政由皇帝钦派，一任三年，负责为朝廷甄拔人才，主持各省的科考事宜。院试是童试中最为关键的考试，这次考试通过后，童生们不仅能获取秀才的功名，还可以进入府县学官，享受公家的钱粮补贴（廪饩），安心读书，奠定仕途的基础。

童生在通过童试、获取秀才功名前，什么也不是，顶多算个读书人，在村塾或家塾中教教书，混口饭吃。有不少人终生应试不辍，须发皆白，儿孙满堂，却仍不过是个老童生，可笑可悯。比如曾国藩的父亲曾麟书从十几岁考到四十多岁，依然天真，是个名副其实的"童"生。

曾麟书是个很有耐心的好老师和好父亲。

曾麟书自知天分不高，自己想取得功名是没有什么希望了，于是便把满腔热血都灌注在了儿子身上。曾国藩从小就很沉静，很少啼哭，和其他小孩有明显的不同。嘉庆二十年（1815年），也就是他4岁的时候就学认字，取学名叫子城，字伯涵。"城"是"成"的谐音，也就是渴望儿子早日成龙。

他教儿子倒也没什么高招，但是很好用，就是重复重复再重复。从儿子8岁起他就把他带在身边，无论出门还是睡觉，从早到晚不停地督促、指导，耳提面命，如果他不懂就耐心地再讲一遍。就连吃饭、走路、睡觉都嘟嘟囔囔，爷俩相互提示，背诵诗书、议论文义。与其说多了个儿子还不如说多了个学友。

从那时起，曾国藩跟着父亲学习，一学就是整整8年。他虽然顽劣非常，却对那些佶屈聱牙的八股文章，表现出足够的耐心。平时，曾国藩总是显得格外懂事：他按时完成先生布置的作业，无论是背诵还是作文，都持之以恒。一切非高妙的学习过程，在很大程度上就是一种耐心比拼的过程。因为扎实和专注，曾国藩的学业比别人更为优秀。

曾国藩从小就很有心计，顽劣异常，和其他的孩子一样喜好报复，如果有人得罪了他，他总会找机会"找补"回来。

嘉庆二十四年（1819年）下半年，8岁的曾国藩随父至桂花塘一位姓欧阳的人家中就读。一天，他与主人家小孩发生口角，主人很宠惯自己的孩子，不问青红皂白就把曾国藩痛骂了一番。无奈，在那里当塾师的曾麟书连连给人家道歉。曾国藩把这件事暗记在心，到了放学的时候，偷偷把主人家的金鱼缸底部打破，水干鱼死，这才解恨离去。

无独有偶，12岁时曾国藩和小伙伴在神王庙里玩，不小心把神王翻倒在地。曾竹亭狠狠地训斥了他一顿，还给神王重新装了金身。为了让曾国藩摆脱与邻居小孩的嬉游，曾竹亭带着曾国藩到距家6里的九峰山古锣坪定慧庵去读书，早出晚归。从此，曾国藩路过神王庙时，常把当做马骑的竹棍系上绳子，放在神王肩上，气愤地说："搭帮你，我到山冲里读书去了！你好好把我的马看着，如果我的马走了，一定饶不了你！"

再加上曾国藩的外形有点不雅：天生一对三角眼，似闭非闭，个性内向，有什么事，常在心里打圈圈，所以，人们给他取了个外号，叫"闭眼蛇"。

曾国藩在少年时和所有孩子一样，也是斤斤计较、睚眦必报的，但是，和一般人不同的是，曾国藩并未长期沉溺于此，而是十分注重自己道德品行的提高，常常自我反省。这样，他才成为了一个不平凡的人。

大厦将倾有人扶
——曾国藩

春风得意马蹄疾

曾国藩6岁从师入学，14岁应童子试，先后考了7次，到21岁才成为生员（秀才），第二年中湖南乡试第36名举人。道光十八年（1838年），正是会试的年头，27岁的曾国藩又要发起新一轮的冲锋了。

曾家以农为业，本来就不富裕，为了凑足曾国藩上京赶考的路费，只好东挪西借，总算凑了32缗（一缗即一串铜钱，一般每串一千文）。那时候可没有高铁，从湖南到北京，曾国藩只好跟宁采臣似的，背个简易可折叠原木书箱，遮阳避雨油灯照明一条龙，水路行舟，陆路车马，舟车劳顿，耗时月余。

一路上，曾国藩省吃俭用，即使如此，当他千里迢迢赶到京城时，口袋里仅剩下三缗钱了。艰难困苦，是成就事业前的必经的磨炼。曾国藩没有灰心伤感，相反意志越来越坚强。此刻，唯有背水一战了！

这一年顺天会试的主考官是大学士穆彰阿，满族大儒，在当时不多见；副考官为朱士彦、吴文熔、廖鸿荃。也正是在这一年，穆彰阿与曾国藩开始了师生情谊，日后，他对曾国藩的影响可谓深厚。

本科会试的题目是道光帝亲自拟定的：首题《言必信，行必果》，次题《万物并育而不相害，道并行而不相悖》，三题《颂其诗，读其书，不知其人可乎？是以论其世也，是尚友也》；诗题《赋得泉细寒声生夜

大清名臣故事

壑》。

曾国藩这一回提笔再也不觉得生涩了，这几年，他增长了阅历，读书也下了苦功，文章更加磅礴，提起笔来，文思汩汩而出。

很快，在惴惴不安的等待中结果下来了——曾国藩取得会试第38名，接着，殿试又取得三甲第42名，赐"同进士出身"。科举制度规定，殿试后，及第者皆赐出身，称进士。且分为三甲：一甲只有3人，从高到低就是大家熟知的状元、榜眼、探花，赐"进士及第"；二甲赐"进士出身"，三甲赐"同进士出身"。对于自己的成绩，心高气傲的曾国藩有点灰心丧气，"同进士出身"，毕竟还不是真正的进士。

接下来是由皇帝亲自主持的朝考，曾国藩信心不足，在朋友们的力劝之下，只好期期艾艾地参加了。朝考的作文是《顺性命之理论》，曾国藩略略思考之后，下笔如神，阐述了人在天地之中应取的态度，论证了程朱理学的一些观点，颇得精髓。曾国藩大概属于临场发挥型选手，这一次异常出色，朝考得了一等第三名！更好的事情还在后面——道光帝亲自读了曾国藩的作文后，非常喜欢，将他提为一等第二名，改庶吉士。

这个"庶吉士"是何方神圣？科举进士一甲者授予翰林修撰、编修。另外从二甲、三甲中选择年轻而才华出众者入翰林院任庶吉士。庶吉士一般为期三年，期间由翰林内经验丰富者为教习，授以各种知识，目的是让他们可以先在翰林院内学习，之后再授各种官职。情况有如今天的见习生或研究生。三年后，在下次会试前进行考核，称"散馆"。成绩优异者留任翰林，授编修或检讨，正式成为翰林，称"留馆"。其他则被派往六部任主事、御史；亦有派到各地方任官。能成为庶吉士的都有机会平步青云。

大厦将倾有人扶
——曾国藩

同进士入翰林，清朝开国以来仅曾国藩一人。

红翰林，是科举试途中的巅峰了，中央的极品大员、地方的封疆大吏，绝大多数是从翰林里选拔的。

曾国藩成功了，27岁入翰林院，可以说少年得志，平步青云了。

科举之路，是真正的"千军万马过独木桥"。当时的中国大约有四亿人口，读书人数以万计，每一科进士只有几百人，这个概率是真正的万里挑一。就说后来成为曾国藩死对头的洪秀全，生于1814年，比曾国藩小3岁，当曾国藩在科举路上奋斗的时候，他也在奋斗，可惜的是，他屡试屡败，最后连个秀才也没考上，索性把笔一扔："老子不玩了，我要打碎这套玩法，重新制定一套规则。"

曾国藩与洪秀全的斗争，从某种意义上说，都是科举惹的祸。

初见道光帝

在翰林院庶吉士见习期满的，照理都该是骡子是马拉出来遛遛，散馆考试后，拉到皇帝面前问询一番，由皇帝决定是走是留是块什么料，这叫"过班引见"。可是，中国自有中国的特色，要想早些被引见，请客吃饭送礼是在所难免的，礼尚往来，这是老祖宗留下来的特色。

家境比较好的庶吉士，在临近过班引见的日子，都是今天请礼部堂官，明天请吏部郎中，连宫里在御膳房当差的太监，也得孝敬个仨瓜俩枣的。

但是曾国藩就不行了：他出身农家，木讷又不太擅长交际；考虑到庶吉士的还贷能力，百两以上的银子钱庄和会馆都不肯借贷；若只借十两二十两的，又办不了事。无奈，曾国藩只能干耗着。

不久，翰林院庶吉士陈启迈、白殿壹、洪洋、刘向东等基本都被引见，被分发江西、广西、湖南、湖北等地当知县。

此刻的曾国藩真是度日如年，好在曾国藩不急不躁，当然着急也没有用。他每天照常去翰林院当值，却每天都盼着引见的通知，可连吏部知示的影儿都看不见。吏部不上报，皇上又日理万机，如何能知道还有一名该引见的庶吉士没有引见？吏部耗时日，往后拖引见的日子，说穿了，就是干耗庶吉士的银子。

曾国藩索性来个东南西北风——你耗我也耗，看谁装到底。为了让自己平心静气，他最大的消遣便是背书、写字、写诗词。

此时，他收到学友刘向东的来信，信中说自己已经见过湖南抚院，近日抽闲便告假去湘乡代他看望家人云云。短短一封书信，看得曾国藩两行眼泪流了下来，的确，看到昔日同窗已经施展拳脚，自己却还窝在翰林院无所事事，个中滋味，真是一言难尽。

一天天苦熬着，好在该来的还是会来的，只不过是时间早晚的问题。

道光二十年（1840年）四月，29岁的曾国藩参加散馆考试，题目是《正大光明殿赋》。曾国藩认真作答，第二天揭榜，他列二等第19名。

千盼万盼，吏部通知引见的文书终于下到翰林院。引见的时间是次日午后。

看到吏部文书，曾国藩往日的愁容不见了，兴冲冲回到会馆，茶房看见曾国藩如此高兴，不禁追问："翰林公今天眉开眼笑，有什么大喜事

大厦将倾有人扶——曾国藩

151

吗？"

曾国藩笑着回答："明日午后过班引见。"

茶房也跟着高兴起来，"这可是大喜事！小的可得通知伙房，晚饭给翰林公加个菜！"

晚饭桌上，会馆果然免费给曾国藩加了个猪杂碎。

曾国藩知道这是会馆的老例，也就没客气，趁着好胃口，风卷残云般吃了个精光。

第二日午后，曾国藩小心翼翼地走进圆明园中的勤政殿，见到道光帝后，急忙跪倒。随侍在侧的太监总管把曾国藩的履历呈了上去，等着道光帝发问。

道光帝先把曾国藩的履历看了看，随口说道："曾国藩，你抬起头来，朕有话问你。"

面试就这样开始了。

曾国藩急忙抬起头来。心难免怦怦怦地跳个不停，虽说道光帝连鸡蛋多少钱一个都不知道，但他毕竟是万人之上的皇帝啊。

正是盛年的曾国藩虽然也还算眉清目秀，但天生一对八字三角眼，有照片为证，有图有真相。这可就麻烦了，因为道光帝对长三角眼的人一向很反感，认为这种人贪婪又狠毒，不会有什么大的作为。在道光帝印象中，好像历朝历代的反王们都长着一对三角眼外加满脸横肉。

参加过面试的人都知道，第一印象很重要，曾国藩偏偏没有给道光帝留下好印象。

曾国藩的前途难道就这样被画上了句号？幸亏老天有眼，可能道光也怕错过一个人才，就多问了几句，曾国藩这才有了施展才华的余地，否则，历史上也许就不会有曾国藩这样一个叱咤风云的人物了。

道光帝顿了顿问道："曾国藩，你给朕说说，做官的第一要义是什么？"

曾国藩略一思索，小心地回答："回皇上的话，学生以为，做官的第一要义无非是个'廉'字。"

道光帝先是一愣，接着反问，"持公平难道不重要吗？比方说你断官司，不公平，怎么能服人哪？朕交给你办的事如何能办好啊？"

曾国藩低头回答："回皇上话，皇上教训的是。但学生以为，官员不廉洁就不会公平处理事情，请皇上明鉴。"

道光帝又问："如果你到地方上去做知县，你要做的第一件事是什么呀？"

曾国藩略一思忖，回答："回皇上话，开民智与清诉讼，应当是重中之重。"

道光帝忽然笑了笑："这倒新鲜！放着钱粮不管倒要开民智，如何要先开民智？"

曾国藩答："皇上圣明。开民智是为了让百姓懂法守法。民智不开，百姓必定愚昧，地方上的治安一定不好治理。而钱谷都是有记载有数字的东西，早晚清理效果应该是一样的。"

道光帝反问："照你所说，百姓知法才能守法。和珅官至将相，很多国家法令就是他制定的，可到头来仍然犯法，这应该怎么解释呢？"

一环接一环，道光帝的问题一个比一个雷。回答这样的问题，不能有丝毫差错，否则后果不堪设想。

曾国藩额头上冒出了冷汗，脑筋一转，又回到了自己刚才说的"廉"

大厦将倾有人扶
——曾国藩

字上，这才把话圆回来。他答道："皇上圣明。犯官和珅知法但目中无法，眼里只有银子。从古到今，官员堕落都是因为个'贪'字。"

道光帝看着曾国藩不再言语，好半晌才道："下去候旨吧。"曾国藩叩头退出。道光帝提笔在曾国藩的履历上批的是：面相不雅，答对却明白，能大用。

最后圣谕下达：庶吉士曾国藩即日起实授翰林院检讨。曾国藩转眼便成了清朝的从七品官员。

翰林院是朝廷储备人才的地方，虽然俸禄比较低，还没有什么油水，但前程远大。以后，一旦被起用，外放为府道，内用为京卿，往往不过几年就可以升迁为大官。此时的曾国藩，可谓是踌躇满志，但面对偌大的京城，一时还找不到自己的方向，那种被悬在半空、暂时还没有着落的感觉肯定是有的。

这是他为官生涯的起步，从此以后，曾国藩开始了12年的京宦生涯。

服膺理学

曾国藩是典型的儒者。在长沙岳麓书院读书时，他已经受到了儒学的系统熏陶。点翰林入院读庶吉士后，他更是踌躇满志，在给亲友的信中，充分表达自己要成为诸葛亮、陈平那样的"布衣之相"，而学问上要做孔孟那样的大儒。

这时，他只想像先贤一样。他立下了一个要成为大儒、成为圣贤的大目标。开始的一段时间，经、史、诗、文样样都学，司马迁、班固、杜甫、韩愈、欧阳修、曾巩、王安石、方苞、李白、苏轼、黄庭坚，以及近世诸家的著作，他都如痴如醉地泛读、死记，学问很渊博。后来因为受到唐鉴、倭仁等理学家的影响，开始专攻宋明程朱理学，尤其专注于朱熹。

理学是宋元明清时期的哲学思潮，又称道学。它产生于北宋，盛行于南宋与元明时代，清中期以后逐渐衰落，但其影响一直延续到近代。广义的理学，泛指以讨论天道性命问题为中心的整个哲学思潮，包括各种不同学派；狭义的理学，专指程颢、程颐、朱熹为代表的，以理为最高范畴的学说，即程朱理学。理学是北宋以后社会经济政治发展的理论表现，是中国古代哲学长期发展的结果，特别是批判佛、道哲学的直接产物。

唐鉴，字镜海，湖南善化人。道光二十一年（1841年），由江宁藩司调到京城任太常寺卿，道光皇帝在乾清门接见他，曾国藩授翰林院检讨，官秩七品，没有实职，在旁边侍驾。道光帝极力称赞唐鉴治朱子学有成就，并能按"圣学"之教亲自去做，是朝廷的好官。道光帝的当面称赞使曾国藩对唐又羡慕又好奇，于是，他主动到唐鉴的家里，以弟子礼拜访。年过花甲的唐鉴是知道曾国藩这位小同乡的，对他的勤奋好学，自投门下的谦恭很满意。巧的是，二人一见如故，谈得十分投合。

唐鉴对这个好学向上的晚辈很有好感，自然毫无保留。还自我介绍，一生读《朱子》，以之修身；所通一经为《易》。而修身检讨自己的最好办法是记日记，记日记就是照自我，一定要诚实无欺，日记有假就是欺心，欺心就该诛心。连最丑的私心都要写出来，最丑的事更不能漏，对着圣贤天天检讨，慢慢就达到圣贤的境地了。

有一天，曾国藩在京城琉璃厂闲逛书摊，看到一套全本的《朱子全

大厦将倾有人扶
——曾国藩

书》，心念大动。这个时候，30岁的曾国藩已然有了对天地人之间的疑问，也有了关于人生的初步感悟；那种对于世界的探秘意识也悄悄地潜入他的内心。曾国藩虽然一直熟读四书，对其中很多章节滚瓜烂熟，但那种方式的读书，都是为了应付科举考试，对于其中的奥义，却是生吞活剥一知半解。程朱理学在很多方面涉及对天地人的探寻，有着诸多哲学上的思辨，这些都让曾国藩很感兴趣。他很想了解宋明理学的精髓所在，也想真切探寻一下朱子的思想脉络：一个布衣书生如何释疑解惑，又是如何养成与天齐、与地同，凛凛不可撼的浩然之气呢？——曾国藩赶忙掏出银两，将这套书买了回去。

从此曾国藩与程朱理学结下了不解之缘。朱熹学说中关于理的客观性以及后天养气的主张，让曾国藩很是赞同。朱熹说：天下的事物，莫不有理，比如，君臣，有君臣之理；父子，有父子之理；夫妇，有夫妇之理；兄弟，有兄弟之理；朋友，有朋友之理；以至于出入起居，应事接物之际，莫不各有其理……朱子的学说大得曾国藩的赞同。

那一段日子，曾国藩的思想有了质的飞跃，是他在北京最有收获、也最感到温暖的一段时间。朱子思想的浩瀚与广大，绝不是那些死板而教条的八股所能比拟的。朱子的学说就像是在黑夜中为他打开了一扇窗户，将天宇中璀璨的繁星展示在他面前。

为了潜心修炼，曾国藩还在恩师唐鉴的指导下制订了严格的修身计划，美其名曰"日课十二条"。内容有：

一、主静：无事时整齐严肃，心如止水；应事时专一不杂，心无旁物。

二、静坐：每日须静坐，体验静极生阳来复之仁心，正位凝命，如鼎之镇。

三、早起：黎明即起，绝不恋床。

四、读书不二：书未看完，绝不翻看其他，每日须读十页。

五、读史：每日至少读史十页，即使有事亦不间断。

六、谨言：出言谨慎，时时以"祸从口出"为念。

七、养气：气藏丹田，修身养性。

八、保身：节劳节欲节饮食，随时将自己当作养病之人。

九、日知其所亡：每日记下茶余偶谈一篇，分为德行门、学问门、经济门、艺术门。

十、月无忘所能：每月作诗文数首，不可一味耽搁，否则最易溺心丧志。

十一、作字：早饭后习字半小时，凡笔墨应酬，皆作为功课看待，绝不留待次日。

十二、夜不出门：临功疲神，切戒切戒！

曾国藩始终保持一颗赤子之心。他乐观地相信，所谓本性不能移完全是虚妄之语，人的品行是可以改变的，就如同流水一般，无孔不入；人的情趣就像禾苗一样，加上阳光雨露的滋养就能健康成长。然而说起来容易做起来难，曾国藩也不例外：儿时的曾国藩本性并非宽容达观，成年后的曾国藩也不是老练沉稳的人，后来的曾国藩品性坚卓、为人通达，乃是他修身养性的结果。

曾国藩正是在"君子之志"指引下，抵制随波逐流，虽然经历了困惑挫折，最终还是修炼成了一代道德典范。

大厦将倾有人扶
——曾国藩

严苛的人格修炼

看着这个好学不厌的年轻人，唐鉴当然非常喜欢，也诲人不倦，还向他介绍了倭仁，认为倭仁这方面做得好，不自欺，不欺人，可称为圣贤了。

由于唐鉴的推荐，曾国藩就又去拜访倭仁。

倭仁（1804—1871年），清朝大臣，乌齐格里氏，字艮峰，蒙古正红旗人，道光进士，同治帝的老师。历任副都统、工部尚书、文渊阁大学士。曾国藩与倭仁都经历了嘉（庆）、道（光）、咸（丰）、同（治）四个朝代，完全是同时代的人。

倭仁是清末理学领袖，也是唐鉴的弟子，他的读书、修身也是跟唐鉴学的。

倭仁的教导与唐鉴异曲同工，只是在谈内省时，在实践中对自己的要求比唐鉴还要严格。他介绍说，自己的微念稍一萌动，就赶紧记在日记、书札中，在静坐时自己和自己"讨论"，把哪怕是点滴些许不合圣贤规范的想法，消除在思想深处的萌芽状态，使自己的心术、学术、治术归之于一。倭仁的"克己"之法，简直到了严酷、苛刻的地步。

然而，人性不是那么容易改变的，曾国藩毕竟只是而立之年，有着丰富的七情六欲，在严格的修身过程中，不可避免地会产生冲突，冲突的结果，是曾国藩更加自虐般地跟自己过不去——有一天，菜市口杀人，曾国藩不由自主地去看了。晚上，在写日记时，曾国藩严厉地检点了自己。还有一次，他的同年进士讨了漂亮的小老婆，曾国藩看到后，非常羡慕，回到家后看到自己的"黄脸婆"躺在床上生病，曾国藩联想到别人小老婆的如花似玉，禁不住叹了口气。这些，都被曾国藩写进了自己的日记，曾国藩就是这样每天反省着自己的"一闪念"，折磨着自己，而他也从这样的折磨中得到了更深层次的快乐。

　　另一件事也带给他极大的考验。在修身过程中他遇到的一个重要事情就是戒烟。年轻的时候，曾国藩跟中国所有底层百姓一样，学会了抽烟。多年的抽烟习惯使他的烟瘾很大，经常是烟袋不离手。每次吞云吐雾之后，曾国藩总感口干舌燥、咽部不适、头痛昏沉——于是曾国藩开始了戒烟，也开始了对自己的观察，他把戒烟的整个过程写进了日记。开始，他感觉到六神无主，整日里恍恍惚惚，甚至连人生也觉得毫无意义。不久，曾国藩实在抵御不住烟的吸引力，开始恢复吸烟，而且，烟瘾比以前还大。旧病重犯让曾国藩觉得羞愧。有一天，曾国藩气急败坏，掂了掂那根相伴多年的烟袋，双手握住两端，使劲往膝上一叩，烟袋"叭"地一声断为两截。当天晚上，曾国藩在日记当中写道："念每日昏锢，由于多吃烟，因立毁折烟袋，誓永不再吃烟。如再食言，明神殛之！"在此之后的数日里，尽管烟瘾发作时如上万只蚂蚁噬咬身体，曾国藩也强忍住，不让烟瘾复发。为了排遣身体和心理的紧张，他不断地找人下棋、聊天。这种痛苦难熬的日子持续了一段时间之后，强烈的感觉变得淡下去了。一个月之后，曾国藩终于成功戒烟了。当觉得自己的烟瘾恍如隔世时，他分明感受到了一种力量的支撑，那是一种来自内心的宏大力量。

大厦将倾有人扶
——曾国藩

任何一个成大器之人，都有一段对于灵魂的自觉过程。一个人，只有在这种深刻的内省和反观中，才能成就自己的大象之气。曾国藩同样也是如此。最初，曾国藩对于自己内心的修炼以及所谓的"格物致知"在很大程度上认识是幼稚的，但这样的方式，却使曾国藩经常面对自己，使另一个人格无法从自己的视野里逃脱。慢慢地，曾国藩的所有行为都限于这样的规矩中了。一段时间的检点和内省，就这样自然而然地改变了一个人的性格和行为，也成就了一个人的行为准则和习惯。理学逆向深入的自省方式，让曾国藩领悟了很多东西。

在修身的过程中，无意中，他将儒教和佛教联系起来。除了戒除自己的不良习气之外，曾国藩还开始尝试清除自己头脑中的不良想法和动机。这样的方式，也如同佛教中的静坐和参禅。每到傍晚，曾国藩照例都要静坐一会，就像驱赶魔障一样，驱赶存在于自己思想中的黑色或者灰色的雾霭。这是一种清教徒式的自省方式。曾国藩就这样变成了一个非严格意义的禁欲主义者，一个某种程度上的自虐者。虽然这样的过程痛苦、乏味、机械、生硬，但他一直努力去做了，也就坚持了下来。渐渐地，就如同佛教所阐述的"戒、定、慧"一样，这种理学的自修过程同样也有由戒生定、由定生慧的过程，有一种清明让曾国藩感到澄澈和清爽。

随着"修炼"的深入，渐渐地，曾国藩开始真正地明白理学的真谛所在了。他觉得这种修身的过程有意义极了，也有意思极了。一个人以如此的方式深入自己，也了解自己、改变自己，然后不断精进，最终达到一种精神和道德的合一。这种方式，也算是一种宗教情感吧，将人的有限智慧引入到无限的空间——宋明理学就是这样具有很多的宗教成分的，只不过，它一直没有确定一个反观的人格化神像，它是将人格化的神像转化为道德律了，以为道德是一种天生的纲常。这种做法本身，就带有强烈的宗教色彩。曾国藩就是在这样的学习与修身中，走了一条与宗教信仰类似的道路。

这段时间，对于曾国藩来说，是脱胎换骨的过程。理学对于人格的修炼，使得他无论是在学问上、人格上，还是在处世方法上，都跃上了一个新的台阶。他再也不是一个简单的、只会读古书写古诗作古文的书生了。给人的印象是，进入中年之后，曾国藩从一个循规蹈矩的学子变成了一个对于自己的思想体系有着强烈自信的人，他知道自己所走的，是一条滋养身心的道路。同时，曾国藩也变得越来越喜欢跟人探讨一切潜藏之"理"，他变得爱较真，爱认死理，并且遵循"理"来行动。曾国藩确立了自己的社会责任感，也确立了自己的人生抱负。他在桐城派姚鼐所提出的义理、考据、辞章三条传统的治学内容上，又增加了"经济"。在曾国藩看来，这四种学问缺一不可，而且"经济"更为重要。

这个词和现在的解释不一样。所谓"经济"，就是经世济民的真正学问，就是学要有所用，对于社会，要能派得上用场。这些经世济民的学问，才是真正实现"王道"的必要手段。曾国藩更清晰地明白"修身齐家治国平天下"的真正内涵，变得更有责任，精力也更为专一集中，做事也变得更趋完美。在翰林院的闲职任上，曾国藩并没有"两耳不闻窗外事，一心只读圣贤书"，而是利用大量时间，开始深入地调查、了解历朝历代的治乱兴衰、典章文物、学术思想和经国治民之道与术，清醒地关注着鸦片战争以来日益窳败的社会现实。

可以说，理学的钻研没有使曾国藩变得缥缈，相反，他变得更加脚踏实地，也变得更加智慧了。

大厦将倾有人扶
——曾国藩

书生治军，平定天下

　　从某种角度与意义而言，是太平天国起义"成全"了曾国藩。历史往往有着许多的机缘巧合。咸丰二年（1852年）六月，曾国藩被朝廷派往江西担任乡试主考官，并获准考试结束后可回乡探亲。当他行至安徽太和县小池驿时，接到了母亲江氏已于一个多月前去世的消息。清廷强调"以孝治天下"，要求官民"移孝作忠"。于是，回乡守制压倒朝廷公务，曾国藩立即换服奔丧，由九江改道西上。行至武汉，得知太平军正猛攻长沙，他便从岳州（今湖南岳阳）上船改走旱路，取道湘阴、宁乡，经过近一个月的旅途颠簸劳顿，才回到故乡杨树坪。这段非同寻常的奔丧经历，使得长期处于和平环境中的曾国藩对战乱有了亲身感受，对太平军的排斥异教、捣毁孔庙、焚烧书籍等文化虚无主义产生了切肤之痛。

　　就在曾国藩回籍守制的短短几个月之内，太平军势力迅速扩大，兵锋所指，各地清军或一触即溃，或望风而逃。他们占岳州、取武昌、下南京，攻城略地，如入无人之境，大有席卷全国之势。朝野一片惊慌，咸丰帝清醒地认识到，清廷所倚重的国防力量——八旗、绿营，早已不堪平叛重任，不得不加强兴办民间团练的力度。所谓团练，又称乡兵、练勇、乡团、民壮等，是地方乡绅自行筹办的临时性武装组织。作为正规武装的一种补充，团练负有守卫家乡故土之责。

正是在这种情形之下，丁忧在家的曾国藩接到一份清廷让他帮办湖南团练的谕旨。作为一名科举制度的受益者、清廷器重的政府官员，镇压太平天国运动，恢复封建道德伦理秩序，是他的职责与义务所在。然而，作为一介书生，要他马上转换身份带领一群以农为业的普通乡民，与清廷正规军都难以对付的太平军拼搏，结果只要稍稍想想，就会让人心惊胆战。于是，曾国藩写了一份奏疏准备请辞谕旨。

没想到奏疏正待发出之时，好友郭嵩焘受湖南巡抚张亮基委托，从省城长沙匆匆赶赴曾家，力劝曾国藩出山："今不乘时而出，拘于古礼，何益于君父？且墨绖从戎，古之制也。"曾国藩"本有澄清天下之志"，郭嵩焘的一番话也对他触动很大，但奏疏已拟，碍于面子，一时难以改变主意。郭嵩焘见他犹豫不决，又搬动其父曾麟书出面劝说。如此一来，曾国藩心头的所有疑虑涣然冰释——既可保全桑梓，又属遵循父命，可谓忠孝两全也。

中国近代历史的汹涌河流，也因曾国藩这一人生的重大转折，拐了一个大弯。

咸丰帝当时责令兴办团练的在籍政府官员共100多人，只有三人戴孝任命，可见敢于任事者少之又少。曾国藩能够脱颖而出，自然不排除偶然的机遇与幸运，但更多还是在"人为"——他的确有着不同于常人的超越之处！

曾国藩在京任官12年，不仅"饱更世故"，且视野自比一般人更为开阔，谋略也高于当时的普通政客。出任湖南团练大臣后，他认为必须对团练进行大刀阔斧的改革，将过去不离家园、不离生产、不食于官的地主武装改编为离开故园、脱离生产、"粮饷取诸公家"的职业兵，才有可能收

到与太平军一决雌雄的效果。在巡抚张亮基的支持下，曾国藩将湖南各地的团练齐聚长沙，改为官勇，统一管理，完成了"募勇成军"的第一步设想。

第二步，便是"练勇为兵"，将仓促召集在一起的农民，练成一支真正的能打硬仗的军队。他认为一支军队是否具有战斗力，将领的选任至关重要："今日将欲灭贼，必先诸将一心，万众一气而后可以言战。"他规定的选将制度十分严格，将"忠义血性"放在第一位，然后是"廉明为用，简默朴实，智略才识，坚韧耐劳"。为此，曾国藩一反古代兵家论将、选将之法，大量提拔书生为将。湘军将领中，有名有姓可以考证的书生出身者占58%。在纪律方面，曾国藩下决心改变过去"兵不如匪"的形象，强调义理教育，严肃军纪，并亲自创作了一首白话诗体的《爱民歌》："三军个个仔细听，行军先要爱百姓。贼匪害了百姓们，全靠官兵来救人。百姓被贼吃了苦，全靠官兵来做主。第一扎营不贪懒，莫走人家取门板。莫拆民房搬砖头，莫踹禾苗坏田产。莫打民间鸭和鸡，莫借民间锅和碗。莫派民夫来挖壕，莫到民家去打馆……"

曾国藩的远见卓识，还在于他初创陆师之后，又大力筹办水师。清廷固然也有水师，但久已废弛，根本不能进行任何水战。太平军在益阳、岳州获得大批民船后，便建立起一支强大的太平军水营。定都南京后，则完全控制了千里长江的水营权。有鉴于此，曾国藩认识到非创办一支力量强大的水师不可。可他一无资金、二无技术、三无人才，真是伤透了脑筋。而没有水师，要想与太平军争雄，不过是一句自欺欺人的空话而已。最终，曾国藩硬是凭着一股韧劲，一步步顽强地施行自己的计划：先是购买钓钩之类的民船进行改造；后奏请到一笔四万两的饷银设立制造总厂，自造战船；然后花重金从广东购置大批洋炮，最终建立了一支拥有大小战船361艘、大小火炮470门、在技术与装备上大大超过太平军的内河水师，真可谓"赤地立军，别开生面"。

作为一名从未经历战阵的书生，曾国藩自出山第一天起，就已做好不计成败得失、不顾安危祸福、抛却身家性命的准备。在征剿太平天国的历次战阵中，曾国藩两次自杀，多次留下遗嘱，随时做好自杀效命的思想准备，正是这种不成功便成仁的精神，对后人影响很大。

曾国藩署理两江总督后，同僚及部下都劝他放手大干，尽快进军东南，而他则坚持将进攻的重点放在安庆。他认为只有拔掉安庆这颗"钉子"，才能以上制下，反客为主，掌握两军对垒的战争主动权，最终达到围攻天京（即南京），彻底消灭太平天国的目的。为了实现自己的战略构想，曾国藩紧紧围住安庆不放。太平军为解安庆之围，先是直接救援，结果被湘军击退，而后又施行"围魏救赵"的军事行动，陈玉成与李秀成同时进军湖北。即使在武昌危如累卵的情形下，曾国藩也不为之所动，不肯撤安庆之围增援。面对曾国藩如此坚韧而强劲的"定力"，尽管安庆城内的太平军将士苦苦坚守，洪秀全、李秀成、陈玉成等太平天国高层领导人也多次设法营救，但历经两年之久的安庆战役终以太平军的彻底失败而告结束。

安庆陷落，太平天国都城天京的最后一道坚固屏障被清除。千里长江门户洞开，曾国藩完全掌握了进攻太平天国的战略主动权，湘军挥师东下、围困天京、剿灭太平天国，不过是迟早的事情罢了。

1861年8月21日，咸丰帝病逝，年仅6岁的载淳继承皇位。两宫皇太后与恭亲王奕䜣联手发动宫廷政变，清除以肃顺为首的"赞襄政务大臣"集

大厦将倾有人扶
——曾国藩

团。两宫垂帘听政后，一改咸丰帝慎用汉族将领的成规，上台仅12天，就任命曾国藩统辖苏、皖、赣、浙军务，四省所有巡抚、提督、总兵以下各官，均归其节制。两个月后，又加赏他协办大学士衔。

位居人臣之极，曾国藩惊喜之余，更多的是疑虑与担忧。"皎皎者易污，峣峣者易折。"身居高位，他没有半点自傲自大，反比过去更加勤勉谨慎，唯恐无意间招致祸患。他的担忧并非没有道理，当时就有不少权臣向慈禧进言："楚军遍天下，曾国藩权太重，恐有尾大不掉之势。"

1864年7月19日，曾国藩率军攻入天京，失去控制的湘军士兵为报久困城下、死伤惨重之仇，逢人便杀，遇财就抢，见屋即烧。与清朝整整对峙长达11年之久的太平天国心脏之所在，就这样成为湘军的一处发泄之地。

天京陷落，也就意味着剿灭太平天国的目的业已实现，曾国藩的"事功"也由此而达至峰巅。本该扬眉吐气、高兴陶醉的他，却面临着一连串新的操持、疑惧、忧心、困惑与烦恼。

攻克天京，原以为清廷会加功封赏，而实际上曾国藩得到的却是接二连三的严责与警告。如果说口头的或书面的指责尚能忍受，那么军事上的防范之举，曾国藩是无论如何也不能接受的。就在湘军合围天京之时，清廷以种种借口调动其他军事力量，在长江中下游屯兵布防。清廷意图昭然若揭，针对的已不是太平军，而是对清王朝忠心耿耿的曾国藩了。一旦湘军轻举妄动，就会招致其他清军围攻。不仅如此，清廷还暗中支持左宗棠的左系湘军脱离曾国藩，与他分庭抗礼，以收内部瓦解之功。

"狡兔死，走狗烹。"历史经常上演这一幕。达到事业顶峰的曾国藩同样不得不面临抉择。

摆在他面前的道路无非三条：一是起兵反叛清朝，问鼎中原；二是保持实力，维持现状；三是裁撤湘军，自剪羽翼，以明心志。

一天晚上，曾国藩刚审完被俘的李秀成进入卧室休息，就有30多名湘军将领集于前厅"逼宫"，要求他接见表态，希望他拥兵自立。他良久不语，后命人取来笔墨，写下一副对联："倚天照海花无数，流水高山心自知。"就在众人呈出咋舌、叹息、摇头、颔首、呆然等各种表情之时，曾国藩早已掷笔而去。

曾国藩要做一个道德完人，忠臣孝子，他不可能走这一步。如果曾国藩推翻了清王朝，那他也就不是曾国藩了。

曾国藩最终采取的策略，连保存实力的意图也没有，而是大刀阔斧地自剪羽翼。以他的本意，原想将湘军全部裁撤掉，后经人劝谏提醒，才保留了约两万嫡系精英，一则北方捻军正盛，湘军还有可用之处；二则只有以实力作后盾，才能真正保住自己的利益地位不受侵犯、身家性命免遭伤害。

拥有重兵之人，要么问鼎皇权王位，要么被人打败击溃，像曾国藩这样主动裁减、自行解散，自古以来还比较少见。那些因他而起的后代军阀，由湘军分出的淮军，由淮军领袖李鸿章栽培的袁世凯练出的新军，由新军分化出的一大帮大大小小的北洋军阀，真可谓每况愈下，一代不如一代。到了北洋时期，各路军阀为了一己之利相互混战，给中华大地带来的深重灾难，真是罄竹难书。这是"始作俑者"的曾国藩所没有料到的，同时也更加反衬出他的高风亮节与不同凡响。

大厦将倾有人扶
——曾国藩

天津教案，断送清名

同治七年（1868年），曾国藩调任直隶总督。就在他直隶总督任上，同治九年（1870年）发生了天津教案。

第二次鸦片战争后，西方教会利用不平等条约中规定的特权，大量涌入中国，他们并不单纯地从事传教，自觉或不自觉地成为西方资本主义列强推行文化侵略政策的工具。由于他们背靠本国政府，在中国享受治外法权，使教会成为中国社会的一个特权势力，成为西方列强侵略势力的突出代表。中国民众屡受欺压，清政府却一味忍让，使民众无处申诉，民族主义情绪越来越高涨，"怨毒积中，几有'与尔偕亡'之愤"。因此，从19世纪60年代开始，中国民众多次掀起反对教会势力的所谓教案。天津教案就是在这种大背景下发生的。

天津作为当时清朝京师门户，在第二次鸦片战争后开放为对外通商口岸，也成为西方列强在中国北方的侵略基地。他们在这里划定租界，设立领事馆、教会，租地造屋，一味逞强，早为中国人民深恶痛绝。

同治九年（1870年）五月，法国天主教育婴堂所收养的婴儿不明不白死亡的达三四十人，那时百姓的孩子也经常失踪，因此百姓中就流行着一种谣言，说是天主堂的神甫和修女经常派人用蒙汗药拐了孩子挖眼剖心。而天主堂坟地的婴儿尸体又有不少暴露在野外，被野狗刨出吃了，"胸腹皆烂，腑肠外露"。百姓见了，更是群情汹汹，说这正是洋人挖眼剖心的证据。

5月21日，一个名叫武兰珍的拐犯被群众当场抓住，扭送天津县衙。经审讯，武兰珍供出系受教民、天主堂华人司事王三指使，迷药也是王三所授，先曾迷拐一人，得洋银5元。教民王三是一个开药铺的商人，依仗教会势力，欺压良善，早已引起公愤。

在这种情况下，通商大臣崇厚和天津道周家勋拜会法国领事丰大业，要求调查天主堂和提讯教民王三与武兰珍对质。

丰大业答应了这一要求，将王三交出与武兰珍对质。结果证明教堂并无挖眼剖心之事。当衙役送王三回教堂时，一出署门，百姓就争骂王三，并用砖石掷他。王三向神甫哭诉，神甫又转告丰大业。丰大业两次派人要求三口通商大臣崇厚派兵镇压。后见崇厚先后只派两人，不肯应命捕人，丰大业怒不可遏，不仅鞭打来弁，而且还倒拖其发辫，赶往三口通商大臣衙门找崇厚算账。他脚踹仪门，打砸家具，接连两次向崇厚开枪，幸被推开，没有伤人。但枪声传出，引起误解，街市哄传中法开战，鸣锣聚众，拥往通商大臣衙门"帮打"。崇厚怕出事，劝丰大业等民众散去后再回领事馆。丰不听劝告，狂吼不怕中国百姓，气势汹汹冲出门外。人们见丰出来，自动让道。不料丰大业走到浮桥时，遇到天津知县刘杰。丰不分青红皂白，就向刘开枪。虽没有打中刘，却打伤了刘的跟丁。这一来犯了众怒，百姓一拥而上，你一拳我一脚，将丰大业打死。发怒的民众索性一不做，二不休，赶到天主堂，烧毁望海楼教堂，杀死神甫两名，还到仁慈堂，杀死修女10名，又去了法国领事馆，杀死2人。就在同一天，还杀死法国商人2名和俄国人3名，信教的中国人三四十名，焚毁英国和美国教堂

大厦将倾有人扶
——曾国藩

169

六座。这次事件中先后计打死外国人20人。这就是有名的天津教案。从事情的发展过程来看，天津教案是一次群众自发性的反帝斗争，根源还在于帝国主义的压迫和侵略，是群众在忍无可忍的情况下被迫采取的自卫行动。

天津教案发生后，法、英、美等国一面向清政府提出抗议，一面调集军队进行威胁。清政府大恐，一面要各地严格保护教堂，弹压群众，避免类似事情再发生，一面派直隶总督曾国藩前往天津查办。

曾国藩闻知天津教案后，十分惊恐。自从与洋人打交道以来，深知中国远非外人对手，因此对外一直主张让步，避免同洋人开仗，通过维护洋人在华利益，换取中外所谓"和好"的局面。他认为以往教案，仅伤及教士，洋人就出动兵舰相威胁，不达目的不罢休；这次殴毙领事，为前所未有，法国必不肯罢休。洋人凶悍成性，天津民风好斗，双方各不相让，很可能构怨兴兵，酿成大变，自己也可能丧命。因此他写下遗嘱，告诉长子曾纪泽在他死后如何处理丧事和遗物等。基于这种估计，他只得勉强硬撑，硬着头皮前往天津。

在曾国藩到天津以前，当地官绅对他寄予厚望，认为他会秉公办事，不会像崇厚一样，一味"媚外"。他们根据曾国藩的《讨粤匪檄》，还认为他是反洋教的代表人物。他们认为这次反洋教，完全是忍无可忍，理在华人这一边。他们的这种观点也得到朝廷的顽固派和清流派的支持，也代表了当时大多数中国人的心理。

当时清廷内部围绕天津教案问题分成两派：洋务派代表的"言势者"，顽固派和清流派代表的"言理者"。双方在处理天津教案问题上意见有三大分歧：

第一，关于天津教案发生的原因和性质。前者认为愚民无知，遽启边衅，曲在津民，此刁风不可长；后者认为衅端由夷人所开，津民激于义愤，致成巨案，天津百姓只知畏官而不知畏夷，只知效忠国家而不知恤其罪戾，这正是夷务的一大转机，与刁民闹事不可同日而语。

第二，对参与反洋教斗争的群众的处理意见。前者认为杀人偿命，天经地义，只有这样才能安抚洋人而消弭祸端；后者认为应该安抚百姓，以激他们忠义奋发之心，民心不可失，否则无以制夷人。

第三，对天津地方官的处理意见。前者认为地方官失于防范，致酿巨祸，不严惩不能平洋人之气；后者认为天津地方官不可更动，以此维系民心。

这两派意见，前者深合当时中国的形势，为清政府最高统治者所采纳；后者在舆论上占上风，为广大官绅民众反对洋务派媚外求和方针提供了合法性，在全国形成强大的舆论压力，但并不能真正解决问题。

曾国藩是持洋务派的意见的。因此他于同治九年（1870年）六月初十一到天津，立即发布名为《谕天津士民》的告示，对天津人民的行动多方指责，诫其勿再挑起事端，引起天津绅民的不满；随后释放犯法教民和涉案拐犯，并在奏折中为洋人在中国的行为进行辩护和洗刷。该折传出后，全国舆论大哗，"自京师及各省皆斥为谬论，坚不肯信"，"议讥纷起"，"责问之书日数至"。曾国藩自己也承认："敝处六月二十三日一疏，庇护天主教本乖正理"，"物论沸腾，致使人不忍闻"。

尽管如此，曾国藩仍然坚持己见，按照法国人的要求在天津大肆搜捕五月二十三日参加反洋教的群众，名曰"缉拿凶手"。但天津民众却把他们当成英雄，致使曾国藩虽然抓了八十多人，但其中供认不讳的所谓

大厦将倾有人扶
——
曾国藩

"真凶"只有七八人，其余都不肯吐供，也不愿指证。曾国藩认为只杀几个人数目太少，难以使洋人满意，仍不能很快结案。于是一面对被捕群众严刑拷打，一面加紧搜捕，一定要凑够20人，为丰大业等20个洋人抵命。曾国藩认为："在中国戕官毙命，尚当按名拟抵，况伤害外国多命，几开边衅，刁风不可长。"他的得意门生李鸿章也认为"冀终归于一命一抵了案"。曾国藩认为只有这样才能使洋人满意，长保"和局"。他在给清廷的奏折中认为"中国目前之力，断难遽启兵端，唯有委曲求全一法"。

曾国藩处理天津教案的结果是：判死刑20人，流放25人，天津知府、知县革职并流放黑龙江"效力赎罪"；支付抚恤费和赔偿财产损失银49万两；派崇厚作为中国特使到法国赔礼道歉。

天津教案办结之后，对曾国藩的谴责更甚，"诟詈之声大作，卖国贼之徽号竟加于国藩。京师湖南同乡尤引为乡人之大耻"，会馆中所悬曾国藩"官爵匾额""悉被击毁"，并将名籍削去，即不再承认他是湖南籍人。曾国藩闻之引为大恨，中经几许周折，财力兼施，只不过将难堪之处略为掩饰了一下。

就这样曾国藩这位"中兴名将"、"旷代功臣"，转瞬之间变成"谤讥纷纷，举国欲杀"的汉奸、卖国贼，"积年清望几于扫地以尽矣"。

客观地讲，曾国藩也只不过是秉承清王朝最高统治者的意志行事，接替曾国藩处理天津教案的李鸿章对最后判决并无多大改变，仅因俄国只索经济赔偿，不要中国人抵命，将原来20名死刑改为16名死刑、4名缓刑，其余无一更动。

洋务运动之父

从19世纪60年代到90年代，中国兴起了以学习西方，"求强"、"求富"为目的的洋务运动，进行了内容繁多的活动。诸如创办军事工业，兴办军事学校，编练新式军队，开办民用工业，开办新式学堂，派遣驻外使节和留学生，等等。这场运动的倡导者是总理衙门大臣、议政王奕䜣；而所搞活动最多、成绩最突出的地方要员要数李鸿章和张之洞。

但是，最早看到世界的局势，清楚洋务的重要性并且着手实施的，却是湘军统帅曾国藩。他办起了洋务运动的第一个工厂——安庆内军械所，制造了第一只小轮船"黄鹄号"。李鸿章、左宗棠虽也搞得较早，但毕竟在他之后，而且是作为学生和晚辈秉承师长曾国藩之意而搞的。故此，一提"洋务派"，人们便自然按"曾、左、李、张"的顺序历数。这个顺序虽也不一定要这么排，然而曾国藩的位子却实难向后排了。无论是他们的"辈分"还是搞这项运动的先后，左宗棠、李鸿章都无法排在曾国藩的前面去。正是从这个意义考虑，有人才称曾国藩为"洋务之父"或"近代化之父"的。

最开始时，曾国藩想兴办洋务，当时迫切要求用新式武器镇压太平天国与捻军等农民起义。因此洋务运动是从军事方面开始的。

咸丰十一年（1861年）年初，曾国藩上奏清廷，建议在长江下游设

大厦将倾有人扶
——曾国藩

立一个造船厂，造船供应湘军水师，以攻取金陵和苏、常，并扩大水军编制。奕䜣、文祥等人研究了这个奏折，认为要办一个船厂，没有几年难以奏效，何况曾国藩要设立的船厂并非新式，于是就提出向欧美国家购买火轮船，以镇压长江流域的农民起义势力。

曾国藩和当时在中国执事的中国通、海关总税务司英国人赫德磋商细节，赫德说只要筹措几十万两白银，便可以购得一支西式舰队。随后，朝廷便向长江沿线的几个地方大员曾国藩、官文等发出谕旨，让他们"妥筹具议"。曾国藩经过认真思考，复折表达了自己的意见，总体上说认为"购买外洋船炮，则为今日救时之第一要务。购成之后，访募覃思之士，智巧之匠，始而演习，继而试造，不过一二年，火轮船必为中外官民通行之物，可以剿发逆，可以勤远略"。

虽然，当时发展军事的当务之急是为了镇压农民起义，不过曾国藩对购买外洋船炮的认识不仅限于此。其不同在于："剿发逆"，即镇压太平天国农民起义仅仅是眼前之目的，他的着眼不仅在此，而是看到火轮船必然成为"中外官民通行之物"，买来外国轮船，雇募科学研究者和能工巧匠模仿研究，达到自己制造。所以说他将着眼点放在学习制造上。他在此时还说过，仅仅为与太平军作战，就用不着购买外国人的轮船，因为太平军主要是陆军，水师的力量早为湘军水师所慑服，哪用得着购买外国军舰？曾国藩还表示，购得外国军舰，一定要完全控制在中国官员手里，绝不能让外国人说了算，免得失去自主权。"师夷制夷"，不能为夷所制，这也是曾国藩初搞洋务的基本思想。

当时，有一些有识之士也已经深刻重视西方的优势。这前后，早期维新派代表人物之一冯桂芬把自己的代表作《校邠庐抗议》送给曾国藩一套。曾氏对其"采西学""制洋器",发展军事和民用工业等内容很感兴趣,认为是"名儒之论"。此书对他的洋务思想有较大影响。在洋务运动期间,总共开办过二十多个军事工厂,而最早设立的是曾国藩的安庆内军械所。曾国藩攻陷安庆后,下一步就要作攻下太平天国首都天京的准备。要彻底镇压太平天国农民起义,不是一件太容易的事,南京城里的太平军不用说,单是李秀成的军队就有五十余万人马。这么多人马,自然多数是未经过专门训练、武器又极落后的乡村农民,但也确有一部分久历战场的老兄弟,尤其是李秀成在上海通过洋人也买了一批新式武器,不仅多次打败清军,同时在上海附近同外国军队、同中外混合军队作战,也连连取胜。所以,曾国藩要想扑灭这么一支庞大的、部分以洋枪洋炮装备的太平军,就不得不动一番脑筋,至少也得改良一下武器装备,不能光用刀、矛、鸟枪。

而安庆内军械所就是在这样的大背景下建立起来的。为了制造洋枪洋炮,曾国藩首先在安庆搞起了兵工厂,委派杨国栋负责。

当时的中国和西方不一样,没有经过工业变革,突然之间想要涉足工业,没人没物,困难可想而知。杨国栋为了筹办军械所,到处搜罗人才,先后把浙江海宁著名学者李善兰、江苏金匮(今无锡)数学家华蘅芳、徐寿等人请至安庆。同时,雇了数十名工匠、技师,还设法从广州、上海等地买来一批洋枪、洋炮、开花炮弹的样品,交给这些匠师们研究、仿造。

好在中国人很聪明,又善于模仿,咸丰十一年十一月(1861年12月),安庆内军械所办成,很快便试制出一批洋枪洋炮。曾国藩把湘军军官和幕僚组织集合在安庆演武场上,试看洋枪洋炮的演射。士兵在军官的指挥下,试放了新制成的后膛枪和开花炮。其威力、射速、射程、准确

大厦将倾有人扶
——曾国藩

度、杀伤力的确要比清军在战场上常用的鸟枪、抬枪和以火药顶出炮膛的铁沙、石块的大小土炮胜过不知多少倍。军官们个个看得拍手称赞，曾国藩兴奋不已，当场给制造者、演放者颁奖。并向军官们演讲自己的打算，说要将兵工厂办大，办到南京、上海去，将来还要制造大轮船、机器、制造机器的机器，洋人有的我们自己也一定要有，这就叫"徐图自强"，叫"勤远略"即抵御外侮。

由于安庆内军械所是中国对现代工业的初次尝试，它的规模很小，也没有使用机器制造，只是利用土法打制、改装、仿造外国人的枪炮子弹。即使是使用这些土法仿造的洋枪炮，在战场上起到的作用也是纯粹土枪土炮难以相比的。同治元年（1862年），李鸿章到上海后，亲眼看到了洋人使用的洋枪洋炮。在曾国藩的影响下，也开办了"上海洋炮局"，仿制洋人的开花炮弹，在镇压太平军的战场上，发挥了很大作用。

仅仅试制洋枪炮，曾国藩仍不满足，因为随着战争形势的发展，需要更多的先进武器。

同治元年（1862年），曾国藩制订了三面并举、五路进军金陵的用兵计划：即以曾国荃部湘军从西面、以楚军左宗棠部从南面、以李鸿章淮军从东面，同时并举合围金陵；五路进军是陆军四路人马：曾国荃所部湘军从芜湖、秣陵为南路，鲍超由宁国、广德进取句容、淳化为东路，多隆阿由庐州、全椒进取浦口、九洑洲为西路，李续宾由镇江取燕子矶为北路，以及彭玉麟的湘军水师从长江正面，五路攻击太平天国首都天京。曾国藩上奏新成立三支水师，即淮扬、宁国、太湖的计划也由皇帝明发谕旨批准，新增加了黄翼升、李朝斌两个水师统领，太湖属内湖，其水师仍归彭玉麟统辖。

当剿灭太平天国的战争到了收尾阶段，想要大举进攻天京，扩建水师就显得十分必要，激励着曾国藩需要使用先进军舰的构想。他以为既然李善兰、华蘅芳、徐寿他们能仿造出西洋的枪炮弹药，也就一定能仿造出西洋的军舰来。

从同治元年（1862年）开始，曾国藩就命令、鼓励、支持李善兰、华蘅芳、徐寿他们研制军舰，徐寿等人也就真的下气力干了起来。徐寿等人是中国当时第一流的科学家，他们不仅通晓中国传统的科学、制造学等知识，同时对西方的当代数、理、化等知识，也有相当程度的了解和研究。所以，到同治元年七月（1862年8月）他们居然制出了一部轮船的发动机。曾国藩看这部发动机的试验，心情很激动，当场就感慨地说："洋人的智巧奇技，到底被我们中国人学会了！"鼓励徐寿等人再加把劲，制造出中国的火轮船来。然而，事实上不像他意料中的那么简单，从发动机到一艘轮船，中间的距离还太大了。尽管徐寿、华蘅芳等人绞尽脑汁，还是没能造出他想象的、能与外轮相提并论的轮船来。

眼看造船工作陷入僵局，徐寿等人非常着急，曾国藩也一筹莫展。这时，华蘅芳等忽然想起了前时在上海认识的广东人容闳。

容闳不但是"海归"，还接受过全方位的西方教育。他自幼读的是洋学堂，远在19世纪40年代赴美留学，为美国耶鲁大学的毕业生，在当时的中国，这样的洋学生真正是凤毛麟角。于是，华蘅芳等向曾国藩介绍，认为请得容闳前来，造船、办厂工作一定会有进展。曾国藩详细了解了容闳的情况，知道他在五六年前回国，想为国家贡献他所学到的西方科学知识，曾到南京找过洪秀全，向太平天国献过七项"新政建议"。曾国藩揣摩容闳的"建议"有改善政府，改良政治，建设新式军队，创办新式学

大厦将倾有人扶
——曾国藩

校，创办各种实业等，确实是一套好主张。幸亏洪秀全等没有采纳，容闳也没有留在南京，若是留下他来，实行了他的"建议"，对清政府不能不说是个威胁。曾国藩认为，这样的人才，一定要留为己用。于是，让华蘅芳等立即转达曾国藩邀请之意，让他尽快来安庆。

容闳当然也想为祖国尽一份力，自己也能一展才华，于是，听到消息，很快就到了安庆，当时他正在上海宝顺洋行经理丝茶等生意。曾国藩同这位留洋生详细地谈过两次话，印象很好，认为容闳的气质的确在中国传统知识分子中难找：一是他精明干练，二是爽朗诚实，毫不掩饰。比如他对曾去找过洪秀全的事，见到曾国藩便自然表示：太平军的"苏福省"人民安居乐业、军队纪律远比清军好，作战也勇敢，自己想为太平天国的成功出力气。但是，太平天国高层领导意识陈腐，洪仁玕有新思想，但也无能为力，所以太平天国也成不了事，自己找不到可以依靠的好政府，只得去上海做买卖。他明确表示：对清政府的各种制度、方针也无任何信心，也不想为清政府做事。正因为找不到一个好政府，所以感到很苦恼。曾国藩说："你的七条建议，除去把《圣经》作为教育主课之外，其他六条我都接受。"

容闳原以为作为迂腐的朝廷儒学大师，曾国藩应该表示反对，他甚至想好了很多说服曾国藩的话。结果，曾国藩的态度使容闳很吃惊，这位全国闻名的理学名臣，竟然接受了他从西方搬来的那一套。

获得许可后，他们开始信心十足地议论如何学习西方的那一套，包括办工厂，办教育，派留学生等。曾国藩还说："好的政府不是现成的，你不讲改良吗？有缺点的政府，改良了就是好政府了，中国人学习了西方的好东西，中国也就变好了。"容闳对曾国藩的认识深表赞同，感到回国六七年来，今天才找到了理解他的人，决定把自己的富国强兵的主张全部拿给曾国藩。

由于具体实施需要时间，新的机器还没买来，但是，轮船的试制工作也不能停。到了同治二年年末，即1864年年初，中国的第一艘火轮船居然在安庆内军械所制成了，这是中国造船史上的一个创举。这艘轮船的船体很小，重25吨，长55尺，高压引擎，单汽筒，回转轴长14尺，锅炉长11尺。严格讲，这艘轮船还只能算是一个试验模型。但"麻雀虽小，五脏俱全"，这毕竟是中国人自己制造出的第一艘军舰，该舰取名为"黄鹄号"。

眼看着中国人自己造出来的第一艘军舰，曾国藩的兴奋比两年前造出第一批新式枪炮还要强烈。他再次集合军官和幕僚在安庆的长江中试航，顺流时速为14千米，逆水时速约为8千米，曾国藩自认"行驶迟钝，不甚得法"。但曾国藩也认为既然中国能造出轮船来，"以次放大，续造多只"，中国便会有自己的舰队。

喜事一件接着一件，可能是受到造军舰成功的鼓舞，士卒奋勇杀敌，不久，湘军攻陷天京，曾国藩把安庆内军械所迁至南京。同治四年（1865年），容闳由美国买回了机器，随后，曾国藩与李鸿章在上海共同办起了洋务运动中规模最大的军事企业之一——江南机器制造总局。该局不仅能制造枪炮弹药，还设立船坞，制造军舰。到同治七年（1868年），终于制造了一艘真正的轮船，取名"恬吉"。到光绪二年（1876年），共造出7只轮船，其中铁甲舰1只、炮舰6只。

大厦将倾有人扶
——曾国藩

造铁甲舰

同治十年八月（1871年9月），秋高气爽，日丽江阔。曾国藩会集幕友、门生，以及徐寿、华蘅芳、李善兰等文士，兴致勃勃地踏上停泊在下关码头江面上的"威靖号"轮船，开始了为期两个多月的军事检阅活动。

说是阅兵，其实也为了旅游视察，顺便散散心。他要亲自坐一坐江南制造局新制的轮船，游览一下江南秋景，散散长期郁积在心里的闷气，同时视察江南制造总局。

八月十二日（9月26日），曾国藩先就近检阅了江宁防军；第二天乘轮东下，先后巡视了扬州、清江浦、镇江、丹阳、常州、常熟、苏州、松江等地；十月七日（11月19日）到达上海，视察了江南制造局各种机器和轮船；十五日（27日）改乘"测海号"轮船回江宁。一路上，看到军备整齐，军械先进，曾国藩心中非常满意。又与容闳、徐寿、李善兰、华蘅芳等主要经办人员谈了办洋务之事。

江南制造总局是几年前成立的。他派容闳去美国买的机器是"制器之器"（即母机），买回后交给李鸿章，李通过丁日昌买下上海一美国旗记铁厂，厂主科尔的技术很好，留厂做工程师，开始了江南制造局的成立与制造工作。

同治六年（1867年），曾国藩要在江南制造局设船坞造船，奏准了造船经费，并把工厂由虹口租界迁至高昌庙，扩大了工厂规模。按照曾国藩的设想，建设了船坞和炼钢厂。同治七年（1868年）造出第一艘兵轮"惠吉号"，下水后曾国藩乘该轮试航，表扬该轮"坚致灵便，可以远涉重洋"，同时让工厂继续努力，要造出"二十余丈之大舰"。按曾国藩的要求，同治八年（1869年）又造出"操江"和"测海"两只轮船。这两只船比"惠吉号"进步，由明轮改成了暗轮，马力由329匹升高到400多匹，但其船体反而比"惠吉号"还要小些。"惠吉"是185尺，"操江"只有180尺，"测海"仅有175尺长，并没有达到曾国藩所要求的标准。

如今，经过多番努力，曾国藩乘坐视察的这条"威靖"轮终于达到了他的要求，"威靖"是同治九年（1870年）新制的。在航行过程中，曾国藩一边与徐寿等诸匠师参观这只轮船，一边听他们介绍。该轮也是一艘暗轮，终于达到了曾国藩要求的20丈长度，是205尺，马力也比前三号大，为605匹，载重由前三号的600吨增加到1000吨，配炮也几乎增加了一倍，由八九门增到15门。

看到造船技术有了突飞猛进的发展，曾国藩满脸笑容，回想他在安庆制造的"黄鹄号"，更觉进步之大了，于是不断夸奖着徐寿等人。但是，他突然感到有一个关键的地方一点也未变化，曾国藩用脚点了点舱板说："从黄鹄号到威靖号，都是用木板制的。打起仗来，木板挡不住炮弹，也容易起火燃烧。而洋人能造出铁甲舰，我们为何造不出？"周围的人听了没敢回答他。

曾国藩提到的铁甲舰，确实也是众人心中的一块心病。

大厦将倾有人扶
——曾国藩

曾国藩视察的轮船驶入上海后，他在上海道兼制造局总办秦世泰的陪同下参观了制造局各厂，并一一参观了"测海"、"操江"各舰。再次同容闳、徐寿等人说，要他们尽快造出铁甲舰来，并说如果中国能有五十号铁甲大舰，就敢同洋人在大海上争高下了。

　　第二天，根据中国人的习俗，曾国藩宴请了制造局里的译员与各匠师，其中有英国人傅兰雅、伟烈亚力，美国人林乐知、麦戈文、科尔等。宴会上，曾国藩一一慰问外国人，感谢他们为江南制造局作出的努力。曾国藩许久没有这么高兴了，所以宴会显得轻松、热烈。傅兰雅等外国人由于一时高兴，竟向曾国藩提出探讨他对外国人、对外国传教士的看法。在座的中国人都为此捏一把汗，生怕触动了曾国藩的伤心之事，惹起他的不愉快。但是，曾国藩却高兴地回答了这一问题。他说，中国、外国都该是一家，"大同"世界，天下都是兄弟，不该有侵略和欺辱。耶稣教、天主教都劝人做善事，不做坏事，也是好教。真正的外国朋友、外国传教士只会帮助中国人，不会欺压中国人，那些仗势欺人的外国人和传教士，不能代表兄弟国家和真正的传教士。曾国藩的回答博得在座外国人的热烈掌声，大家赞扬他的开明，认为比那些"清议派"要高明得多，并表示与中国朋友精诚团结，为制造局真诚效力。

　　在饭局上，曾国藩又一次想起了他的宏伟愿望。他向江南制造局容闳、徐寿他们下了死命令，要他们一定造出铁甲舰来，希望外国朋友们献智献力。美国人科尔当即表示可以造得出，他还表示论技术"所有轮船、枪炮、机器俱能如法制造"，只要经费、材料能供应上。曾国藩听了非常高兴，举杯表示对他的谢意。

然而，现实总是让人进退两难，当他了解到江南制造局的具体情况时，情绪又黯然了。

科尔、傅兰雅等人告诉他，江南制造局效率太低，浪费太大。他们说，局中工人有一千多，设备也齐全，经费也充足，如果在外国，这样的条件，工作效率最少还能提高三倍。而江南制造局制造的枪炮武器，成本又要比国外工厂多七成，造一支枪炮比买一支外国的枪炮用钱还要多得多。造轮船虽没有造枪炮这么明显的浪费，但不会比买船节省经费。他们认为，中国有一天还得走上买船的道路。

对于外国友人的坦诚，曾国藩当然很感激，可对他们反映的这个严峻问题，又很忧虑。曾国藩同他们探讨，中国的工厂为什么效率会这么低？浪费会这么大？他们干脆回答：这是个经营体制的问题。外国人办工厂，都是厂方自己经营管理，经费自己出，造出的产品，包括枪炮、弹药、军舰，都是作为商品按价出售。以赢利为目的，办厂者才有兴趣，也不会让工厂浪费，会极力提高效率。而中国正好相反，江南制造局全由公款生产，产品又全部直接调拨给军营、炮台，工厂收不回一文钱，也不用替谁负什么责任，质量好坏都能交差，更不要讲求赢利和效益。这个办厂的路子，决定了工厂的前景；这个体制不改变，工厂总有一天要停办。

曾国藩不由得陷入深思，他了解中国人的办事效率，也知道这和中国的体制息息相关。可是，这个办工厂的体制，尤其是办军工厂的路子，怕是谁也变不了。军队要枪炮、轮船为朝廷打仗，国家不出钱办厂能由谁出？国家出钱办厂，产品又如何能拿出去卖？然而这么办下去，造武器不如买武器省钱，买的武器质量又好，那办这个工厂不是自找苦吃吗？然而

大厦将倾有人扶
——曾国藩

中国不设厂自造武器，一切都靠买外国的，哪还有自强的一天！自强必得独立，造武器为的是抵抗外国侵略，但武器一定要向外国购买，这不是自相矛盾吗？哪有既要准备同人打仗，又要花钱买对方的拳头、棍子的！

这是一个他无法解决的两难问题，曾国藩越想越苦恼，几天来制造铁甲舰的兴奋一下子烟消云散了。他只觉得浑身乏力，赶紧乘轮回到了南京。继曾国藩创办安庆内军械所之后，李鸿章、左宗棠等人继续举办洋务：先是军事工业，继是民用工业，使中国的洋务运动迅速开展起来。曾国藩在这场运动中所做并不算多，这主要原因是他死得太早，清政府举办的第一个民用企业上海轮船招商局刚要诞生时，他便死去了。然而，他是这场运动的倡导者和开拓者，其作用和影响却不能因其做得不多而逊色。

派遣第一批留学生

在容闳的劝说下，曾国藩上奏派遣学生出国留学，这样可以培养一批兴办洋务运动所需的人才。自从曾国藩设立安庆内军械所，容闳响应号召来投奔后，就向曾国藩建议开办学校，培养能主持近代文化事业的新型人才，曾国藩表示赞同他的意见，但当时正忙于镇压太平军，天天打仗，无暇顾及教育的事。曾国藩派容闳去美国购买机器，开办工厂，制造军火，机器买回后，曾国藩与李鸿章在上海办起了江南制造总局。

各处兵工厂设立后，规模越来越大，要求也越来越高，急需一大批具有近代科技知识的人才，如造船、炼钢、制造各业中都需要人才，这些人才在当时的中国，是根本没有的。同治六年（1867年），曾国藩向容闳请教办法，容闳建议他在江南制造局附近设立一所兵工学校，聘请一批外国人一边翻译西洋科技书籍，一边教授中国员工学习新知识、新技术。这是曾国藩在容闳的帮助下建立的第一所新式学校，初步培养了一批新的科技人才，译出了第一批西方科技书籍。容闳后来曾兴奋地回忆说："于江南制造局内附设兵工学校，向所怀教育计划，可谓小试其锋。"当时因忙于镇压捻军起义，容闳的"教育计划"仍未能被曾国藩全面落实。不久，容闳向江苏巡抚丁日昌提出他的教育计划，由丁日昌上奏朝廷，其中主要是派遣留学生问题。有关派遣留学生之目的、人数、方法、管理、经费等都提到了，但这个奏折经总理衙门文祥上递，因文祥丁忧回籍，而没有下文。

转眼到了同治九年（1870年），清政府为了让曾国藩发挥特长，将他调任直隶总督，容闳作为幕僚和翻译，随行处理天津教案。其间，容闳又多次与曾国藩商量派留学生之事，后到的丁日昌也与曾国藩谈及此事。曾国藩同意了容闳的主张，答应立即与李鸿章联名上奏，请求清政府旨准。容闳听曾国藩此说"乃喜而不寐，竟夜开眼如夜鹰"，庆幸自己的夙愿终为清廷大员所采纳。同年冬天，清廷批准了曾国藩与李鸿章合奏的派员留学奏折。

同治十年七月（1871年8月），曾国藩与李鸿章再次联合上奏，阐明派员出国留学的意义，并拟定了具体章程十二条，其主要内容如下：

大厦将倾有人扶
——曾国藩

1. 与美国政府接洽，中国派幼童入美国学校学习，由清政府支付一切经费；

2. 在上海设立"留学出洋局"，派员负责，选出幼童在局中培训，准备出国；

3. 出洋幼童年在12至13岁左右，先选派120名，分4年派出，留学期限15年；

4. 留学生学习专业由清政府决定，归国后也由政府具情录用；

5. 幼童出洋后听从中国方面约束，学习洋文同时兼学中文；

6. 拨出留学经费白银120万两，于江海关按年分拨。

这次上奏是曾国藩力主、李鸿章附会的。曾国藩在奏稿中一再强调派遣留学是国家"徐图自强"的重要条件，不容迟疑。他说，如今我们办厂、制器皆取西洋之长，购之西洋之器，花了大笔银子先就"力有不逮"，而更重要的是全恃外人之器，其中奥理则不能遍览久习，"则本源无由洞澈，而曲折无以自明"，是很危险的。

同治十一年一月（1872年2月），曾国藩见清政府没有反应，不依不饶，再次与李鸿章联衔上奏了派遣幼童出洋的具体落实情况。任命陈兰斌、容闳为正副委员，常驻美国，经管中国留学生事务；幼童出国前在上海训练，由刘翰清负责；留学生年龄扩至12至20岁（批准时又改为12至16岁）。

曾国藩一边上奏朝廷希望获得支持，一边派员物色适合派遣出国的学生，但因当时风气未开，这项工作极难进行。

与现代相反，当时人们都不认可出国留学，一般的幼童父母皆不愿把孩子送到遥远的大洋彼岸去，甚至认为几万里的海路是难以通过的。曾国藩派员到城镇和乡村动员，访问许多住户，宣传把孩子送出国受教育，经费全由政府负责。之后有的人申请了，可是有人散布流言，说西方野蛮人会把他们的孩子活活剥皮，再把狗皮接种到他们身上，当怪物展览赚钱，因此报名的人又撤销。一般知识分子也只把科举制度当作进身的正途，把读新学看成"不齿之事"，而更把出洋留学"斥为非类"。由于招生年龄极小，父母更不愿自己的幼子离开自己，何况出国前，幼童家长都得"具结"，约定"生死各安天命"，就更增加了父母的疑惧心理。

因为各种原因，这种天上掉馅饼的事也没有几个人响应，招生工作困难重重。尽管曾国藩派了不少官员四处游说，报名者仍是不多。不得已，只能派容闳回家乡广东香山招生，又去香港学堂中招揽，第一批留学生大部分是容闳的同乡，再就是有特殊条件者，如邝荣光，其父在澳门工作，见过世面，愿儿子去美国留学；唐廷枢和容闳是香港的同学，本人又从事近代工矿事业，思想比较开放，才送子唐国安赴美；李恩富的堂兄在上海经营茶叶生意，说服了他的家长。

在这批孩子中，就有一些中国近代著名的科学家。当时，詹天佑一家并不知有留学招生一事。一位在香港做事的邻居告诉詹兴洪（詹天佑父亲），劝他送子出国留学，詹兴洪不干，希望儿子走科举正途。这位邻居却认为留学前途远大，主动说如果詹天佑愿意留学，就把女儿许配他。这样，詹天佑之父才愿具结送子留学，当时詹天佑只有12岁。

当然，不能突然就把这群自小生活在中国的孩子放到一个完全陌生的环境中。为了做好出国前的准备工作，曾国藩拨款在上海设立了"出洋预备学校"，设有正副校长，中西文教习。幼童在这里先受教育半年，学习简单的英文、中文，了解出国的各种知识。学校要求极其严格，学习不努力的还要进行体罚。第一批幼童在这里受训后，基本都完成了预备班的学业。

培训后，经过考试合格的中国第一批出国留学幼童30名，于同治十一年（1872年）夏天从上海乘轮出洋，正式揭开了中国学生出国留学历史篇章的新页。遗憾的是，为第一批留学生作过努力的曾国藩却在数月前辞世，没能亲眼看到那一天。尽管如此，中国留学史上毕竟留下了他努力的印迹。

在这批小留学生出国前，容闳为了安排食宿、读书等具体事务，提前赴美。临走前，曾国藩同他进行了长谈，谈到留学归国，中国有了各方面的人才，外国就不会再欺侮中国了。虽然中国派遣留学生不可能根本改变受侵略、受欺辱的国际地位，但毕竟有了中国自己的近代科学家、外交家、军事家等一大批具有新型知识结构和新思想的知识分子群，对中国的维新、革命和文化、经济建设发挥了很大的作用，有些影响也是曾国藩等清朝官僚所始料未及的。

在忧虑中辞世

同治十年十一月二十二日（1872年1月2日），经过了5年的时间，由李鸿章、马新贻规划重建的两江总督衙门终于落成了。督衙在原洪秀全的天王府的基础上修建，其规模无法与先前的天王府相比，但比起原来的两江总督衙门要阔绰、豪华多了。总督搬进新署（原于盐道衙门办公）应该是一件大的喜庆之事，庆祝、摆宴自不能少，但曾国藩却一点也提不起精神。贺宴上他只是反复说："太奢了！天道忌奢！天道忌奢！"他再三嘱咐总管要在署东开出菜地来，种上蔬菜。他要亲自劳作，以抵几分奢靡。

江南的冬天虽然不像北方这么寒冷，但坐在新建的署衙里，曾国藩总觉内心无比空旷、凄寒，随之也觉病情加重。肝区阵阵疼痛，头晕目眩，两脚麻木，失眠、噩梦不断。他意识到自己将不久人世了，想着要交代点后事，于是赶紧写信给李鸿章。想到李鸿章，心里宽慰多了：庆幸自己有这么个可接班的学生。

他这半生开创的事业终于有了接班人：湘军裁撤了，腐败了，李鸿章的淮军成了支持清朝的顶梁柱；自己打不过捻子，由李鸿章战胜了；天津教案自己弄得议论纷纷，而李鸿章却将此案完满了结；洋务事业自己仅仅开了个头，而李鸿章正在大举进行。"青出于蓝而胜于蓝"，学生胜于老师，这正体现老师识才育才的本事，若是学生总是不如老师，一代不如一

大厦将倾有人扶
——曾国藩

189

代，事业还怎么前进呢？当跟前出现对李鸿章的非议时，曾国藩总用这句话制止。他这不是借此自慰，心里也真是这么想的。他也佩服李鸿章，他虽对李鸿章的过分热衷功名利禄有些看法，但也总是宽容的。

李鸿章接到对他恩重如山的老师的信，尤其读到"此次晤面后或将永诀，当以大事相托"时，深恐老师或有不测，不能见上最后一面，将成终身憾事，便不顾年关已近，百事丛杂，冒着严寒，长途跋涉，由保定赶来江宁。

那时，送第一批留学生出国的事还没有最后敲定。师生见面第一件事是进一步会商幼童出洋之事，认真推敲细节，再度联衔上奏，强调这是"徐图自强"的根本大计，中华创始之举，务必让朝廷重视，以达预期效果。李鸿章根据老师的指点，未经文案，执笔立就。曾国藩看了这两千余字的奏稿，条理缜密，文笔洗练，心里很是高兴，仅改数语便让李鸿章亲自带去呈递。

写好了奏折，曾国藩看到自己的事业后继有人，有些兴奋地向这个得意门生讲起往事，归纳自己的人生教训，最终向李鸿章交代了两点，让他切记。

一是他非常后悔当年迫于朝廷的压力主动要求裁撤湘军。他自认顾虑太多，湘军攻战十余年之久，金陵克捷后，慑于各种压力，竟至于解散了亲手建立的军队，自坏长城，寒了将帅的心，等于实际上的自杀。湘军众将飘如秋叶，而自己也成了剪翼之鸟，以致"剿捻"无功，备受挫辱。幸赖李鸿章所建淮军，攻灭了捻军，成就了大事。他让李鸿章切记自己的教训，当今八旗、绿营再不可恃，保太后、皇上之安，卫神州华夏之固，全仗淮军。今后，淮军有被议论的那一天，千万不要像老师那样，畏首畏

大清名臣故事

尾，只可加强，不可削弱。乱世之中，手里的军队切不可放松，于家于国都是如此。

第二点，也正是他安身立命的前提，就是以身作则，身正心正。他让李鸿章切记，即数十年办事之难，难在人心不正，世风不淳，而要正人心，淳世风，实赖一二人默运于渊深微莫之中，使其后来者为之应和。

他说自己与李鸿章的关系正是这样，自己先正己身，同时培养后人，把这些人作为"种子"，期待这些后人开花结果，应现承先启后，天下应和之目的。所以，他希望李鸿章要早些下手，以一身为天下表率，多多培养"种子"，种子绵延不断，天下应和，世风自然改变。

李鸿章心领神会，为了让老师对身后事放心，忙问他："今日之天下，哪些人可作为以后培植的'种子'？"曾国藩似乎不想交代，思考良久，认为再不说怕以后永无机会，于是才说，海内第一号人物当数左宗棠。他雄才大略，待人耿直，廉洁自守。李鸿章听了感到不解：因为曾、左七八年不通闻问，外人都说他们有矛盾，为何老师竟说他是第一号人物？曾国藩说，左宗棠与他争的是国家大事，不是私情，左"知人之明，谋国之忠"，正是他的长处。李鸿章听了，连连点头。曾国藩认为左宗棠之后当数彭玉麟，他光明磊落，疾恶如仇，淡泊名利，重视情义，是天下的奇男子。其次是郭嵩焘，其人之才，天下难有其匹者，而且非书生之才，将来会有发展。再往下数如刘长佑心地端正，沈葆桢很有能量，但心地狭窄。而后，他们又议论了办洋务之事。曾国藩强调洋务怎么办都好，但一定要抓住一点不放，就是冯桂芬说的"以中国之伦常名教为原本，辅以诸国富强之术"。

师生之间非常融洽地相处了几天后，由于年关临近，李鸿章不得不辞

大厦将倾有人扶
——曾国藩

别曾国藩赶回直隶。同李鸿章长谈之后，也许是兴奋过度，他的旧病复发了：头昏眼花，耳鸣不止，一连几天不能开口说话。

大年三十这天，江宁（南京）城的衙门、商号和有钱人家的大门口张灯结彩、楹柱上旧桃换新符，秦淮河更是热闹，红男绿女，画舫丝竹。或许是节日气氛的冲动，曾国藩才感到身体轻松了许多。大年初一早上，他接受了江宁文武的祝贺。第二天他又到退居江宁的老友吴廷栋家拜年，同吴廷栋兴致勃勃地谈经论道。

一轮访亲探友过后，转眼就是元宵节了。曾国藩没有忘记，正月十四是道光皇帝宾天的日子，他永记道光帝对自己的知遇之恩，每年这一天都要为他烧香行礼。这天，他勉强行了三跪九叩大礼，觉得十分疲倦，刚一坐下，眼前便浮现23年前那一天的情景来：那年自己是39岁，礼部右侍郎，二品大员。也是正月十四日，突然传来皇上要立太子的消息。曾国藩听了大吃一惊，他知道皇帝立太子是什么意思——大清朝秘密立储，立太子即是太子登基，也就是皇帝龙驭上宾了。曾国藩还想最后同道光见上一面，赶紧备马前行，然而马车刚到圆明园，便听到一片哀哭之声，他知道再也见不到对自己恩重如山的皇帝了。道光驾崩，咸丰继位，接着是罢黜穆彰阿，清查穆党，他虽是穆的得意门生，但因穆在得意之时，门生很多，并未一一清算，所以没有牵连到他。然而，道光死后，穆彰阿被罢，咸丰不信任他，也无人替他说话，使他以后办事处处碰壁。每至事机不顺，尤其咸丰、慈禧不时对他进行冷遇、打击之时，他更加思念道光帝和穆彰阿。

在往事的回忆中，曾国藩平静度日。1872年3月5日，前河道总督苏廷魁告老回老家广东，路过金陵，派人传过音讯，想拜见一下曾国藩。对于这位素来敢于直谏的同年进士，曾国藩一直颇为敬重。此番见苏廷魁告老还乡，曾国藩破例亲自出城迎接。寒气袭人的天气里，两个同病相怜的垂暮老友，回忆起数十年来经历的种种，不免唏嘘。曾国藩告诉苏廷魁，来两江的这些日子，虽然身体不是太好，但心情畅达多了，他准备再次向朝廷告老还乡，在家看书作文。为了证明自己一直没有耽误学问，曾国藩从座位上站起来，为苏廷魁背诵四书以助兴。只是刚背了几句，曾国藩突然手脚痉挛，口吐白沫，倒在地上。随从们慌忙将他送回府中。这一次中风比上次严重得多，曾国藩从此卧床不起。这次曾国藩意识到，自己虽一生叱咤风云，却将离开这个为之奋斗了一生的世界了。通过眼前影影绰绰的一切，曾国藩似乎看到自己的末日，末日像一个巨大的黑洞，等待他自投罗网。

他自认为一生没有遗憾：该做的，都全力去完成了，今后的事情，将来会怎样发生呢？国家，让他忧心。对于死亡，曾国藩并不觉得可怕，一个人，从哪里来，终究还得回到哪里去。至于那个神秘的出处或者归宿，靠人的智力，是无法揣测的。对于死，曾国藩一直不愿意多想，也懒得去想。曾国藩的生死观跟孔子是一样的，孔子在《论语》中所说"不知生，焉知死"、"敬鬼神而远之"，曾国藩一直也持这样的态度。行动不便的日子里，曾国藩一直坚持写日记，有时候实在写不动了，就停下来，翻阅以前的笔墨，回忆当时的情景与心绪。时间，真是一个奇怪的东西，它无法捕捉，稍纵即逝，至多，只能让它变成纸上的几行文字，雪泥鸿爪，无从谈起；甚至，连回忆起来，也显得那样吃力。曾国藩无法想象，自己消失后的世界会是什么样子。这个世界会跟自己一同消失吗？

他从青年时代开始就有写日记的习惯，这天，他在日记中写道："余

大厦将倾有人扶
——曾国藩

193

病患不能用心。昔道光二十六七年间，每思作文，则身上癣疾大作，彻底不能成寐。近年或欲作诗文，亦觉心中恍惚不能自主，故眩晕、目疾、肝风等症，皆心肝血虚之所致，不能滋先朝露，速归于尽，又不能振作精神，稍治应尽之职责，苟活人间，惭悚何极！二更五点睡。"

3月8日，曾国藩在日记中继续写道："余精神散漫已久，凡遇应了结之件久不能完，应收拾之件久不能检，如败叶满山，全无归宿。通籍三十余年，官至极品，而学业一无所成，德行一无所就，老大徒伤，不胜悚惶惭赧！"

即使已经到了油尽灯枯的时候，他也依然忧国忧民。这一段日记是曾国藩心理真正的反映。的确，由于身体不佳，心绪不好，曾国藩对于生活，着实有点厌倦了。实际上也不是现在，对于曾国藩来说，从悟彻生命的那一天起，对于人生，就有着复杂无比的感受了。其中，当然夹杂着厌倦和疲惫。人生，只不过是一个过程，白驹过隙，匆匆忙忙。生命的偶然在巨大的未知面前，是那样地无力和虚弱。很多时候，曾国藩只不过是以极度的恭敬心在对待这个巨大的未知。孔子所说的"不成功，便成仁"，也是一种感悟吧？在曾国藩看来，所谓"仁"，就是核心，就是果核。人的"仁"，也即人最根本的东西，是与天地的核心相同的。这种本质的东西，就是人的真正由来和归宿。人生一世，真正地找到自己的"仁"，才是最重要的。只有找到自己，才能算是"求仁"。联想到自己，曾国藩感慨万千：不管怎么样，自己这一辈子，鞠躬尽瘁，克己复礼，这一切，可以算是"求仁"了吧？在《论语》中，弟子问孔子，伯夷、叔齐死前有没有悔意，孔子说："求仁得仁又何怨！"这是说"二圣"的，更是说自己的——现在，在曾国藩看来，这句话同样也可以用在自己身上，是对自己一生的最妥帖的总结。

有资本来总结的一生，也算不枉来人世了。这时候，曾国藩的身体状况已变得相当糟糕了，人的元气，都是先从脚底下溜走的，这一回，曾国藩真的有切身感受了——他感到自己的脚已不听使唤了，仿佛从小腿肚以下，已不属于自己了；此外，就是舌头变得僵硬，口腔里像有一块坚硬的石头一样，将自己塞得严严实实，都快让人喘不过气来了。好在曾国藩的神志一直都很清醒，他的内心也很平静，所以没有什么失态之举。只是恍惚之间，那些鸟鸣狗吠，听起来已恍如隔世了。自己的身体已成为一间空空无人的老屋，那个一直在里面住的东西已经离开。曾国藩不由为自己的极度敏感而感叹，也许，一个人在最虚弱的时候，自然会生发出数百倍的感受。

3月10日，强烈的责任心使曾国藩寝食难安，想起今后国家的发展方向，他陷入深深的忧虑中。他挣扎着起来，披衣来到了书桌前坐下，拿起笔，很想写点东西，不料手颤抖得非常厉害，毛笔在纸上洇了很大一块；曾国藩想说话，但嘴唇嗫嚅着，已发不出声音。家人把他扶上了床，喝了几口水后，曾国藩稍稍缓过神来了，他不住地向身边的曾纪泽叮嘱：我死之后，丧事遵照古礼，不要请僧人、道士。

3月11日一早，行将就木的曾国藩还想着学习的事，知识对于他来说就是生命。他仍强行起身，然后，披衣端坐在案前，阅读《理学宗传》中的《张子》一卷。这本书，曾国藩已读过很多遍了，但每次读，曾国藩都有一些新感受。宋儒当中，曾国藩最喜欢的，就是张载了。张载学富五车，涣然自信，"为天地立心，为生民立命，为往圣继绝学，为万世开太平"，这样的情怀，对曾国藩影响很大。更可贵的是，张载的学说摒弃了

大厦将倾有人扶
——曾国藩

很多条条框框，以儒为宗，同时又汲取了佛、道的很多成分，不拘泥某种门派，有着广阔的游弋空间。一个人，有如此博大精深的思想，才算得上以天地为师，是一个真正的"通人"。曾国藩看了一会《张子》，又感到手摇心颤。家人忙扶他在榻上躺了一会。当天晚上，金陵的街道上，有很多行人看见一颗大星从上空弧线滑落，不由大惊失色，一时议论纷纷。

同治十一年（1872年）二月初四，即1872年3月12日这天，天空云层密布，一大早，就飘着绵密的小雨，淅淅沥沥的，仿佛一心想让人断肠似的。曾国藩早早地起床了，他清晰地记得，这一天是他祖父曾玉屏的祭日。上午，曾国藩在家人的搀扶下，躬身拜过设在家中的祖父牌位。

午后，连日颓靡的曾国藩似乎觉得精神好些了，示意要出去走走。儿子曾纪泽搀扶着曾国藩来到总督府西花园，在长廊里散着步。西花园又叫煦园，面积很大，尤其是水景，堪称一绝。水域四周，有东榭西楼隔岸相望，有南舫北阁遥相呼应，花间隐榭，水际安亭，堪称园林中的经典之作。园内还有石舫、鸳鸯亭、夕佳楼、东水榭、桐音馆、印心石屋、诗碑等十余处胜迹。曾国藩在园中蹒跚着，一边走一边颤颤巍巍地对曾纪泽说："我这一辈子打了不少仗，打仗是件最害人的事情，造孽，我曾家后世再也不要出带兵打仗的人了。"父子俩说着话，这时候雨已经停了，两人来到了廊外，不知不觉走进一片竹林。忽然，一阵大风吹来，曾国藩连呼"脚麻"，便歪倒在儿子身上。曾纪泽和随从慌乱地把曾国藩扶到书房的椅子上。曾国藩端正了衣服、帽子，然后静静地坐在那儿，一点声音也没有。三刻钟后，曾国藩气绝身亡。

曾国藩走得安然，走得静谧。他去世的消息传出后，朝野震惊。清廷追赠曾国藩为"太傅"，恩赐谥号"文正"，照大学士赐恤，同时赏银三千两治丧；入祀昭忠、贤良二祠，并于湖南湘江、江宁金陵建立专祠；生平政绩事实，宣付国史馆；一等侯爵即着子曾纪泽承袭。

曾国藩的师友们闻此噩耗，都纷纷表示哀悼，一时间，挽联、祭文堆积如山。由于人数众多，祭奠活动足足持续了百日才告结束！与很多大人物的情况相似，那些挽联、祭文大都不着边际、夸大其词，有的纯粹是敷衍了事的客气话。倒是左宗棠、李鸿章和郭嵩焘根据各自与曾国藩之间交往的经历所题写的挽联颇为深情：

> 谋国之忠，知人之明，自愧不如元辅；
>
> 同心若金，攻错若石，相期无负平生。
>
> ——左宗棠

> 师事三十年，薪尽火传，筑室忝为门生长；
>
> 威震九万里，安内攘外，旷代难逢天下才。
>
> ——李鸿章

> 论交谊在师友之间，兼亲与长；论事功在宋唐之上，兼德与言，朝野同悲唯我最；
>
> 考初出以夺情为疑，实赞其行；考战绩以水师为最，实主其议，艰难未预负公多。
>
> ——郭嵩焘

大厦将倾有人扶
——曾国藩

从某种程度上说，曾国藩的死是一个标志，那个颇有尊严、文雅、自闭、自给、自享、道德至上、鄙视物质、洁身自好的时代，在曾国藩逝去之后，已暝然消逝。世界进入一个新的时代：那是一个光明的时代，也是一个黑暗的时代；是最美好的季节，也是最糟糕的季节；是信仰的时代，也是怀疑的时代；是富足的时代，也是贫乏的时代……在此之后中国很长时间风雨飘摇的历史，都适合这样的表达。只是那个湖湘大儒看不到这一切了，他的灵魂正缥缈地飞翔在空中，那股巨大的悲怆之气慢慢地烟消云散。一个人解脱之后，当然不愿意再回首。这个世界，已不属于他了，只是一个叫作曾国藩的人的所作所为，至今还让人难以忘怀。

两朝帝师济世心

——翁同龢

　　翁同龢，清末主张维新的政治家。江苏常熟人。翁同龢为同治、光绪两位皇帝的老师，官至军机大臣，有极高威望，掌握一定政治权力。他的维新思想，灌注了光绪皇帝的幼小心灵，播下改革图强的火种。光绪登基后，他力图帮助光绪摆脱慈禧太后的控制，实行亲政，未果而变法失败。

　　翁同龢临终前，口拟挽联一副："朝闻道夕死可矣，今而后吾知免夫。"这位饱经忧患的政治家，终于离开了风波险恶的人世，得到了解脱。在他故世后的四年，清廷颁令"开复原官"，后又赐翁"文恭"谥号。

状元及第，踌躇满志

　　翁同龢（1830—1904年），字声甫，号叔平，又号瓶生，晚号松禅老人。清道光十年四月二十七日（1830年5月19日）生于北京，其父原籍江苏常熟，宦居京师。常熟翁氏世称旺族，明清以来仕宦显达，翁同龢的祖父曾任海州（今连云港市）学政，是一位笃行好学、清廉正直的官吏。父亲翁心存，为道光进士，曾任礼、户、工部尚书，官至大学士，做过同治帝的授读师傅。母亲也是一位熟悉经史的大家女子，她对于子女的管教颇得其法，翁同龢有兄姊4人，均受到良好的教育。翁同龢是兄弟姊妹之中最小的一个，父母兄姊对他格外怜爱。8岁时，翁同龢随父回到常熟，在那里，他度过了青少年时代。

　　常熟文化发达，人杰地灵，私家藏书闻名海内外。钱谦益的"绛云楼"、毛晋父子的"汲古阁"、顾湘的"小石山房"、冯氏的"空闲阁"、钱曾的"也是园"、席世臣的"扫叶山房"、瞿氏的"铁琴铜剑楼"等，为其中佼佼者。翁家藏书也颇丰富。身处这样的文化环境，翁同龢有志于学，读书勤苦：他整日埋首书中，很少走出书屋，夏日酷热、多蚊虫，就在桌底下放一大水瓮，将双脚置于其中，燃烛夜读；冬日严寒，则手持铜炉，吟诵不辍。在常熟老家，他先后阅读、浏览了百余种文史书籍，打下了坚实的学问基础。

道光三十年（1850年），翁同龢随父亲第二次来到北京，此后他的大半生在北京度过。同年，翁同龢参加礼部举行的贡试和拔贡考试，均名列第一，选为七品小京官。翁的目标不在于此，他继续读书，作八股文章，练习楷书。咸丰二年（1852年）翁同龢考中举人。咸丰六年（1856年）又通过了顺天府会试。会试中式后，还要参加复试，复试揭晓，获第一等第二名。会试、复试中式的生员称贡士，还不能算进士。只有通过殿试，才能称进士。殿试是最高一级的考试，由皇帝亲自主持，时间以一日为限，地点在紫禁城保和殿内。考试内容为经史、时务、策论各一道，每策三五题不等，每题答卷字数少则三五百字，至多不逾一千字。四月二十六日（5月29日）清早，翁同龢与其他新贡士齐集天安门前，由礼部堂官、读卷官带领，在护军统领、军校的护送下，进入保和殿，接卷答题。试卷用宣纸裱成，翁同龢在殿卷素页上填写个人的履历和家中三代姓名、官职，接着就在后面红线界内答题。这次三道试题主要是崇学、吏治、民生、靖边一类的题目，翁同龢以其平生所学，侃侃而论，所答大意为敦学以励士风，课吏以厘政绩，除莠以清社里，诘戎以靖边圉，前后约两千余言。

殿试名义上是皇帝发策，但实际上均由读卷官衡文。试卷的评阅，内容与书写并重。翁同龢的书名及才华在当时一般文人学士和部分大员中早已是有口皆碑的，因此，这种衡文的标准对他来说是非常有利的。这次殿试，翁同龢的试卷初列一甲第二名。殿试主考官、读卷大臣、大学士裕诚在复勘时，认为翁同龢的诗、书、文俱优于一甲第一名，遂将他改为一甲第一名。殿试后的第三天，咸丰帝在中和殿听读卷大臣读卷，并钦定一甲第一、二、三名。据说，当裕诚等读卷大臣将前十卷试卷呈上，咸丰帝略微审视了一下，当即宣谕："今科所取甚允洽。"待到拆弥封，读到"第

两朝帝师济世心
——翁同龢

一甲第一名翁同龢"时，咸丰帝满脸笑容，说："此翁某之子，深知其才。"引见时，咸丰帝又特意向翁同龢"注视良久"，对翁同龢的才华表示推崇和奖许。

咸丰帝对翁同龢的褒奖眷顾，翁同龢出类拔萃的才华以及他世宦之家的身世，预示着他日后在政坛上将有一番美好的前程。朝考揭晓的第二天，翁同龢被正式授为翰林院修撰，实录馆协修署纂修官。从此步入政坛，并一步一步被擢为要员。明清两朝的制度，非进士不入翰林，非翰林不得拜相。中了状元，在做宰相的资格上就有了保障，更何况状元的衔头最为尊贵，又远胜于其他翰林。因为有这种种的因素，所以读书人人人希望中状元。而翁同龢既然中了状元，他未来的事业，也就有了很好的开始。

初为帝师遭挑战

翁同龢的父亲翁心存曾担任同治帝的老师，他去世后，皇太后出于优礼慰勉之意，命翁同龢继承父亲的遗志，继续辅导年幼的同治帝读书。弘德殿乃是穆宗同治皇帝的读书之地，同治元年（1862年）翁心存、祁郡藻等担任穆宗的"师傅"，就是在弘德殿教读的。现在两宫皇太后再把翁心存遗下的"师傅"之任交给了翁同龢，谕旨中还叫他"勉承先人未竟之志"。这一分异常的恩礼，真可说是难得的"殊遇"。翁同龢此时30岁出头，真是年轻的帝师，但他教学有方，深受小皇帝的喜爱，也颇为两宫皇太后看重。俗语云："枪打出头鸟"，教学的成功给他带来了欢乐，也带来很多麻烦和苦恼。从资历上看，他入值弘德殿时间较晚，年龄又小，因而引起了"满洲诸公"的妒忌。妒忌最厉害的是徐桐。徐桐见太后经常称赞翁同龢，不表扬自己，急得直吐血。于是，他表面对翁彬彬有礼，暗中却挑拨翁和谙达们的关系，常在背后搞些小动作。

按清代书房的规矩，皇帝出入书房，师傅和谙达（满语教师）们都要站好队，在门口迎送皇帝。站队时，谙达们只能站在汉族师傅的后面。于是，谙达们心里不服气，觉得这样是低人一等。最使他们不满的是，师傅们可以坐着进讲，而谙达们则只能站着授书。谙达们几次想推翻这个规定，都没有成功。

翁同龢在同治四年（1865年）十二月初十日第一次进讲时，就遇到这个令人头疼的问题。他早已知道书房中的"站""坐"之争。这个争端始于醇亲王奕譞同治四年（1865年）取代恭亲王奕䜣任弘德殿稽查。一次，他传皇太后谕旨，命授读者在案旁就坐，其余的人可暂时退出书房，但他没说明其余的人是否可以侍坐。奕譞传了这个语意不明的旨意后，一些谙达认为有机可乘，教满语的谙达伊精阿首先公开在旁边坐着。不久，奕譞发现了这个现象，立即弹劾伊精阿，制止谙达在书房就坐。于是，谙达们愤愤不平，议论纷纷，要求改变这一不合理的规定。

翁同龢第一次入值弘德殿，觉得自己年纪轻轻，看见岁数比自己大得多的谙达们站着，而自己却要坐着，于心不安，尤其是知道"站""坐"之争的内幕后，怕招来议论，因而对是否就座一时有些犹豫。但他又一想，这是大清旧制，不可随便更易，不能因为自己一个人谦虚而顿改旧制。想到这，他就毅然决然地入座进讲。

两朝帝师济世心——翁同龢

谙达们没有达到目的，便迁怒于汉族师傅。而徐桐则利用自己一半旗人的身份，挑动谙达们把不满情绪集中到翁同龢身上，掀起了反对翁同龢的小风波。同治五年（1866年）十一月，在徐桐的挑动下，谙达奕庆、桂清等人相继"掀腾"，在授课时也仿汉人师傅例就座。翁同龢不知是计，就以一个卫道士的身份公开表示反对，认为这个规矩沿袭已久，若要更改，须请旨方可。翁的态度加深了谙达们对他的怨恨。于是，他们故意延长自己膳前授课的时间，挤掉翁同龢讲授汉功课的时间，企图要翁同龢担当授读"不尽心"的责任。

同治七年（1868年），书房改为整功课。整功课极其繁重，小皇帝早五点起床，六点上课。冬季天还没亮，小皇帝就已到书房了。一天下来，读生书、背熟书、练字、默写、温课、写诗、作论、拉弓、打枪，真是又忙又累。在上课的同时，又要参加很多仪式，往往影响功课进度，加重课业负担，一个十几岁的孩子，哪能堪此重负，因而经常生病，上课时也常常无精打采。另外，当时两宫太后又张罗给小皇帝选秀女，同治帝越发神思不定，因而功课进展十分缓慢。

本来课业负担就很重，而谙达们为了与翁同龢争夺授课时间，又不断加大满语的课业量，有时一讲就是一个半小时甚至两个小时，最后连小皇帝用膳的时间都被挤占了，两宫太后不得不空腹等着小皇帝下课进膳。进了膳后，小皇帝早已累得筋疲力竭，就是你翁同龢讲得再好，对一个已经打不起精神的学生也是无可奈何的了。这样，帝师们争斗的结果，牺牲的首先是小皇帝。

翁同龢鉴于小皇帝课业负担过重，想在教学方法上做一些改良。他采取灵活多变的授课方式，一会儿领着读，一会儿教他写字，一会儿又让他下来走动走动。他的这些改良方法遭到了倭仁、徐桐的反对。倭、徐在小皇帝情绪不佳、精神不聚之时，往往采用罚读、罚写的办法，逼迫小皇帝学自己教的课。尤其是倭仁，对自己讲的《尚书》要求极严，常让小皇帝默写《尚书》段落。小皇帝本来对这门课就不感兴趣，又让他把大段大段的课文背熟，真是难上加难。默写时，往往半天想不起来，急得直冒汗。连别的师傅都觉得于心不忍，但倭仁仍然严肃地瞪着眼睛看着，从不肯提示一个字。这样一来，小皇帝对这门课更是感到厌恶，不愿学了。

翁同龢反对这种教育方法，认为罚读罚写于事无补，主张"顺情劝诱"，通过各种方式激发小皇帝的学习兴趣。但这些建议遭到徐桐的反对，他指责翁同龢是"另开台面"，"借此取悦圣心"，是向小皇帝献媚买好。这些议论传到翁的耳朵里，气得他"肝气作痛"。

由于他们常罚读罚写，又加之谙达们故意延长满语课时间，翁同龢膳后的课时大多被侵占，有一次膳前竟拖到下午两点，膳后课几乎全部挤掉。翁同龢焦急万分，而徐桐和谙达们则暗中高兴，私下里幸灾乐祸地说："这下有翁叔平好瞧的。"见翁同龢整天愁眉苦脸，认为可把这个年轻气盛的帝师给"降"住了。

小皇帝可遭罪了。喜欢上的课没多少时间，而不喜欢上的课却没完没了，一天累得连话都懒得说，偶尔想轻松一下，说几句笑话，或画个小人儿什么的，立即惹出师傅们喋喋不休的一套大道理。这样一来，他身心交瘁，常闹小毛病。小皇帝也乐得生病，因为那样可以免去书房之苦。

两宫太后见小皇帝学业进展不大，还经常生病，心中忧虑，每次在翁同龢帝前进讲时，都细问小皇帝功课，并告诉他皇上易于疲倦，胃口不好。翁同龢明知这是因徐桐和谙达们作祟，加重了小皇帝的身心负担，但

两朝帝师济世心
——翁同龢

这话又说不出口；只是自言如何改进教学方法，如何增进皇上学习兴趣，对问题的实质避而不谈。

但人的忍耐终是有限的。翁同龢看到师傅、谙达们的争课影响了小皇帝的身心健康和学业，深感内疚和不安。无论是从师生感情出发，还是忠君责任感的驱使，他终于抛弃了个人的恩怨得失，向醇亲王诉说了自己的苦衷。醇亲王很同情他，就向两宫太后陈奏改良授课制度，翁同龢又与他协商解决办法，取得李鸿藻的支持。在醇亲王和李鸿藻的建议下，两宫皇太后正式传谕，满功课改在膳后上，时间不必过长；并要李鸿藻多抽出些时间，常去书房进讲。

满功课改在膳后的规定一公布，立即遭到谙达们的反对。在他们的鼓动和唆使下，宗人府理事官阿里汉陈奏：满功课改在膳后是重汉抑满，违犯祖规，大为不妥。太后见到这个奏折后，十分生气，斥之为无知妄言，把原折掷还，并再次传谕：嗣后膳前专读汉书，可用六刻钟；满语改在膳后，毋庸多读，酌减为要。在两宫太后出面干预下，抢占课时问题才得到解决。

帝师们的争斗给翁同龢带来了沉重的精神负担，使他的教学效果受到影响。同时，经过这番折腾，小皇帝的学习兴趣锐减，功课不好。西太后为此屡加斥责，说师傅们教导不力，甚至有一天竟说出了"恨不得我自己来教"的牢骚话。这些严谕责备，虽不是指翁同龢，但他心里也是惴惴不安。这时，又遇李鸿藻嗣母姚太夫人病逝，李遂力请回籍"丁忧"。这样，翁同龢感到自己势孤力单，书房颓局难挽，曾一度产生辞职之念。但他一想到国家多难，皇上典学未成，为臣责任重大，不忍离去，因而极力克制，坚持下来。

同治七年（1868年）十月，李鸿藻守孝满复任，仍在弘德殿、军机大臣任上行走。他回到书房后，在翁同龢的支持下，全力整顿书房。鉴于徐桐讲课效果太差，同治帝实在听不懂，李认为他难胜进讲重任，便奏请两宫皇太后将他撤下，改由翁同龢领讲。李的奏请得到批准，从此翁同龢取代了徐桐的位置。徐桐被撤后，气得大发牢骚，说翁、李二人互相标榜，存心打击他。翁、李则不以为然，全力进讲，同治帝的学业渐有起色。但不久之后，同治十年（1871年），翁母病逝，翁同龢回籍守孝。

令他没想到的是，在他回籍丁忧的三年间，年少的同治帝缺少管束，受恭亲王长子载澄的引诱，偷偷潜出宫，去烟街柳巷鬼混，不久，同治帝染上了梅毒。

原来，同治帝微服私游时所流连的地方，大多是一些普通妓馆，光顾的嫖客种类繁多，人物极滥，妓女接客也是毫无选择，兼收并蓄，因而最易于传染性病。同治帝不知深浅，纵淫无度，在这潭脏水里游来泡去，乐而忘忧，不知不觉，便染上了性病。

同治十三年（1874年）九月的一天，太监在给同治帝洗澡时，发现他肩背等处，有许多玫瑰样的斑疹。同治帝立即传来太医来看，太医李德立诊视一会儿，眉头不禁一皱，问道："皇上，身上痒不痒？"同治帝答道："没感到痒。"李德立一听吓坏了，但嘴上却说："不要紧。"

根据李德立的经验，这斑疹十有八九是梅毒疹。但说皇上得淫病，事关帝德清名，这可是要掉脑袋的事，他无论如何也不敢说出来。于是，他就草草地给皇上开了副清热解毒的药，同治帝喝了后，果然红斑渐退，大家便以为万事大吉了。

但在亲政以后，同治帝健康每况愈下。尤其在圆明园之争前后，他

两朝帝师济世心
——翁同龢

207

更加放纵地私游取乐，并借"查看园工"、"行围"和"校阅"之名，在京郊一带大尽游兴。但此时他已痛感性病的折磨：感到下身痛痒难忍。同治十三年（1874年）春天，他去西山扫墓踏青时，在路旁数以万计跪迎的官民面前，竟痛得直不起腰来，让臣民见到的只是一个面色苍白、未老先衰、佝偻虚弱的病态天子。

很快，同治帝腰部出现溃烂。后又向全身蔓延，在颈、胳膊、膝上都出现痘颗，这些痘颗又迅速溃破流脓。他脉息弱而无力，腰部两个烂洞不停地流着脓和腥水，而且溃烂的根盘极大，脓水不仅向外流，而且向体内深处流，外面的烂口很大，而里面究竟烂了多深多宽，一时看不出来，太医感到十分棘手。

同治十三年十二月五日（1875年1月12日）下午5时，同治帝瞑目而逝，年仅19岁。

穆宗之崩，对于翁同龢的打击极大。原来清宫有一远为前明所不及的传统，即是尊师；自雍正朝创建不立储而秘密择贤，传大位于身后的制度以来，翰林得派在皇子皇孙读书的上书房"行走"，充任师傅，往往即是仕途中康庄的开始。倘或学生得为天子，那就不仅入阁拜相为指间事；子孙亦如家有丹书铁券，除大逆不道以外，他罪皆可免死，如翁同龢即是一个极明显的例子。

因此，本质上是孝悌君子的翁同龢，早就打算好了要将这条路走到底。而李鸿章亦有意培植他做个替手，以便挪出在书房的工夫，专注于军机处。这些主观的意向，客观的助力，在翁同龢服阕起复，重回弘德殿行走后的情形，表现得非常清楚。不过只是半年工夫，龙驭上宾，失去了一个做天子的门生，使得翁同龢的一切打算与希望，都如梦幻泡影了。

再为帝师受重任

同治帝去世后，因生前没有子嗣，西太后力排众议，不顾满族权贵的反对，宣布择立醇亲王奕谭的长子、自己亲妹妹所生、年仅4岁的载湉为帝，改元光绪。而她与东太后继续以皇太后的身份再度临朝听政。当西太后宣布这一决定时，命令在场的翁同龢、潘祖荫同军机大臣、大学士一起拟旨。翁同龢全力支持西太后再度垂帘听政。

在拟旨中，潘祖荫鉴于明世宗"大礼仪之失"，坚持"必宜明书为文宗祀"，想以此遮断醇亲王奕谭与光绪的父子关系。翁同龢则提出"必应书为嗣皇帝，庶不负大行皇帝付托"。他们的意见得到了军机大臣、大学士的一致同意而被载入谕旨之中。后来，吏部主事吴可读以西太后未给同治帝立嗣，在蓟州马仲桥自杀，想以死谏来唤起人们的注意及为同治帝立嗣。在处理这个事件中，翁与潘祖荫再次联衔陈奏，以立继大权，操之君上，以及清朝不立太子等为理由，反对为同治帝立嗣。

翁同龢在奏疏搬出了清朝的祖宗家法，来说明西太后不为同治立嗣符合本朝旧制，短短几句话就把吴氏的死谏否定了。由于此事，翁同龢为西太后愈发信任而大加重用。

光绪元年十一月（1875年12月），光绪帝虚龄5岁，两宫皇太后决定给光绪帝择师进学，并很快决定由翁同龢做他的师傅。

两朝帝师济世心——翁同龢

两宫皇太后之所以迅速作出这一决定，主要是基于以下考虑：一是翁同龢当初在弘德殿入值时，讲书同治帝很爱听，让他来授读光绪帝，一定"堪称此任"；二是翁同龢不像徐桐、李鸿藻那样"固板守旧"，为人平和，遇事机敏，这样的性格最能与小皇帝处理好关系；三是翁同龢在办理同治帝丧礼和拥立光绪帝两件事上对西太后表现了很大的忠诚，让他主持毓庆宫书房，大可放心。

但是，这项任命对翁同龢来说却是喜忧并俱，激动中感到有一股无形的巨大压力在身上：高兴的是两宫皇太后对自己宠眷不衰，而两度帝师，再造贤君，是一生中难逢的美举；担心的是自己担荷非轻，要把一个5岁的娃娃教育成为一代贤君圣主，真是谈何容易。

光绪二年正月二十二日（1876年2月16日），是光绪帝开蒙第一日。同当年入值弘德殿一样，翁同龢一早就漱洗完毕，坐轿入宫。这次授读的地点在养心殿东暖阁，主要是让光绪帝认字，实际上是学前准备。四月二十一日（5月14日）后，正式移至位于紫禁城斋宫东垣的毓庆宫。如果从这时候算起，到1897年4月书房裁撤为止，翁同龢入值毓庆宫前后长达22年之久。在这22年中，他实际上充当了书房总师傅的角色。夏同善在书房时间未及两年，就外放江苏学政了。此后尽管书房陆续添派了孙家鼐（燮臣）、张家襄（子腾）、松溎（寿泉）、孙诒经（子授）等人，但翁同龢对书房的责任非但未减轻，反而加重了。光绪九年六月（1883年7月）西太后面谕翁同龢：此后"书房汝等主之"，当面把皇帝教育的重任交给他。在22年的授读生涯中，他除了因病及两次请假回籍修墓外，几乎没有离开过书房，因此，对于光绪帝的影响最大，彼此之间的感情也最深。

翁同龢对光绪帝的教育大致分为以下几个阶段：

一、幼儿教育阶段。时间大约两年。当时光绪帝只有六七岁。翁同龢主要安排他认字、写仿、听讲书、读生书、背熟书。课本为《帝鉴图说》《论语》《大学》《孝经》《中庸》《尚书》《唐诗》《千家诗》《千字文》等。这是书房的基础教育阶段。若说遇到什么困难，由于光绪幼小，身体瘦弱，体质差，时常表现出怕背书、厌读书的情绪。因为是皇帝，不同民间寻常人家子弟，不能施行惩罚的办法，只能通过说教、诱导。有一次，孙家鼐曾仿照"起居注"的形式，搞了一本《自省录》，换言之，就是记过簿。将光绪在书房内的表现逐日记在上面，必要时呈给太后看，想以此来约束光绪，让他把书读好。但这一着非但未收到效果，还引发了一场"闹学"风波，光绪干脆"逃"宫，不读了。事后，翁同龢接受这一教训，改用体贴关心的办法，每当光绪表现出不愿读书、情绪不高时，干脆减去读书或背书的次数，提前下课，让太监陪他在庭中散步、休息。光绪有时腹痛不思食，不吃饭就来书房，翁同龢就立即传太监送来点心，并对光绪大加表扬一番。有时从书铺上购买《盘山志》《棉花图》等一些内容健康的图画，呈给光绪看。这样做的效果非常好，光绪不仅心情舒畅，读书勤奋，而且同师傅之间的关系也变得很融洽。

二、少儿教育阶段，相当于今日的小学教育阶段。时间大约有五六年。在这一阶段，翁同龢给光绪开设的课程先后有《礼记》《四书》《六经》《诗经》《左传》《通鉴辑要》《庭训格言》《通鉴辑览》《开国方略》《纲鉴览要》《明史》《皇朝经世文编》等。此外，光绪还学习拉弓、骑射，学习编写短文，学习作诗，师傅选讲经策、折件等。这时，光绪已是十多岁的少年，好奇好动是这一年龄层次的特点。他喜欢拆卸钟

两朝帝师济世心
——翁同龢

表，常常将宫中八音表带到书房内拆卸，以致读书全无心思。他好事模仿：一次张家襄（子腾）无意讲起洋人"以手搏饭"，不用筷子，他感到新奇，回到宫中用膳时竟真的做起来，太后追问，"则言张师傅说的"，吓得张氏"力白无之"；又有一次，他不知听谁说，"守庚申"，居然加以模仿，一夜在寝宫庭院内坐椅"观星斗"，次日进书房，徙椅而卧，呼呼大睡。翁同龢认为光绪好奇好动是好学、懂事的表现，是对新生事物敏感的反映，是好事，因而及时加以诱导。

三、青年教育阶段，相当于今天的中学教育阶段。时间约有五年。在这一阶段，由于年龄的增长，光绪已经是十五六岁了，加上知识的积累，他的求知欲特别强烈，初步具有一定的自学和判断是非的能力，对于社会政治比较敏感。在这一阶段，翁同龢开设的课程有《吕子实录》《古今学渐》《史记》《孟子》《史鉴》《大学衍义》《东莱博义》《通鉴论》等。另外，为满足光绪读书的欲望，又开列了一批课外阅读书籍，如魏源的《圣武记》《海国图志》，中外史地、出使各国使臣日记、笔述游记，汉译西学著作《普法战纪》《泰西各国新史揽要》，冯桂芬的《校邠庐抗议》等。从内容来看，古今中外皆有，这是清朝开国以来，历代皇帝读书中所没有过的现象。除此之外，光绪还遍觅宫中藏书阅读。如光绪帝曾将道光帝御书房《养正书屋》中收藏的《道德经》《道德真经》《道德经集解》等40多本书找来阅读。一度将乾清宫昭仁殿《天禄琳琅》所庋藏的内府善本书检出浏览，其中有南宋岳珂校刻的"五经"。这些都反映了光绪读书非常广泛。同前两个阶段相比，这一阶段书房教育有一个明显的不同：光绪除了读书、听师傅讲书外，师生还经常结合课本、所读之书，展开讨论，甚至结合当时发生的重大朝政活动学批折件，"聊天下事"，

大清名臣故事

"谈海国风情"，带有鲜明的经世教育色彩，对光绪分析问题能力的培养和政治上走向成熟收益不小。

四、成人教育阶段。光绪婚后，仍坚持到书房读书学习。亲政之后，读书已成为他生活中的重要组成部分。而所读之书往往是为了"亲政"的需要。在这一阶段，翁同龢一面授书，一面搜寻或荐呈有关著作供光绪阅读。所讲之书和所进呈之书大多为"时务书"，据翁同龢日记记载，有陈炽的《庸言》、汤震的《危言》、黄遵宪的《日本国志》、郑观应的《盛世危言》等。戊戌变法前夜，进呈了康有为的《明治变政考》《俄彼得变政记》，李提摩太所译的《时事新论》《列国变通兴盛记》等。有时也指导光绪帝作论，但更多的时候是议论朝政，君臣"造膝独对"。此时的书房已成为光绪帝和翁同龢秘密磋商国家大政的地方，书房教育的色彩大为淡化。因而引起西太后的不满，而于1897年2月下令将书房裁撤。

翁同龢在入值毓庆宫书房期间，对光绪帝的道德品质教育也十分重视。还在启蒙第一日，他就向光绪帝写了"帝德如天"四个方块字，并作了解释。此后，他结合光绪成长过程中发生的各类问题，多次指出"于学以正心诚意为本，勿视为迂谈"，要他"去伪"、"去虚"、"去妄"、"存真"、"存实"、"存正"，对封建政治道德身体力行。一次在丰泽园举行"猎耕"典礼，光绪帝极不严肃，行为举止近似嬉戏，事后翁同龢及时劝诫，指出"一切典礼当从心上出，否则即虚即伪，而骄惰且生矣"。光绪脾气不好，一次动手打了随侍太监。为此翁同龢对他进行严肃劝谏，指出此大为不可。光绪帝听后颇能接受。在政治上，翁同龢一直希望光绪帝能成为清代的一位贤明君主。他曾送给光绪帝一首诗，其中有两句："敬从光绪当阳日，追溯康熙郅治时"。翁同龢希望光绪能像康熙一

两朝帝师济世心
——翁同龢

样，文武兼治，雄才大略，力挽王朝的颓势，洗刷自第一次鸦片战争以来的民族耻辱，使国家重新振作起来。

为了培养光绪帝，翁同龢可谓呕心沥血，付出了巨大的辛劳。对于他在毓庆宫书房教育的功过如何评价？当然不能以西太后在将他革职、开缺的谕旨中所讲的那样，说他"授读以来，辅导无方"，"从未将经史大义，剀切敷陈，但以怡情书画古玩等物，不时陈说"，这是不公正的。事实上，翁同龢在毓庆宫的授读是成功的，这只要将它同弘德殿书房同治帝的教育情况加以比较，就不难得出结论。同治帝直到亲政前，在西太后检查他的学业时，诗无成诵，语不成句，西太后急得几乎哭泣。而光绪在翁同龢及其他师傅的精心教导下，进步很快，除了口吃这一先天不足之外，无论在哪一方面都远远超过当年的同治帝。

光绪性情宽厚，沉毅静穆，知识广博，且不好声色。这一点连西太后当初也不得不承认说："皇上实在是好学"，"功课好……下书房仍读书并漱芳斋亦不愿去"；甚至在生病之日，也坚持读书"不辍，其勤学如此实非常人所及"。光绪聪明懂事，有奋发向上之志，遇事"自欲振励，勿用人扶"，很想有所作为。光绪帝还流露出亲贤臣、远小人的看法，对百姓的苦难也有同情心，在一首题为《赏菊》的诗中写道：

> 金英烂漫绕朱栏，佳色清香秀可餐。
> 不看菊花看稼穑，我知民事甚艰难。

他深居九重，平日足不出宫，之所以对民间疾苦有所了解，显然同翁同龢平日的教育分不开。从某种意义上说，光绪的政治思想倾向就是翁同穌政治思想倾向的反映。光绪帝之所以有所作为，甲午年力主抵抗日本侵略，戊戌年间鼓起立志维新变法的思想风帆，发动轰轰烈烈的维新变法运动，都是同翁同穌突出经世思想的教育分不开的，是翁同穌点燃了光绪帝的改革思想之火。然而翁同穌这种成功教育同西太后所期望的目的正好背道而驰，西太后希望翁同穌将光绪帝培养成绝对顺从她的儿皇帝、政治傀儡，而不是一个有头脑、有独立见解、有政治抱负的君主。因此，翁同穌这样做的结果是不难料到的。西太后的专横不仅给日后光绪帝的"亲政"带来种种厄运，而且也给翁同穌的仕途蒙上了一层阴影。

初入军机处

光绪八年（1882年），翁同穌终于得以鲤鱼跳龙门——慈禧太后上谕：命翁同穌在军机大臣上行走。翁同穌一上任，就参与了两项重大政治活动：一是审理云南报销案；二是参与了当时清政府对法国侵略越南一事的交涉。

同治、光绪年间，因内忧外患，清政府经常需要调兵遣将，因此军费报销的事比较多。由于经办官员贪污中饱，致使很多账目无法核销。在这种情况下，经办官员便花上一笔钱疏通户部的经办司员，求得解决。云南军费报销案就是典型的一例。1879年，云南巡抚杜瑞联因云南军费报销一事，派出督粮道、善后局总办、云南军务后路粮台崔蹲彝和永昌知府潘英章携带巨款去京打通关节。崔、潘首先找到军机章京、太常寺卿周瑞清。

两朝帝师济世心
——翁同穌

215

周瑞清为此又向王文韶、景廉打招呼。户部经办司员、书吏开价要十三万两，崔、潘认为太多。正当双方讨价还价之际，工部右侍郎阎敬铭奉命授任户部尚书，户部司员、书吏慑于阎敬铭的声名，怕他到任后公事公办，不肯受贿，于是就在他行将到任的前夕，稍作让步，最后以八万多两了结了报销事宜。

阎敬铭，历任山东巡抚、工部侍郎、户部主事等职，素以清廉正直、善于理财知名。西太后欣赏他这一点，特旨令他担任户部尚书。他深悉户部积弊，到任后，本着"剔除中饱"、"节用务实"的原则，首先大刀阔斧地对部务进行了一番整顿。户部黑幕重重，一经检查，破绽百出，云南报销舞弊案很快暴露。1881年6月，御史陈启泰根据了解到的情况，上了一道奏折，指参周瑞清受贿，说明存银处所，并语中连带军机大臣王文韶、景廉二人。西太后览奏后，立即派刑部尚书麟书、潘祖荫确切查明，据实回奏。

刑部传讯了周瑞清及北京顺天祥汇兑庄和乾盛亨汇局的掌柜，最后只查出了五万多两银子的用途。显然还有三万多两是用来贿赂王、景二人的。随着查案工作的进展，王、景的劣迹愈加暴露。不久，江西道监察御史洪良品也上了一道奏折，直接弹劾王文韶、景廉有失重臣名节，请朝廷据奏，将二人"立赐罢斥"。奏折不仅指参了王、景，而且连所有军机大臣也一起加以攻击讥评。为了使整个军机处避嫌，经恭亲王奕訢奏请，西太后简派惇亲王和翁同龢饬传洪良品详加询问。

因案件涉及权贵重臣，朝廷内外，众目睽睽。过去参劾军机大臣的事也有过，一般无非是失职、徇情之类，像现在这样公然被指控受贿巨万、请求立即罢斥的事还是少见的。因此，翁同龢感到相当棘手。特别是对于王文韶，翁同龢的思想很矛盾：因为平昔时相往学，在一些重大问题上，政见率多略同，论私情应救他一把；但作为一个忠臣，又感到，像王这样的一个大僚，竟干出这种丑事，实在有辱班联，毁坏朝廷声誉，根本不值得同情。于是，他决定照章办事。

翁同龢与惇亲王奉命后，在宗人府询问了洪良品。洪良品呈上一份说帖，但内容与奏稿所讲无多大区别，仍是些风闻传言，并无实据，更不能提供人证。王文韶、景廉随即退出了军机处。然而案件并未因他们离任而结束。

当年十二月，翁同龢与潘祖荫进入军机。不久，潘祖荫因父亲去世，回籍丁忧，开缺离任，他的刑部尚书一缺改由张之万担任。翁深知其人向无作为，任事不敢负责。张希望早日结案，经他一再请求，又加派阎敬铭、刑部左侍郎薛允升会同审理案子。

在进一步审理此案过程中，承审人员发现没有着落的三万多两银子仍存放在顺天祥钱庄，而已有着落的五万多两，不少是列为"别敬"、"赠敬"、"节礼"的账目，涉及的官员很多。惇亲王主张对此进行严追，使翁同龢深感为难。在他看来，京官一向"清苦"，俸银微薄，不比亲王优厚，且外官馈赠，向有此例，不能视为受贿，如果按惇亲王的意思去做，就会牵连无穷，根本无法了结案件。尽管翁同龢百方辩解，惇亲王总是不以为然。由于翁同龢的意见与惇亲王不合，使案子无法查下去，只好耽搁下来。

一耽搁就是三个月。时间一拖，不免产生流言蜚语，说翁同龢为王、景开脱。张之洞与翁同龢的侄子翁曾源结为金兰之好，与翁同龢关系很近，特意上门告诉他外间流传有关他的浮言物议，劝他不必为王、景弥缝

两朝帝师济世心
——翁同龢

开脱。翁同龢报之一笑，竟不理睬。张之洞一气之下，发恨不登翁门。此时，光绪帝的生父奕譞也本着爱护师傅之心，致函劝告，要翁同龢避嫌。翁同龢只是复信道谢而已。

　　流言终于传到了西太后耳里，甚至连西太后对翁同龢也产生怀疑，疑心他站在王文韶、景廉一边，有意弥缝。在一次召见时，西太后当着翁同龢的面说："国家多难，天子幼冲，现在居然有人置国家王法于不顾，罔法植私，你们审理案子的千万不要放纵这些人啊！"翁同龢感到如果这种猜疑不消释，将对自己非常不利，于是立即指示由他派去参加会审的工部承审人员和刑部承审人员从速查证，核对银数。鉴于崔蹲彝已经自杀身死，翁同龢命令严诘潘英章。案情结果表明，虽有三万多两银子用途不明，但除此之外，供词中并无牵涉到王文韶、景廉的地方。翁同龢认为到此可以结案了，麟书、阎敬铭、张之万、薛允升也表示赞成。经过一番协商，六月十七日由翁同龢出面，召开了奉派查案五大臣会议。会上，翁同龢提出按律治罪的原则。但为了应付惇亲王，防止惇亲王认为罪名判得太轻，会议又将定罪分为两种：一种是按律拟定，不必法外原情；另一种是根据情节，酌量加重。薛允升浮沉刑曹十多年，翻破古今律书会典，精通刑名之学，大家一致推派他负责这一工作，逐一按律例规定，加减定罪。

　　果然不出所料，惇亲主看了名单后，认为有关人员判得太轻，而且惇亲王执意认定在顺天祥钱庄的三万多两银子是留着送给王、景的，王、景虽银子未到手，亦应严办。在西太后召见时，他还当面指责翁同龢等五大臣徇私不公。他说："潘祖荫丁忧回籍之前，先已定下完赃减罪的意见，临行时又把这个意见密示给五大臣，现在拟定的罪名就是按这个意见做的。"翁同龢认为惇亲王的说法意在罗列罪名。他陈奏说："潘祖荫早已离任，即使他不去，也不是他一个人能说了算的。"惇亲王又要求："今日必须遵旨对案内人员严办。"翁同龢立即反驳：现在并未降严旨，即使有旨，也应当依律例办罪，岂能畸轻畸重，随意破坏法律？他说："祖宗成法，国家宪章，着着俱在；根据旧例，此等犯罪，原只减一等，到嘉庆时始改为减二等，难道说，前圣这样做，是有意宽纵枉法舞弊之人吗？"他指责惇亲王不懂律例。惇亲王无言以对，但仍不罢休，又别有用意地挑拨说："现在太后垂帘办事，若太轻纵，将来皇上亲政，必定会有议论。"对此，翁同龢实在不能忍耐。按翁的性格，如果是在寻常地点议事，他早已拂袖而去，或同惇亲王大声争吵起来，但碍于召见，不便发作，遂即引用当年给两宫皇太后进讲的《治平宝鉴》一书中西汉法官张释之为汉文帝执法把关的两个故事来说明"法不阿贵"，"贵贱同法"，执法者不能曲从、迎合、附和上级或权贵个人的意见，而只能服从于法律的道理。

职掌户部

光绪十一年（1885年）秋天，大学士连续出缺：八月，东阁大学士左宗棠在福建督师殁于军，年七十三，赠太傅，谥文襄，入祀昭忠祠、贤良祠，恤典甚优；九月，武英殿大学士灵桂病殁。荣禄为灵桂之婿，其时"闭门思过"已久，醇亲王对他的误会，亦已冰释，正复趋活跃之时。

十一月，协办大学士阎敬铭、恩承，分别升补左、灵的遗缺。阎敬铭本为户部尚书，正揆席后，不能再兼尚书，于是翁同龢由工部调户部，一直到光绪二十四年（1898年）四月被逐为止，始终掌握财权。

户部满尚书本为崇绮，因协承大学士吏部尚书恩承升大学士，崇绮循资调吏部；遗缺由工部尚书宗室福锟继任，并升协办大学士。同时阎敬铭依"大学士管部"的制度，仍管户部。福锟与翁同龢同在工部，此时同调户部，照旧合作。

户部同工部虽同为清朝中央日常行政部门，但情形大不相同。工部事务较简，职事清闲，而户部就不同了——户部是一国财政的中枢，钱粮出入之所，不特事务繁杂，责任重大，且因国家多故，支出浩繁，库藏空虚，财政严重拮据，尚书一职不宜担任。弄得不好，轻则为人指责唾骂，重则革职丢官。再对翁同龢来说，虽知识渊博，但理财非其所长。还在光绪初年，他担任户部右侍郎时，就说过："曹事不能著力，自问亦不长于此，亦无此才力。"对国家财政的具体实际，外省的收支开销，农、工、商、关税、盐、厘等知之甚少。因此，要他担任这个职务实在是勉为其难。他在给陕甘总督谭钟麟的一封信中说："弟宽闲已久，于麋鹿之性为宜，忽居繁剧，不禁汗骇。弟到农曹，无片刻安闲，公事多不应手，窃欲效二疏遗轨，所以迟迟者，国恩未报耳。"他本想力辞不就，只是考虑到"国恩未报"，所以，才硬着头皮就任。

翁同龢担任户部尚书后，办理的第一件重要公务，就是解决长期困扰中央与各省财政的西征军军饷问题。

光绪四年（1878年），左宗棠平定阿古柏叛乱，收复新疆后，清政府为了巩固西北的防务，仍在甘肃、新疆一带驻扎了大约100多营、5万多人的军队。这些军队每年所需饷银约在1180余万两，若遇上闰月，另需添银

90余万两。军需之外，还有所谓的"善后经费"，每年动辄数十万两。由于勇无定数，饷无定额，通盘计算，西征军每年共耗近岁国家财政收入的六分之一。这对清政府来说，无疑是一个巨大的沉重负担。

西征军军饷主要来自各省关，即通常所说的"协饷"。自咸丰以后，天下扰攘，军兴不已，国家财政早已到了山穷水尽的地步。为了拨付西征军饷，各省关或搜刮库储，或向商借，剜肉补疮，设法筹解，尽管如此，仍是缓不济急，无法满足西征军的急需。西征军各营因饷需不足，咸谓"嗷嗷待哺"，"飞章告催"，或"借防兵士哗变，径直奏请中朝"。户部不得已，只好为之提拨，于封储洋税项下，动拨数万、数十万两不等，以救其急。但是，"此处甫行领完，彼处告急之电又至"，不得已，户部再为之借拨。而各营领到部款后，旧欠甫清，又有新亏，于是另向商借，甚至有些部队浮报兵勇人数，暗地偿还；或将应协之饷，明请抵补，结果是一款未清，又借一款，重重计息，越积越多。据不完全统计，到光绪十一年（1885年）年底，西征军各营借款，连同息银以及户部为之垫拨的853万两，总数超过2000万两。历任户部尚书因"库款空虚"，筹拨万难，无不为此焦虑不安。

翁同龢上任后，主持召开了有部堂官、南北两档房和十八司主稿参加的筹解西征军军饷的会议。在充分听取与会官员的意见之后，他与福锟、良冈、孙诒经等人联衔，代表户部向西太后进呈了一道有关西征军军饷不敷、务求节省的奏疏，提出停止葬银、红事赏银、军官廉俸、兵丁役食适当减折、一切支款均须减平等压缩西征军开支的措施，建议将"裁省所得之款，悉以供军"。这些措施虽经谕准，但实际裁后所得之款非常有限，根本解决不了西征军军饷和西征军各营的亏空。相反地，光绪十二年

（1886年）户部为西征军各营垫拨的协银非但没有减少，反而比前一年增加了30万两。

西征军军饷不仅是户部的一个沉重负担，而且也是各省关的一个沉重包袱。光绪十二年（1886年），江西、安徽、湖北等省因拨解西征协饷数目较大，咸以"既供本省各营，又顾西路协饷、预拨来年钱粮不足填补上年旧欠"为借口，要求停解；江苏、浙江、福建、山东、山西、河南等省则以西路协饷和筹办海防两者"势难兼顾"为由，要求改拨。李鸿章因筹办海防、编练北洋海军，也主张停拨西征协饷，而专办海防，故对以上各省拨解之说表示赞同。对于上述停解、改拨的意见，翁同龢均不赞成。

光绪十三年三月（1887年4月），翁同龢与其他户部堂官联衔，再次向西太后递交了一道长达万余字的《统筹新疆全局疏》，提出裁军、节饷、大兴屯政、统一事权等四项解决西征军军饷的办法。

西太后将翁同龢等户部官员的两道奏折发交军机大臣以及陕甘总督谭钟麟，新疆巡抚刘锦棠，驻新疆各军统兵大员金顺、荣全、张曜、锡纶等人复议，一致认为事属可行。根据他们的复奏意见和有关建议，翁同龢代表户部，会同吏、兵、工三部堂官，会商制定了有关裁兵、屯政的具体细节和措施。光绪十五年（1889年）经裁减后，西征军只剩下1万多人，是年屯田共收获粮食3000多万斤：不仅实现了驻军粮食自给，而且还有所剩余；既减轻了内地各省和户部的财政负担，又开发了新疆，对推动西北地区的社会经济发展起了积极作用。

朝中主战派

　　翁同龢是一位旧式的爱国者，他的爱国与忠君是联系在一起的。面对西方列强对中国的现实威胁，翁同龢属于主战派。他主张，即使和谈，也必须讲究原则，决不可屈从侵略者。

　　光绪八年（1882年）9月李鸿章同法国代表正式议订《中法简明条约》（草约）十三款，承认法国控制越南。翁同龢见到文本后，大为气愤，坚决反对批准草约，主张做战争准备。他对刘永福黑旗军的抗法行为十分赞赏，主张政府予以援助，授予刘永福顶戴。光绪十年（1884年）3月5日法国侵略军攻占北宁，翁同龢在军机会议上再次大声疾呼，速请边将出战，筹兵添饷，但奕䜣无动于衷，仍不作出坚决抵抗的决定，翁同龢拂袖而起。4月，因法军攻占镇南关，西太后将奕䜣为首的军机全班人马罢免，翁同龢仍回毓庆宫做皇帝老师。

　　光绪二十年（1894年），中日朝鲜问题交涉发生后，清政府因购船艇，以及军队的开拔，新军的招募编练，沿海设防，共约需银八百万两。如此庞大的军事费用，一下子全部落到了户部头上。翁同龢为筹措战费，四处奔波，力尽艰难，几乎到了精疲力竭的地步。然而，令他苦恼的是，自中日战争爆发，尽管前线战事激烈，国家财政困难，西太后的万寿庆典筹备活动依旧紧锣密鼓地进行，各部院衙门咸以庆典经费不敷支用，三天

两朝帝师济世心
——翁同龢

223

两头地向户部伸手要钱，这使翁同龢和其他户部堂官感到非常棘手难办。

而此时，西太后置国家民族安危于不顾、大肆挥霍国家钱财操办自己的六十大寿，同样引起正直官僚的不满。七月底，内阁学士文廷式、御史安维峻等三十多人联衔呈奏，要求光绪帝下令停止太后万寿庆典筹备活动，集中全力对付日本侵略者。八月初，以内阁学士李文田为首，南、上两书房四十多名翰林编修再次联衔上奏，以"预防倭奸混入"为名，要求"停办点景"。翁同龢认为这些奏疏的要求"入情入理"，"持论极正"。在舆论的推动下，翁同龢经过几天几夜的反复思考之后，终于鼓起了勇气，于八月十四日同其他户部堂官联衔，以户部名义上了一道公折，折中陈述了筹款为难情形，请求停止万寿庆典"工作"。光绪帝完全赞成翁师傅此举，并对翁师傅的勇气表示钦佩。

在光绪帝的授意下，南、上两书房的志锐、丁立钧、洪良品、高燮曾等一批官员也纷纷上奏，呼吁停止庆典工程，移祝寿费为战费。在舆论的压力下，西太后只得作罢，但由此对光绪帝、翁同龢记恨于心。

更使西太后大为恼火的是，自中日朝鲜问题发生以来，光绪帝"惟翁之言是听"，而每次召见臣工之前，必先在书房内同翁同龢单独促膝独对，书房简直成了师生两人"密笏"谋划之地，这是西太后绝对不能允许的。她不顾残酷的战争形势，决定立即对光绪帝和翁同龢进行报复。借口光绪帝宠瑾、珍二妃"有祈请干预种种劣迹"，宣谕降为贵人。以珍妃位下内监高万枝"诸多不法"，下令内务府予以"扑杀"。

西太后的上述倒行逆施活动引起了一部分官僚的不满。御史高燮曾上疏指责西太后归政后不应干预皇上办事。紧接着御史安维峻也上书，斥责西太后主和误国、恋权不放。西太后大怒：这真是反了天了！而此时的翁同龢呢，却对上书官员大力维护，西太后一怒之下，下令裁撤毓庆宫书房，想把翁同龢从皇帝身边赶走。后来还是光绪帝请重新复出的恭亲王奕䜣出面向西太后恳求，而西太后也"感到"自己一时"所论太猛"，目前还未到剪除翁同龢的时候，最后才勉强同意保留汉书房，但满文、洋文即行"裁撤"。

十月十二日，西太后在仪鸾殿单独召见翁同龢。对翁同龢来说，这是一次终生难忘的召见。为了安抚翁同龢因裁撤书房引起的"惊悸"和"不安"，西太后仍假惺惺地向他表示"信赖如初"。翁同龢感激涕零。西太后又"深情"地追忆同治亲政后母子不和以及拥立光绪时的困难情形，翁同龢听后"不禁泪下如縻"，慈禧也神色怆然，一个劲地褒奖他，说他忠实可靠。慈禧是很善于玩弄政治权术的，其实她早已失去了像当年那样对翁的信任。随着帝后权力斗争的发展，慈禧对他的所作所为越来越无法容忍，一待时机成熟和斗争需要，随时随地将他裁抑，逐出政坛。

慈禧一生"万事如意"，可逢到"万寿"良辰偏不能让她称心。这次正当西太后全神贯注准备大庆其"万寿"时，却"迎来"了日本侵略者对中国发动的一场侵略战争。十年后，章太炎在西太后七十"万寿"前夕做成如下一副对联：

今日到南苑，明日到北海，何日再到古长安？叹黎民膏血全枯，只为一人歌庆有；

五十割琉球，六十割台湾，而今又割东三省，痛赤县邦圻益蹙，每逢万寿祝疆无。

可谓生动、形象地鞭挞了西太后专权祸国的丑恶行径。

两朝帝师济世心
——翁同龢

主张维新，事败遭贬

　　早在第二次鸦片战争以后，中国出现了早期的改良思想。翁同龢虽然出身于封建阀阅世家，又身居高位，但思想并不保守，随着时代的进步而进步。他面对帝国主义列强的侵略，中国积贫积弱、处处被动挨打的局面，研究西方的思想，研究日本明治维新的经验，逐步接受资产阶级维新观点，形成中国只有变法才能自强的主张。中法战争时，他力主抗战，扶植张之洞，反对李鸿章。特别是1894年中日甲午之战时，日军侵占朝鲜，李鸿章以庆贺慈禧太后寿辰为理由，主张对日本忍让，而翁同龢主张"大张挞伐"，反对妥协。清政府在内外抗日舆论压力下，八月一日宣布对日宣战。当时翁同龢任户部尚书，掌管全国财政，便上疏请求停止颐和园建造工程，将经费移作军用，增强军事实力。慈禧太后大为恼火，曾威胁说："今天你们让我不高兴，我亦会叫你们一辈子不高兴！"平壤战役，清朝陆军大败。九月十七日，北洋海军十艘军舰在运兵返回时遭到日本十二艘军舰突然袭击，北洋海军军官们同仇敌忾、沉着应战，"致远号"管带邓世昌英勇牺牲。这一仗中日损失大致相当。中国尚有八十艘军舰，而日本才有二十多艘军舰，中国有几十万陆军，而日本才有十二万多陆军，战争完全可以打下去。但慈禧太后、奕䜣和李鸿章消极避战，一心投降，不断派人向日本求和，遭到拒绝，又下旨叫翁同龢请俄国干涉。十一月十八日，日军攻打旅顺，海军提督丁汝昌请求率舰救援。李鸿章不准舰队从威海卫出来，造成日军围歼北洋海军形势，使北洋海军全军覆没。奕䜣、李鸿章便与日本签订辱国丧权的《马关条约》，割让辽东半岛（后用三千万两银子赎回）、台湾、澎湖列岛给日本，赔偿日本军费两万万两，等等。消息传出，群情激愤！天朝大国，竟然被小小日本打败，触景伤时，激起人们力主变法的浪潮。领导这个运动的，在朝内，以翁同龢为代表；在朝外，以康有为为代表。

翁同龢经常对光绪帝说："练兵强天下之势，变法成天下之治。"光绪皇帝在他的影响下，要求君臣上下"实力研究，亟求兴革"。为了变法图强，翁同龢不断发现人才，推荐人才，他觉得康有为很有才干，主张变法，便积极将康有为推荐给光绪。康有为（1858—1927年），广东南海人，光绪进士，授工部主事。1888—1898年，鉴于中国惨败于日本，曾七次上书光绪皇帝，要求变法。1895年第二次上书时，约赴京会试的举人一千三百余人共同签名，拒绝签订《马关条约》，成为历史上有名的"公车上书"。光绪皇帝在朝内虽有翁同龢等出谋划策，支持变法，在朝外，有康有为等大造舆论，但毕竟是个没有实权的皇帝，实权完全操在顽固派慈禧太后之手，要迈开变法的步子，步履艰难。翁同龢便劝光绪皇帝接见康有为，听取他的变法意见。但节外生枝，遭到奕䜣的阻挠，说什么"本朝成例，非四品以上官不得召见"。换句话说，四品以上官员，皇帝才可以召见，康有为任工部主事，是六品官，不能直接与皇帝见面。翁同龢机智巧妙地运用"皇上有所询问，可命大臣传话"，让康有为进见。在翁同龢的坚持下，光绪二十四年（1898年）一月二十四日下午三点钟，李鸿章、翁同龢、荣禄三人在总理各国事务衙门，即外交部西花厅召见康有

两朝帝师济世心
——翁同龢

为。荣禄首先反对康有为，说："祖宗之法不可变。"康有为立即反驳说："用祖宗之法治祖宗的土地，现在祖宗的土地也守不住，还有什么祖宗之法？！即使现在我们所处的外交部，也不是祖宗之法原来就有的，也是根据形势需要设置的。"驳得荣禄哑口无言，翁同龢心里非常高兴。李鸿章接着反对说："吏、户、礼、兵、刑、工六部可以撤销，但条例可以完全废除吗？"康有为说："条例就是一时不能改，可以根据情况逐步地改，这样新政才能推行。"至于说到经济、政治、文化方面的改革，康有为回答得头头是道，翁同龢大为赞赏。接见完毕，向光绪皇帝汇报时，翁同龢竭力赞扬康有为，说："有为之才，过臣百倍。"康有为在被大臣召见后，又第六次上书光绪，由翁同龢转进，强调指出："变则能全，不变则亡；全变则强，小变则亡。"他建议设上书所，揽才考政；设制废局，议论政治体制改革；改革科举制度，设立学堂，翻译西书等。在翁同龢的安排下，光绪皇帝破例召见康有为，跟他谈了两个小时。光绪说："你的变法条例、章则订得很具体。"康有为说："那么皇上为什么不厉行呢？"光绪帝看了看帘子外面，停了停，叹口气说："我也受到种种限制，不能放手干啊！"康有为教光绪皇帝以后多下谕旨，这样，守旧大臣就不敢反驳了。康有为走后，光绪帝与翁同龢商量相关事宜。翁同龢认为康有为的建议是切实可行的。他对光绪说："皇上可以就权力所及的先做。"他建议光绪用釜底抽薪法，撇开顽固派大臣，提拔重用京卿、御史两种官员，分别担任内外各种差事，让他们从下面切切实实干起来。他教光绪皇帝注意搜罗人才，形成一股核心力量，俟时机成熟，上台亲政。光绪帝便宣布康有为为总理各国事务衙门章京行走，专管奏折之事。赐梁启超六品衔，赐谭嗣同、刘光第、杨锐、林旭四品卿衔，任军机处章京，批

大清名臣故事

阅奏折。

在翁同龢的周密策划、赞助下，在康有为及军机四章京的发动下，朝野改革呼声一浪高过一浪，迫使慈禧表态，同意变法。慈禧假惺惺地说："皇帝要办的事情，我决不阻挡。"这样，光绪皇帝便于1898年6月1日下诏宣布变法。在6月1日至9月21日的一百零三天里，光绪皇帝共下了一百一十多道上谕，从上到下进行改革：宣布废除八股文，改革科举制度，秀才考策论，开设经济特科，选拔科技人才，设立京师大学堂（即北京大学前身），改各省书院为学堂，中学、西学兼学，派遣留学生；改革财政，编制预算，兴修铁路，办邮电局；用西法训练军队；裁撤詹事府、光禄寺、太常寺等冗滥机构。变法维新，成为举国瞩目的运动。

但维新变法触犯了以慈禧太后为首的顽固派的利益，指使他们的爪牙纷纷上表反对。慈禧太后知道翁同龢是朝内支持光绪维新运动的骨干分子，把他看成眼中钉、肉中刺，必欲除之而后快。在光绪皇帝下诏变法后的第四天，慈禧太后就逼光绪皇帝连下三道朱谕，撤销翁同龢的职务，说："协办大学士翁同龢，近来办事多不允协，以致众论不服，多次有人参奏。而且每次召对、咨询时，主观决定，喜怒在语言中流露，不把皇帝放在心上，渐渐露出揽权狂悖情况，断断难以担任中央最高权力机关的工作。本应查明究办，给予严厉惩罚，姑念他在毓庆宫行走，担任师傅，不忍立即加以严惩，着即开缺，回原籍常熟，予以保全。"翁同龢被逐去朝廷，离开光绪皇帝回乡，但他仍时时关心变法前途，深为国家命运忧虑。光绪皇帝离开了翁同龢，好像失去主心骨，被慈禧太后孤立起来。慈禧控制了军机、人事权后，立即下令废除新法，逮捕变法分子。谭嗣同、刘光第、杨锐、林旭、康广仁、杨深秀六君子英勇就义，康有为、梁启超逃

两朝帝师济世心
——
翁同龢

亡日本。维新变法，宣告失败。这时慈禧太后还不放过翁同龢，令光绪下诏说："翁同龢授读以来，辅导无方。往往巧借事端，刺探朕意。今春力陈变法，滥保匪人，已属罪大恶极，无可饶恕。前令其开缺回原籍，不足惩戒其罪行，着即革职，永不叙用，交地方官严加管制。"翁同龢隐居常熟，表面上寄情山水，悠然自得。其实，他一直关注着政局的变化，关心着光绪帝的命运，常常中夜更衣，望北而拜。光绪三十年（1904年）日俄开战，两大帝国主义强盗为了争夺中国权益，在中国土地上厮杀，这位老臣无限伤感，加上亲友相继谢世，翁同龢的心情抑郁不振，终于病倒。同年6月西太后迫于社会压力，宣布解除党禁。6月28日翁同龢在院内北向叩首拜谢谕旨时，一跪不起，7月病逝。

翁同龢临终前，口拟挽联一副："朝闻道夕死可矣，今而后吾知免夫"。这位饱经忧患的政治家，终于离开了风波险恶的人世，得到了解脱。在他故世后的四年，清廷颁令"开复原官"，后又赐翁"文恭"谥号。康有为在国外得知翁同龢病逝的消息，非常痛惜，作哀词十四章，对翁同龢在戊戌维新变法运动中的历史功绩给予了高度评价，"他日新中国，元功应尔思"。这一评价似嫌过高，但表达了维新志士的心绪。

大清王朝"裱糊匠"

——李鸿章

　　李鸿章是近代中国外交政策和国防战略的主要制定者，是洋务运动的灵魂，是开启中国近代化的关键人物。尽管在李鸿章之前，曾国藩已开始接触中国近代化这一宏大主题，但是，真正在古老中国全面推进近代化事业的健将还是李鸿章。

　　李鸿章把自己比作一个"裱糊匠"，把他苦心经营的洋务事业比作"勉强涂饰、虚有其表"的"纸糊老虎"，其心态颇为感伤。梁启超这样评价他：我敬重李鸿章的才干，我惋惜李鸿章的见识局限，我同情李鸿章的遭遇。

少年李鸿章

　　李鸿章（1823—1901年），字子黻，号少荃，晚年自号仪叟。道光三年（1823年），生于安徽庐州府合肥县（今安徽省合肥市）一个书香门第的官僚地主家庭，成名后时人称之为"李合肥"即源于此。

　　李鸿章的先祖姓许，名福山，原居江西湖口县，后来迁到安徽合肥大兴集居住。这样传了几代，到了许迎溪时，同村的李心庄娶许家女为妻，两家遂结秦晋之好。但许家女久无生育，故许迎溪把次子许慎，也就是李心庄的妻侄过继给李家为嗣。七代之后，便传至李文安，就是李鸿章的父亲。李文安生有六男二女，儿子们大都用"章"字取名：长子瀚章，字筱荃，又作小泉；次子鸿章，字少荃；三子鹤章，字季荃；四字蕴章，字和甫；五子凤章，字稚荃；六子昭庆，字幼荃。

　　跟中国一般传统的中上农民家庭差不多，李氏世代以"耕读"为业。李鸿章的高祖父李士俊，由于"处家恭俭"，以最初"清贫无田"发展到后来拥有200余亩土地。但因李家有钱无势，缺乏政治靠山，所以常常受人欺凌。李鸿章的曾祖父李椿，处事"不畏强御，申辩得直"，从而逐渐改变了李家受人欺凌的状况。李鸿章的祖父李殿华，是县学习武的生员，但两次赴省城考举人不中，便断了进取功名的念头，退乡里课率子孙耕读。李鸿章的父亲李文安1834年中举，1838年中进士，官至督捕司郎中，记名御史。从此，一向以"力田习武"为业的合肥李氏宗族，一跃成为庐州一带的望族。

李鸿章生长在这样一个典型的耕读之家，其经济状况、政治地位、文化素质诸多因素，无一不在他的身上留下深刻的印记。经济状况的拮据，促使李鸿章知道生活的艰辛，刻苦自勉、奋发向上；政治地位的低下，促使李鸿章具有较为强烈的参政意识；较为浓厚的家庭文化传统素质，又为李鸿章创造了着意功名的良好文化氛围。这种特定的家庭环境和条件，推动着青少年时代的李鸿章按照"修身、齐家、治国、平天下"的传统封建士大夫人生模式迈出了一步又一步；并且对他终生处世为人，服官治事既产生了不可低估的影响，也决定着他的基本人生志趣和归宿。

少年李鸿章天资聪颖，读书进步很快。17岁时，他一举考中秀才，轰动乡里。此时的李鸿章高鼻阔额、身材颀长，踌躇满志。

道光二十三年（1843年），他收到北京做官的父亲的来信，便遵信所嘱，赴京准备第二年的顺天乡试。途中，他又写作《入都》诗，一共十首。其中一首是这样的：

丈夫只手把吴钩，意气高于百尺楼。

一万年来谁著史，三千里外欲封侯。

字里行间透露出他跃跃欲试的迫切心情，意气风发的神志跃然纸上。

刚到京师，他便在安徽会馆安顿下来，不久又搬到铁狮子胡同。很快，他就见到了曾国藩，寻到了自己理想中的"有道之人"。

曾国藩，是湖南湘乡人，字伯涵，号涤生，戊戌年与李鸿章之父李文

大清王朝「裱糊匠」——李鸿章

233

安为同年进士，故二人年兄年弟相称。自然，鸿章就以年家子的身份拜见了曾国藩。曾国藩对他进行了针对科举考试的指导，结果李鸿章在第二年的乡试中中举。此后，李鸿章经曾国藩的推荐，做了何仲高的家庭教师，在教何家公子读书的同时也为参加全国会试积极准备。

当时云集在京的各省举人组织了一个文社，选址在九条胡同，会长由曾国藩担任。每人每月交八首诗、三篇文章是社员的任务。李鸿章借此有利条件，向曾国藩请教诗文。由于他勤学好问，有了不小的进步，在学习诗词的同时，也不忘求教经世之学，因而深得曾国藩赏识。

道光二十五年（1845年）的会试，李鸿章虽然落了第，但仍觉得收获不小。曾国藩就是在当时知道了李鸿章是可用之才。

1847年春，李鸿章再次参加京师会试，三场中试后，参加殿试。殿试题目为：《孟子曰：予岂好辩哉，予不得已也》。李鸿章述："孟子战国中一人而已。今当举世披靡之会，使皆以缄默鸣高，则挽回气运之大权，其将谁属耶！大贤者出不徒辩一身，期其自尽，而当于千载寄其遐思以觉民也。"答卷以圣人为榜样，批评那些处在颓世的文人学士，皆抱着明哲保身，以缄默不说话而自命清高的错误态度；指出应像圣人那样，为挽回颓世之"气运"，不计较个人得失，要敢于辩论，敢于抒发自己的思想，以启发世人之觉悟。

当年5月，李中进士，授翰林院庶吉士。1850年，李鸿章升翰院编修。清咸丰元年（1851年），授武英殿纂修、国史馆协修。1852年，朝廷大考翰林院詹事府人员，李鸿章以编修身份与试、考列二等，赏文绮。

办理团练

　　李鸿章在京师供职期间，国内阶段矛盾已经十分尖锐。中国人民在鸦片战争之后，由于西方资本主义的入侵，再加上旧的封建压迫，已经陷入水深火热之中。广东、广西、湖南一带，受到鸦片战争的直接冲击，社会动荡尤为剧烈。1851年在广西桂平金田村爆发了太平军农民大起义。1852年，太平军打出广西，进入湖南。1853年1月，太平军一举攻克武汉三镇。同年2月，全军顺江东下，水陆并进，以疾风扫落叶之势，席卷东南，清军望风而逃，不战而溃。3月，攻占东南第一重镇南京，随即于当地建都，改南京为天京，建立了太平天国农民革命政权，与北京的清王朝封建政权相对峙。早在太平军初起时，清廷鉴于嘉庆年间因用团练政策镇压川楚白莲教起义奏效，就屡次谕令各省在籍大官僚兴办地方团练，以补官军力量之不足。1852年，曾国藩奔母丧在籍，即被任命为湖南团练大臣。截至南京被太平军攻占，先后奉旨兴办团练的地方共10省，被任命为团练大臣者计有40多人。李鸿章就是在这种情况下，奉旨离开京师，回原籍办理团练，从而走上镇压农民起义的道路。

　　工部左侍郎吕贤基，安徽旌德人，与李鸿章一家为世交。李鸿章在京师供职期间，颇以能文自喜，经常代吕贤基草疏言事。1853年2月28日，他得悉安庆被太平军占领，因"感念桑梓之祸"，便怂恿吕贤基向皇帝建

大清王朝「裱糊匠」——李鸿章

言，并连夜代写奏章。29日，咸丰帝批准了吕贤基的奏章，命他回皖督办团练，配合官军堵剿太平军。3月4日，吕贤基奏调编修李鸿章、刑部员外郎孙家泰、主事朱麟祺等皖籍官员随带同行。14日，又奏调兵科给事中袁甲三等赴皖帮办团练事宜。

早在1853年2月，安庆陷落后，安徽巡抚蒋文庆被杀，清廷命周天爵为安徽巡抚。周天爵以年老力辞，清廷即命他以兵部侍郎衔专办皖北团练。3月17日，清廷改命李嘉端为安徽巡抚。约在此前后，李鸿章随吕贤基等一行回到安徽，先至宿州与周天爵晤面。吕贤基一面会同周天爵通饬各州县举办团练，一面分遣李鸿章等属员回籍，各就乡邑，劝谕乡民，兴办团练。李鸿章回到合肥老家后，便在东乡募勇数百名，旋即随同周天爵至颍州、凤阳、定远一带堵防捻军。6月，天京派太平军沿江西上，皖抚李嘉端因军情紧急，将李鸿章调回，命他率团勇千人扼守江边和州裕溪口粮道，以功赏六品顶戴，并赏戴蓝翎。此后，李鸿章即率所部团勇配合清军转战柘皋、巢县、无为等地，并攻占东关。10月5日，太平军水师猛攻东关，李鸿章与总兵玉山力不能支，仓皇败逃，太平军随即占领东关，并将运漕镇、东关漕粮16万石陆续运往天京。清廷以李嘉端无能将他革职，于10月21日改命江忠源为安徽巡抚。李鸿章自东关败后，往投舒城吕贤基军营。11月上旬，太平军胡以晃、曾天养率军自安庆往攻庐州（今合肥市，时为清方安徽临时省会）。11月14日下桐城县。之后攻占舒城，斩刑部主事朱麟祺。团练大臣吕贤基和通判徐启山投水自杀。李鸿章与总兵恒兴逃回庐州。

当李鸿章率练勇在淮南转战之际，曾国藩正在湖南编练湘军（当时称为湘勇）。曾国藩奉旨督办团练之初，即以团练不足以"办贼"，而绿营兵又不可用，决心"改弦更张"，创建一支新的军队——湘军，同太平军作战。他创建湘军完全是针对绿营兵之"不可用"而来。因此，他编练湘军，决心摈弃绿营兵之积弊，仿照明代戚继光编练戚家军之"束伍成法"，实行封建乡土结合，建立严格的个人隶属关系：大小将领主要用湖南人，彼此或是同乡，或是同学，或是门生，或是亲族，都由各种封建关系把他们纠集在一起；士兵也都招募湖南人，最多的是曾国藩的老家湘乡人。整个湘军营制，大帅选用统将，统将自置营官，营官自拣哨官，哨官自行挑选什长、士兵。每个营只服从营官一人，各军只服从统将一人。各军各营彼此独立，互不相统属，全军只服从曾国藩一人，不受其他任何节制。当时曾国藩准备将编练的湘军与江忠源原有之楚勇合成一军，计划于第二年夹江东下，同太平军作战。不久，得知江忠源升任皖抚，随即致书江忠源，向他推荐李鸿章："李少荃（鸿章）编修，大有用之才，阁下若有征战之事，可携之同往。"与此同时，又致函李鸿章，将绿营兵之不可用，以及他在湖南编练湘军的做法和意图，告诉了李鸿章，要求他也能按照湘军精神，"束以戚氏之法，精练淮勇，待'明年楚勇过境'，即与楚勇合为一军"，"以为四省（湖南、湖北、江西、安徽）联防之计"，并告之江忠源现开府皖省，"求贤孔殷"，请李鸿章助一臂之力。

由于曾国藩的荐引，李鸿章自舒城逃回庐州后，即应新任皖抚江忠源之请，在庐州西北30里的岗子集，召集从舒城溃退的练勇600余人，协守庐州。12月12日，胡以晃、曾天养部太平军进围庐州。江忠源因城内兵单，连忙征调六安镇总兵音德布、寿春镇总兵玉山、已革按察使张印塘等部清军，分别自六安、巢县、东关赴援。咸丰帝也急命江南大营向荣速派和春北上，并严催已革陕甘总督舒兴阿部清军速援庐州。12月18日，太平军大败清军于拱辰门外，阵斩玉山。张印塘收集残部退往店埠（今肥东县）。1854年1月6日，在围城紧急之际，李鸿章驰赴正阳关舒兴阿军营乞援，愿率所部练勇，自备口粮，随同舒军解庐州之围。12日，舒军抵庐州外围，扎营岗子集，旋即派马队进至西城外，遥见太平军，不战自溃。14日，庐州即被太平军攻陷，江忠源投水塘死。江忠源之死，李鸿章在精神上受到很大打击，此后又投到新任皖抚福济门下。

庐州失守，江忠源自杀，清廷以漕运总督福济为安徽巡抚。李鸿章即率所部练勇投到福济门下。同年2月，李鸿章之父李文安亦奉旨回乡办理团练，与李鸿章一起，同受福济节制。李氏父子皆进士出身，在本乡颇有声望，经李文安招抚编练，李部团练势力逐渐扩大。庐州团练本有官团与民团之分。官团多兴于东乡，民团多兴于西乡。李鸿章所部练勇为东乡官团，其部下有李胜、张桂芳、张遇春、张志邦等人。西乡民团有大潜山下刘铭传，周公山下张树声、张树珊兄弟及紫蓬山下周盛波、周盛传兄弟，号称三山团练，十分剽悍好战。李文安回籍后，为了扩大自身势力，即将西乡民团张树声"如襄戎幕"，并通过他联络刘铭传及周氏兄弟。此外，庐江团首潘鼎新曾先后以李鸿章父子为师，彼此关系甚密，而潘鼎新与庐江另一团首吴长庆又为世交，李氏父子通过潘鼎新与吴长庆亦有联系。因此，李鸿章与其父李文安在淮南各团首中很有号召力，而这些团首也就成为后来李鸿章创建淮军的基本班底。

1854年冬，福济督军久攻庐州不下，李鸿章建议：欲攻庐州，应先取含山、巢县，断太平军之接济。福济采纳其议，于1855年2月1日，命他率所部练勇会同千总莫青山、佐领辑顺攻占含山，败太平军。李鸿章以功赏知府衔，换花翎，由是以知兵闻名。含山既下，李鸿章与其父又随同副都统忠泰进攻巢县。由于太平军力守，久攻不下，李文安在军中暴病身亡，李鸿章离军奔丧。7月26日，太平军万余人对忠泰营进行反攻，忠泰部清军全军覆没，李鸿章因不在军中得以身免。不久，李鸿章又回军中效力。11月10日，随福济、和春等围攻庐州，由他联络监生鲁云鹏、绅士王南金等人在城内纠众千余人为内应，清军遂得以夺占庐州，奉旨交军机处记名，以道府用。1856年10月下旬，又随福济等攻陷巢县，进占无为、和州等地，赏按察使衔。李鸿章在福济幕中，因福济实不知兵，多从李鸿章之议，由是遭众妒忌，颇不得志，同年底便离军，服丧守庐。朝廷以李鸿章迭次镇压太平军出力，交军机处记名，以道员补用。至此，李鸿章结束了办理团练生涯。

投靠曾国藩，创建淮军

曾国藩在湖南编练湘军，本打算交给江忠源统带东下，与李鸿章所招之安徽练勇合成一军，以为湘、鄂、赣、皖四省联防之计。江忠源既死，曾国藩乃自统湘军于1854年2月出境作战。他先以湖南为基地，与太平军争夺湖北、江西。继之，从1858年起，又以湖北、江西为依托争夺安徽，尤以争夺安庆为关键。同年8月，太平军再次攻克庐州。9月陈玉成与李秀成部太平军在浦口，一举将清军江北大营摧毁。湖广总督官文乘太平军主力集中东战场之机，命湘军自江西九江分两路入皖：一路由湘军悍将李续宾统率攻庐州，一路由江宁将军都兴阿率领，会同水师攻安庆。11月，陈玉成、李秀成自东战场回援三河，一举将湘军主力李续宾所部6000

精锐歼灭，致使湘军大伤元气。其时，李鸿章正在家乡为父母守丧，以皖北大局已不可为，遂于1859年1月13日投往驻师江西建昌的曾国藩军营。曾国藩一向对李鸿章十分器重，又适逢湘军新败，正需用人之际，李鸿章的到来，自然非常高兴，师生连日竟夜畅谈大江南北各路军务。李鸿章到建昌不足10天，曾国藩即决定由李鸿章主持增练皖北马队，附于湘军，用两淮之特长，补湘军之不足。李鸿章受命，随即遣人至颍、亳一带招募勇丁。但颍、亳地方绅士，借口团练保卫乡里，对往招之人百般阻拦，是以两淮马队之议，遂未实行。招勇未成，曾国藩即命李鸿章前往曾国荃所部湘军。6月11日，李鸿章随曾国荃自抚州进兵景德镇。与此同时，曾国藩具折向朝廷奏明，留李鸿章在营襄办军务。自此李鸿章成为湘军正式成员。数日后，曾国藩致书李鸿章："阁下此行，其着意在于察看楚军各营气象，其得处安在？其失处安在？将领中果有任重致远者否？规模法制尚有须更改者否？一一悉心体察。""阁下宏才远志，自是匡济令器，然大易之道，重时与位，二者皆有大力者冥冥主持，毫不得以人力与其间。"可知，曾国藩要李鸿章前往曾国荃军营颇有深意：一是要他考察湘军之得失，二是要他等待机会担负重任。7月13日，李鸿章随曾国荃攻陷景德镇。14日，进占浮梁县，旋即回归抚州，于8月13日，回到曾国藩处，即留幕中担任文案工作，并参赞军务。自是，曾国藩所至，必携李同行，成为曾国藩的得力助手。

1860年5月，太平军第二次摧毁清军江南大营，清朝的正规军队绿营兵已崩溃。咸丰皇帝环顾左右，唯有依靠湘军镇压太平军。同年夏，授曾国藩为两江总督、钦差大臣，督办江南军务，所有大江南北水陆各军统归节制。其时，李鸿章随曾国藩驻师祁门，经营皖南。李鸿章鉴于祁门地势偏僻，建议曾国藩待皖南部署稍定，即应亲往淮扬一带兴办水师。他认为这样，既可保淮扬饷地，又可控制全局，以实现进军下游之计划。湘军二号统帅胡林翼完全赞同李鸿章的主张，曾7次函请曾国藩经营淮扬，并力荐李鸿章，求为保举实缺。8月19日，曾国藩决定采纳胡、李的意见，奏保李鸿章为两淮盐运使，黄翼升为淮扬镇总兵，并向朝廷力荐李鸿章之才，他在奏折中说："该员劲气内敛，才大心细，与臣前保之沈葆桢二人，并堪膺封疆之寄。而李鸿章研核兵事，于水师寂要，尤所究心。"曾国藩决定举办淮扬水师，原计划利用淮徐等处风气刚劲，在淮扬兴办船厂，招募两淮之勇，以补湘军之不足。为此，他命李鸿章等先至淮扬，俟稍具规模，明年再亲往主持。但李鸿章等尚未启行，太平军已发动第二次西征，忠王李秀成率军进入皖南，曾国藩因祁门危急，复将李鸿章奏留。这样，淮扬水师的创办，其船只好改在湘、鄂等处制造，勇丁亦由湖南招募。1861年5月成军9营。6月14日，曾国藩奏保黄翼升为统领，仿照湘军水师，定立营制饷章，淮扬水师正式宣告成立。在创办期间，李鸿章因李元度失徽州向曾国藩求情未允，愤然离营去江西南昌闲居。7月13日，在曾国藩的催促之下，才又回到已移驻东流的湘军大营。时淮扬水师已经成军，适逢由粤为水师购置的洋炮运至湖口，由李鸿章主持分配给各营，算是为该水师做了点工作。因此之故，李鸿章虽然与淮扬水师各营官有宗属关系，但他成军完全由曾国藩一手办成，同李鸿章的关系并不密切。嗣后该水师赴下游协同淮军作战，李鸿章也只能通过黄翼升指挥该军。

1861年9月5日，曾国荃部湘军攻陷安庆。李鸿章随曾国藩自东流进驻该城，朝夕会商进军金陵和进攻太平军的计划。当时的军事态势是：江苏、浙江的大部分地区仍为太平军所有，湘军要进攻金陵，非有大支劲旅分别进驻苏、浙不能济事，而湘军的力量显然不足分配。为补湘军力量之不足，利用两淮风气刚劲，编练淮勇，是曾国藩酝酿已久之事。恰在此时，又有上海绅士到安庆乞师，更促成淮军的编练。

上海自鸦片战争之后，成为五口通商口岸之一，地位日渐重要。1858年清政府即改以两江总督办理各国通商事宜，上海遂成为全国通商与外交的重心，1860年清军江南大营崩溃，太平军乘势东下苏（州）、常（州），苏南各地殷商富户纷纷避难上海，外国租界更成为栖居之所。同年7月太平军第一次进攻上海期间，正值英法联军发动第二次鸦片战争进犯京师之际，栖居上海的官绅十分惶恐不安，由于苏松太道吴煦请外国侵略者帮助守城，才使太平军未能进占上海。第二次鸦片战争结束之后，中外反动势力勾结起来共同镇压太平军，清政府为保住长江下游财富之区，遂有所谓"借师助剿"之议。但是以曾国藩为代表的地方实力派，出于对西方列强的防范心理和争夺地盘的欲望，对"借师助剿"始终未表赞同。上海孤立已久，望援甚切，适逢湘军攻占安庆，军威远播，曾国藩总督两江，又有保卫地方之责，于是上海官绅乃有赴安庆乞师之议。1861年11月6日，先有金匮知县华翼纶等到安庆乞师。18日，又有户部主事钱鼎铭等正式代表上海官绅持书抵安庆，谒见曾国藩，并晤李鸿章，座中钱、鼎铭等痛哭流涕，极言上海有饷无兵，望上海之兵早赴江东救援。为此，曾国藩与李鸿章连日讨论援沪办法。初拟令曾国荃所部湘军赴援，李鸿章偕黄翼升淮扬水师驻镇江，控制全局。但曾国藩欲令其弟曾国荃进攻金陵夺取首功，故援救下游的任务遂以李鸿章承当。计议已定，曾国藩即命李鸿章尽速募勇淮南，以为东征之资，并保举他为江苏巡抚、左宗棠为浙江巡抚，为进军苏、浙积极作准备。

李鸿章既奉招募淮勇之命，便积极同淮南各地团练头目进行联络：一是通过其父李文安旧部张树声联络合肥西乡民团头目刘铭传及周盛波、周盛传兄弟；二是通过其门生潘鼎新联络庐江官团头目吴长庆等；三是派人联络其在合肥办团练时的旧部张桂芬、张志邦、李胜、吴毓芬等；四是令其弟李鹤章、李昭庆回乡利用乡族关系募集亲兵。1862年（同治元年）2月初，即有张树声、刘铭传、潘鼎新、吴长庆之树、铭、鼎、庆4营团练武装开到安庆进行编练。此外还有张遇春的"春字营"亦加入训练（张遇春系李鸿章旧部，1860年应李鸿章之召去祁门，归入湘军，是时曾国藩即将春字营拨归李鸿章）。2月中旬，曾国藩又将两江总督亲兵营韩正国部湘军2营以及曾国荃部程学启"开字营"2营（程学启，皖北人，系太平军叛将）拨给了李鸿章。2月22日，在安庆城北正式成军，号称淮军，曾国藩为厘定营制饷章，悉仿湘军章程。当天，李鸿章即移驻军营。不久，又有从湖南新招募的由滕嗣林、滕嗣武统带的"林字营"2营以及由陈飞熊、马先槐分别统带的"熊字营"、"垣字营"各1营开到安庆，奉曾国藩之命也加入了淮军序列。总计，淮军安庆建军共有13营6500人。

淮军仓促成军，同湘军相较，显然有不同的特点。湘军创建之初，兵将均出自湖南，将领皆儒生，士兵尽农夫，并标榜以捍卫封建之道为最高宗旨。而淮军组成分子，既有团练武装，又有太平军降众，更有湘军整营加入，可谓"兼收并蓄"，杂凑而成。因此之故，淮军虽也有浓厚的地方乡土色彩，但较湘军为淡，且其将领不学者多，无共同的最高理想，唯以功名利禄是图，因而军纪与精神远逊于湘军。

受命组建淮军，是李鸿章一生的重大转折，他终于可以独树一帜，大显身手了。有兵即有权，这是人人皆知的道理。虽是书生点兵，又缺将少饷，但李鸿章以功名利禄为手段，以庐州旧有强悍的团练为基础，以其恩师曾国藩为后援，苦心孤诣，最终组建了一支继湘军之后的又一支强大的地方武装力量——淮军。由于手握重兵和湘军主帅曾国藩的举荐，1862年，已届不惑之年的李鸿章成为身兼江苏巡抚和通商大臣之职的实权人物，与其恩师曾国藩形成"双峰并峙"之势。李鸿章还效法曾国藩开设幕府，广招贤才。他特别注意提拔经世致用、精明练达之士，像丁日昌、冯桂芬等新型人才多受他的重用，这为日后他施展政治抱负奠定了人力基础。与此相反，太平天国自"天京事变"以后，元气大伤，出现"朝中无人，军中无将"的危殆局面。此时，太平军面临的形势极为严峻。1860年第二次鸦片战争结束后，中外反动势力开始勾结起来，湘、淮势力因清廷的倚重而不断加强，因此，太平天国的失败已成定局。李鸿章平日饱受曾国藩的思想熏陶，但"青出于蓝而胜于蓝"，他在用兵韬略方面比曾国藩更胜一筹。他的"用沪平吴"的军事方针，雄辩地证明他是相当有见地的。当时曾国藩要求李鸿章移师镇江，他认为"上海僻处东隅，论筹饷为要地，论用兵则为绝地"。李鸿章不为所动，坚持以上海为基地，认为上海是"中外杂处之区，通省兵饷吏事之枢纽"，驻兵上海，不仅可控制饷源重地，还可以得到英、法的更多援助。李鸿章深知，上海买办官僚的人心向背关系着淮军的命运，而淮军的兴衰又决定着个人宦海的沉浮。果然不久，在湘、淮二军的猛烈反扑和夹击之下，太平军节节后退。这时的李鸿章颇为志得意满，他驾驭桀骜不驯的洋兵洋将，"有鞭挞龙蛇视若婴儿之风"，他依靠洋枪队，造成了太平军的一次次战斗失利。

1864年，攻陷天京后，清廷论功行赏，李鸿章被封为一等肃毅伯，赏戴双眼花翎。

太平天国失败后，清廷的首要任务就是在原太平军占领区域重建各级政权。多年的战乱，曾为膏腴之地的苏、浙一带已是满目疮痍，地荒人稀。"十年壮丽天王府，化作荒庄野鸽飞"。面对百废待兴的局面，李鸿章一面恢复地方各级政权，一面下令各地绅董设立善后局，以"抚恤民生"。同时，在各地乡镇设难民局，收养流离失所的灾民。在战争破坏最严重的地区实行"招垦抚恤，豁免钱漕"的措施，"资遣回籍难民10余万人，并发牛种；招集流亡垦荒"。除此之外，李鸿章还大力恢复和加强文化教育，如兴建苏州试院，改进正谊书院，聘请俞樾、冯桂芬等一些名流任主讲等。他的这些政治、经济、文化措施，在客观上的确收到了为清朝廷服务的积极效果。

天京陷落后，虽然太平军的余部、北方的捻军及一些少数民族起义军仍坚持了数十年，但已不成气候，无力回天。清朝政权在风雨飘摇中又逐步稳定下来。经过农民革命急风骤雨式的扫荡，满族皇权日趋衰落，中央政府对武装力量和地方政权的控制大为削弱，以曾国藩、李鸿章等为首的一批汉族地主官僚在镇压人民反抗的过程中崭露头角。清廷对他们既倚重，又害怕他们坐大。权力较量的结果，使李鸿章的地位更加巩固。曾国藩因兵柄过重而深受朝廷的忌疑，鉴于"自古握兵柄而兼窃利权者无一不凶于国而害于家"的惨痛教训，长期宦海沉浮的曾国藩决定功成身退，以保全晚节。他的裁湘保淮的策略，为淮军的进一步壮大提供了难得的良机。此时捻军烽火正盛，朝廷不得不依仗淮军。到1865年，淮军已发展成为拥有全副新式装备的6万精锐之师。李鸿章也因此由署理江督到节制两湖，一跃成为控制三江两湖的最大地方实权派人物，这为施展其才能抱负提供了必要的政治条件。

大清王朝"裱糊匠"
——李鸿章

大清王朝的"裱糊匠"

在镇压农民起义的过程中，李鸿章不仅建立了一支用西式装备武装起来的军队，还创办了一批近代军事工业。同治二年（1863年），李鸿章雇用英国人马格里会同直隶知州刘佐禹，首先在松江创办了一个洋炮局，此后，又命韩殿甲、丁日昌在上海创办了两个洋炮局，合称"上海炸弹三局"。同治三年（1864年），松江局迁到苏州，改为苏州机器局。

同治四年（1865年），李鸿章在署理两江总督任上，鉴于原设三局设备不全，在曾国藩支持下，收购了上海虹口美商旗记铁厂，与韩殿甲、丁日昌的两局合并，扩建为江南制造局（今上海江南造船厂）。与此同时，苏州机器局亦随李鸿章迁往南京，扩建为金陵机器局（今南京晨光机器厂）。同治九年（1870年），李鸿章调任直隶总督，接管原由崇厚创办的天津机器局，并扩大生产规模。于是，中国近代早期的四大军工企业中，李鸿章一人就创办了三个（另一个是左宗棠、沈葆桢创办的福州船政局），已如他自己所言"练兵以制器为先"。尔后，在引进西方设备进行近代化生产的实际操作中，他又进一步得出："中国欲自强，则莫如学习外国利器。欲学习外国利器，则莫如觅制器之器，师其法而不必尽用其人。欲觅制器之器与制器之人，则或专设一科取士，士终身悬以为富贵功名之鹄，则业可成，艺可精，而才亦可集"，反映出他认识的深化。

出任直隶总督后，责任愈巨，视野愈阔，综观世界各国的发展，李鸿章痛感中国之积弱不振，原因在于"患贫"，得出"富强相因"，"必先富而后能强"的认识，将洋务运动的重点转向"求富"。

同治十一年（1872年）年底，他首创中国近代最大的民用企业——轮船招商局。先任朱其昂为总办，后以唐廷枢为总办，徐润、朱其昂、盛宣怀为会办。由此奠定了"官督商办"政策的基调。其后，在整个七八十年代，李鸿章先后创办了河北磁州煤铁矿（1875年）、江西兴国煤矿（1876年）、湖北广济煤矿（1876年）、开平矿务局（1877年）、上海机器织布局（1878年）、山东峄县煤矿（1880年）、天津电报总局（1880年）、唐胥铁路（1881年）、上海电报总局（1884年）、津沽铁路（1887年）、漠河金矿（1887年）、热河四道沟铜矿及三山铅银矿（1887年）、上海华盛纺织总厂（1894年）等一系列民用企业，涉及矿业、铁路、纺织、电信等各行各业。在经营方针上，也逐渐由官督商办转向官商合办，从客观上促进了近代资本主义在中国的发展。

面对清廷内部封建顽固派的重重阻挠，李鸿章曾雄辩地提出"处今日喜谈洋务乃圣之时"。他认为在追求自强的过程中，必须坚持"外须和戎，内须变法"的洋务总纲，也就是在列强环伺、外侮日甚的环境中，尽最大可能利用"以夷制夷"的外交手段，为中国的洋务——自强建设赢得尽可能多的和平时间。为此，他一生以外交能手自负，处理过许多重大的对外交涉。

同治十年（1871年）七月二十九日，在办理完天津教案后不久，李鸿章代表中国与日本签订了《中日修好条规》，这是一个双方平等互惠的条约，但李鸿章从签约过程日本人的姿态中，看出日本"日后必为中国肘腋

大清王朝「裱糊匠」
——李鸿章

之患"。果然，同治十三年（1874年），日本出兵侵台，李鸿章积极支持清政府派沈葆桢作为钦差大臣率舰队赴台湾巡阅，并调驻防徐州的淮军唐定奎部6500人分批前往台湾。此事最后虽以签订《中日台事条约》而暂时平息，但后来日本还是于光绪五年（1879年）乘隙吞并了琉球。

在与日本交涉的前后，李鸿章还分别于同治十三年（1874年）与秘鲁签了《中秘通商条约》；光绪二年（1876年）与英国签订了《中英烟台条约》。前者旨在保护华工；后者则是因"马嘉理案"导致的中英间的严重交涉。李鸿章在英国公使威妥玛以下旗宣战的要挟下，巧妙地利用国际法挽回决裂之局。在他建议下，清政府派郭嵩焘赴英国道歉，郭氏遂成为中国第一位驻外公使。但条约也因增开了宜昌、芜湖、温州、北海四个通商口岸，并允许英国人可以进入西藏，损害了中国主权。

光绪九年（1883年），中法战争在越南境内初起，清廷命李鸿章统筹边防战事。李鸿章则认为"各省海防兵单饷匮，水师又未练成，未可与欧洲强国轻言战事"。他先与法国驻华公使宝海签订"李宝协议"，旋为法国政府反悔，继与法驻日公使洽谈未果；当战争进入胶着状态时，慈禧改组军机处，主和舆论渐起。李鸿章在光绪十年（1884年）四月十七日与法国代表福禄诺签订了《李福协定》，五月，随着法军进攻谅山，协议又被撕毁，直至清军在广西和台湾战场分别取得胜利后，李鸿章才最终与法国代表巴德诺签订了《中法会订越南条约》，结束了战争。法国取得了对越南的"保护权"，中越边境对法国开放等特权。因此，时称"法国不胜而胜，中国不败而败"。

从客观上讲，无论是日吞琉球，还是法占越南，李鸿章都深切意识到，列强的威胁来自海上。因此，从19世纪70年代起，就开始提出"海防论"，积极倡议建立近代化的海军。同治十三年（1874年），李鸿章在海防大筹议中上奏，系统提出以定购铁甲舰、组建北东南三洋舰队的设想，并辅以沿海陆防，形成了中国近代海防战略。中法战后，鉴于福建船政水师覆败，清政府决定"大治水师"，于光绪十一年（1885年）成立海军衙门，醇亲王总理海军事务，李鸿章为会办。利用这个机会，北洋海军建设成军。

成军后的北洋海军，拥有舰艇25艘，官兵4000余人，在成军当时是亚洲最强大的海上力量。与此同时，李鸿章加紧旅顺、大沽、威海等海军基地的建设，以加强海防。但是，清廷文恬武嬉，内耗丛生，户部迭次以经费支绌为借口，要求停止添船购炮，自此，北洋海军的建设陷于停顿、倒退的困境。

光绪十年（1884年），朝鲜爆发"甲申事变"，对朝鲜时存觊觎之心的日本，乘机出兵。李鸿章与日本专使签署《天津条约》时，规定朝鲜若有重大事变，中日双方出兵需要事先知照，为甲午战争爆发结下祸胎。

光绪二十年（1894年），朝鲜爆发东学党起义，朝鲜政府请求中国出兵帮助镇压，李鸿章过于听信驻朝专员袁世凯的报告，认为日本"必无他意"，遂派直隶提督叶志超和太原镇总兵聂士成率军1500人赴朝。不料，日本此后立即向朝鲜派兵，在朝日军增至8000余人，事态趋于严重。李鸿章为设法避免战争，曾通过英、俄两国出面斡旋，但被日本拒绝。无奈之下，只得增派军队入朝，和日本相抗衡。当年六月二十三日，日本军舰在丰岛发动突然袭击，击沉中国运兵船"高升号"，甲午战争爆发。

八月十六日，驻朝陆军在平壤与日军激战数昼夜后溃败，总兵左宝贵战死，统帅叶志超等逃回国内。八月十八日，北洋舰队与日本海军主力在黄海大东沟附近海域遭遇，经过近5小时的鏖战，中国军舰沉没4艘，日本

大清王朝"裱糊匠"——李鸿章

舰队亦遭重创。此后，清军在鸭绿江、九连城等战场与日军激烈交战，但终未能挡住日军的攻势。最终，旅顺、威海等重要海军基地失守，北洋舰队覆灭。

光绪二十一年（1895年）二月十八日，李鸿章受命，作为全权大臣赴日本议和。

李鸿章到达日本马关，与日方全权大臣伊藤博文、陆奥宗光谈判。日本多方要挟，李鸿章被人刺伤面部，伤势很重，但他谈吐自如理直气壮。日本天皇派人看望他，向他谢罪。于是双方签订条约，结束战争。条约共有12条，其中主要有中国割让台湾给日本，日本交还战争中侵占的领土。

《马关条约》签订后，在全国引起强烈反响。康有为等发动"公车上书"，掀起维新变法的高潮。李鸿章虽然也视马关签约为奇耻大辱，发誓终生不再履日地，并倾向变法，但在"国人皆曰可杀"的汹汹舆论下，成了清廷的替罪羊。甲午战争后，李鸿章被解除了位居25年之久的直隶总督兼北洋大臣职务，投置闲散。

光绪二十二年（1896年）春，俄皇尼古拉二世举行加冕典礼，李鸿章奉命作为头等专使前往祝贺。在此之前，俄国会同法、德发起三国还辽成功，清廷上下视俄国为救星，包括李鸿章、翁同龢、张之洞在内的元老重臣均倾向联俄。清政府的外交政策也由"以夷制夷"转向"结强援"。同年四月二十二日，李鸿章在莫斯科签订了《中俄密约》，中俄结盟共同对付日本，并同意俄国修筑西伯利亚铁路经过中国的黑龙江、吉林直达海参崴。

此后，李鸿章率随员先后访问德、荷、法、比、英、美、加诸国，由于系亲身游历，他对西方社会制度产生由衷的赞叹，并在演讲中一再大声疾呼："五洲列国，变法者兴，因循者殆。"回国后，面临方兴未艾的戊戌变法运动，他慨然以"维新之同志"自许。变法失败后，康、梁流亡海外，慈禧一再下令捕杀康梁余党，时任两广总督的李鸿章却说："我决不做刀斧手。"

李鸿章出任粤督期间，北方爆发了义和团运动，英、法等国组成八国联军进行干涉，慈禧携光绪逃至西安，北方局势一片混乱。而东南地区的实力派疆臣如两江总督刘坤一、湖广总督张之洞等，则在盛宣怀联络下，倡导东南互保，即不卷入清廷的对外宣战，以保东南半壁不陷入混乱中。李鸿章对此表示支持。

在此期间，经由革命党人陈少白和李鸿章的幕僚刘学询牵线，李鸿章一度有意与自日本前来策划"两广独立"的孙中山晤面，但由于双方互存戒心而作罢。

光绪二十六年（1900年）六月十二日，为收拾八国联军之役的残局，清廷再度授李鸿章为直隶总督兼北洋大臣，并连续电催其北上。李鸿章乘轮船至沪后，以身体不适为由迁延观望，部下及亲属也都劝他以马关为前车之鉴，不要再北上，以免又成为替罪羊。直至七月三十日，北方局面实在无法收拾，慈禧在逃亡途中电催李鸿章北上。一个月后，李鸿章抵京收拾残局，向八国联军求和。

光绪二十七年（1901年）七月二十五日，李鸿章、奕劻代表清廷签署了《辛丑条约》，赔款4亿5千万两。

签约后两个月，被李鸿章倚为强援的俄国政府再度发难，提出"道胜银行协定"，试图攫取更大权益，并威逼李鸿章签字。"老来失计亲豺虎"，气恼交加，李鸿章呕血不起，于九月二十七日去世。临终时"双目

大清王朝 「裱糊匠」——李鸿章

犹炯炯不瞑"，带着无尽的遗憾，走完了他78岁的人生历程。

李鸿章生逢大清国最黑暗、最动荡的年代，他的每一次"出场"无不是在国家存亡危急之时，大清国要他承担的无不是"人情所最难堪"之事。因此，国人在痛斥他为卖国贼时，确实不可脱离当时的历史背景。

梁启超对李鸿章的评价

李鸿章死后两个月，梁启超写出《李鸿章传》，称他无疑为"数千年中国历史上一人物，十九世纪世界历史上一人物"。梁启超说他"敬李鸿章之才"，"惜李鸿章之识"，"悲李鸿章之遇"。下面是《李鸿章传》的序言的译文：

　　我敬重李鸿章的才干，我惋惜李鸿章的见识局限，我同情李鸿章的遭遇。李鸿章出访欧洲，在德国会见前首相俾斯麦，曾问他："如果一个做大臣的人，想要给国家尽力办事，但朝廷上所有人的意见都与他不合，合力给他制造障碍出难题，在这样的情况下他还想按自己的想法办事，该怎么办呢？"俾斯麦回答说："最重要的是得到皇帝的支持，有他的支持就能独揽大权，那还有什么事办不了？"李鸿章说："比如现在有一个大臣，他的君主无论谁的话都听，君主身边那些近臣、侍从，经常狐假虎威，借君主的名义干涉大局。面对这种情况，这个大臣该怎么办呢？"俾斯麦想了很久才说："一个当大臣的，假如以赤诚忧劳国事，估计没有不被君主体谅的，唯独在妇人女子手底下做事，就不好说了。"（这些话是从西方报纸翻译过来的，普通华语报纸如《星轺日记》所登载的内容，因为有所忌讳而不敢全译）李鸿章听了这话沉默不语。唉！每次我看到这段对话，就知道李鸿章心里的郁闷、悲愤和忧愁，不是寻常旁观者所能理解的。我之所以批评他就是由于这个原因，我之所以理解他也是出于这个原因。

自从李鸿章扬名于世界，五大洲各国各界几乎只知道有李鸿章，不知道有中国。简单地说，这是因为李鸿章已经成为中国独一无二的代表人物。这些人以外国人的身份评论中国的事，是没法了解真相的，原因固不待言，但李鸿章却称得上是中国近四十年历史上第一关键人物。凡是读过中国近代史的人，不可能避开李鸿章，而读《李鸿章传》的人，也必须要拿着本中国近代史做参考，这已经成为共识了。这样说来，我写的这本书，换个名字叫做"同光以来大事记"也未尝不可。

不但如此，凡是一个国家的当今社会现象，一定与这个国家此前的历史相呼应，所以此前历史是当代社会现象的原因，而当代社会现象是历史发展的结果。李鸿章和今日中国的关系既然如此之深，那么想要评论李鸿章，一定要用准确的眼光，观察中国几千年来政权变化更迭的大趋势、民族灭亡与兴盛的规律，以及现在中国外交的内幕秘闻。只有这样，才能了解李鸿章在中国历史上的独特地位。孟子说过："知人论世，社会大事本来就不容易说明白，人难道是那么好了解的吗？"

今日中国的评论家，往往把平定太平天国、平定捻军叛乱作为李鸿章的功劳，把数次议和谈判作为李鸿章的罪过。但在我看来，这样的功罪评价都是很不恰当的。从前俾斯麦曾经对李鸿章说过："我们欧洲人把抵御外侮当成功劳与荣耀。为了一家的利益而残杀同胞，我们不认为这值得骄傲。"而李鸿章平定太平天国叛乱、平定捻军叛乱的业绩，是兄弟相残，如果哥哥打弟弟也能当成功劳，那么天下的兄弟都会因此不安。如果我们的国人常因为国耻而愤怒，痛恨和议，而因此将怨恨全部转移到李鸿章身上，事出虽然有因，但不妨换位思考一下，在一八九五年二三月份、一九〇〇年八九月份，假如把批评的人放在李鸿章的位置上，那么他的行为、决定、处理方法，当真能比李鸿章强？这些人之所以对李鸿章横加指责，是因为他们都是一群只会指手画脚的旁观者，徒以骂人逞口舌之快而已。因此，我对李鸿章的功过评论，是和这些说法大不一样的。

现在李鸿章已经死了。外国人在评价他的时候，都认为他是中国第一人。有一种说法是："李鸿章之死，势必影响中国今后的局势。"李鸿章到底能不能称得上是中国第一人，我说不好，但是现在那些超过五十岁的人，三四品以上的官，则没有一人可以望李鸿章之项背，这个我敢断言。李鸿章的死，会不会影响中国全局，我也说不好，但现在这个政府失去了李鸿章，就如同老虎失去了伥，瞎子失去了向导，前景堪忧，麻烦越来越多，这也是我敢断言的。我倒真心希望外国人的说法不是真的。要是真像那样的话，我们这样大的一个中国，居然要靠李鸿章一个人来支撑，中国还有救吗？

西方有句名言叫：时势造英雄，英雄也造时势。像李鸿章这样一个人，我不能说他不是英雄。即便如此，他也只是时势所造就的英雄，而不是造就时势的英雄。时势所造就的英雄，都是寻常英雄。天下这么大，历史这么久，什么社会没有时势？所以翻一下二十四史，像李鸿章这样的英雄，简直可以说是车载斗量。但是能造就时势的英雄，千年也找不出一个。这就是中国历史因循守旧，故步自封，终不能大放异彩、震动世界的原因。我在写这本书时，心中一直升腾着这种感觉。

史家评论汉代名臣霍光，惋惜他不学无术。我认为李鸿章之所以不能为非常之英雄，根源也在这四个字。李鸿章不识国民之原理，不通世界之大势，不知政治之本原，处在十九世纪这个竞争进化的时代，而希望将国家小修小补，苟且偷安。不去扩充国民的实力，发扬国威，在世界范围内竞富逐强，而是学习西方一点皮毛，舍本逐末，自以为满足。而且凭借一点小聪明，想要和世界上的著名大政治家相抗衡，出让大的利益，却去争夺一些蝇头小利。尽管他鞠躬尽瘁，苦心经营，但这对大局能起到什么作用呢？孟子曾说："在长辈面前用餐时大吃大喝，却讲究不用牙咬断肉干的小礼节，这是不识大体，不分轻重（原文：放饭流歠，而问无齿决，是之谓不知务）。"这话说得很有道理。李鸿章晚年所遭遇的桩桩失败，都是因为这个原因。

尽管这样，也不必过分苛责李鸿章吧。他毕竟不是个能造时势的英雄。一个人生在社会之中，难免被这个社会数千年所形成的传统、习俗、观念所羁绊，而不能自拔。李鸿章没有出生在欧洲而出生在中国，没有出生在今天这个时代而生于几十年之前，无论是他同时代的人还是他的前人，没有一个造时势的英雄可以引导他、帮助他，而同时代、同环境的人物已经是那个样子，停留在那个水平上，自然不能

大清王朝『裱糊匠』
——李鸿章

把责任都归在李鸿章头上。况且李鸿章本来有一些好的想法，只是因为种种遭遇和无奈，无法实现。所以我说：敬重李鸿章的才干，惋惜李鸿章的见识之不足，同情李鸿章的遭遇。但是以后有人能沿袭李鸿章的旧路而成就大事的吗？那是时势已经变了，他之所以成为英雄的原因也变了，千万别把我替李鸿章脱责的理由拿来宽恕自己。